50 plantes
qui ont changé le cours
de l'Histoire

© 2010 Quid Publishing

Titre original en langue anglaise :
Fifty Plants that Changed the Course of History

Tous droits réservés. Aucun extrait de cet ouvrage ne peut être reproduit, stocké dans une base de données ou retransmis sous quelque forme ni par quelque moyen que ce soit, électronique, électrostatique, magnétique, reprographique ou autre, sans l'accord préalable écrit de l'éditeur.

Quid Publishing
Level 4, Sheridan House
114 Western Road
Hove BN 3 1 DD
Grande-Bretagne

Pour l'édition en langue française :
Éditeur : Matthieu Biberon
Traduction : Olivier Cechman
Mise en page : Dédicace, Villeneuve-d'Ascq

© 2011, 2018, Édilarge S.A., Éditions Ouest-France, Rennes (35)
N° éditeur : 8906-02-02-03-19
ISBN : 978-2-7373-7811-9
Dépôt légal : mai 2018
www.editionsouestfrance.fr

Imprimé en China

50 plantes
qui ont changé le cours de
l'Histoire
Bill Laws

Éditions **OUEST-FRANCE**

Sommaire

Introduction	6

Agave *Agave spp.*	8
Oignon *Allium cepa*	10
Ananas *Ananas comosus*	14
Bambou *Famille : Bambusoideae*	18
Chou *Brassica oleracea*	22
Thé *Camellia sinensis*	26
Chanvre *Cannabis sativa*	34
Piment de Cayenne *Capsicum frutescens*	38
Quinquina *Cinchona spp.*	42
Orange *Citrus sinensis*	48
Noix de coco *Cocos nucifera*	52
Café *Coffea arabica*	54
Coriandre *Coriandrum sativum*	58
Safran *Crocus sativus*	60
Papyrus *Cyperus papyrus*	62
Digitale *Digitalis purpurea*	64
Igname *Dioscorea spp.*	66
Cardamome *Elettaria cardamomum*	68
Coca *Erythroxylum coca*	70
Eucalyptus *Eucalyptus spp.*	76
Fougère *Phylum : Filicinophyta*	80
Soja *Glycine max*	84
Coton *Gossypium hirsutum*	88
Tournesol *Helianthus annuus*	94
Caoutchouc *Hevea brasiliensis*	98

Orge *Hordeum vulgare*	104		Rosier *Rosa canina*	162
Houblon *Humulus lupulus*	110		Canne à sucre *Saccharum officinarum*	166
Indigo *Indigofera tinctoria*	116		Saule blanc *Salix alba*	174
Pois de senteur *Lathyrus odoratus*	118		Pomme de terre *Solanum tuberosum*	176
Lavande *Lavandula spp.*	122		Cacao *Theobroma cacao*	184
Pommier sauvage *Malus pumila*	124		Blé tendre *Triticum aestivum*	190
Mûrier blanc *Morus alba*	130		Tulipe *Tulipa spp.*	198
Noix de muscade *Myristica fragrans*	134		Vanille *Vanilla planifolia*	200
Tabac *Nicotiana tabacum*	136		Vigne *Vitis vinifera*	202
Olive *Olea europaea*	140		Maïs *Zea mays*	210
Riz *Oryza sativa*	144		Gingembre *Zingiber officinale*	216
Pavot à opium *Papaver somniferum*	148		En savoir plus	218
Poivre noir *Piper nigrum*	154		Index	220
Chêne pédonculé *Quercus robur*	158		Crédits	224

Introduction

Existe-t-il délice plus doux que la contemplation d'une terre habillée de plantes, pareille à une robe somptueusement brodée, sertie de divines perles orientales et ornée d'une multitude de joyaux aussi rares que précieux ?

John Gerard, Herbier, *1597*

Si les plantes disparaissaient, nous disparaîtrions aussi. Or, ces plantes font tellement partie de notre décor qu'on y prête à peine attention. Observe-t-on réellement la végétation qui nous entoure quand on se promène en forêt, ou lorsqu'on passe en voiture devant d'odorantes plantations de lavande, ou encore en train à proximité de champs de blé ? Savez-vous qu'il existe de 250 000 à 300 000 espèces de plantes à fleurs ?

DES HOMMES ET DES PLANTES

On l'oublie souvent, mais les plantes ont joué un rôle majeur dans l'histoire. La vie sur Terre leur doit beaucoup, et plus exactement à leur capacité à absorber du dioxyde de carbone (CO_2) pour rejeter de l'oxygène. Grâce à l'adaptation de leur photosynthèse face aux différents cataclysmes climatiques de la préhistoire, les plantes ont ouvert les portes ADN, rendant ainsi possible l'évolution des animaux terrestres.

Les grains de pollen actuellement enfouis sous la glace antarctique sont sans doute porteurs de nombreux secrets sur l'histoire de l'homme sur Terre, voire sur son avenir ! Ce pollen pourrait nous aider à comprendre les causes du trou de la couche d'ozone que l'on attribue aux énergies fossiles. Et si ce trou découlait d'un phénomène vieux de plusieurs millions d'années ? Une chose est sûre : l'histoire des plantes est bien plus ancienne que la nôtre. Si les plantes colonisent la planète depuis près de quatre cent soixante-dix millions d'années, l'homme, lui, n'est présent que depuis un passé relativement récent. Si chaque siècle comptait pour une minute sur une pendule, les Romains auraient conquis l'Europe il y a vingt minutes ; le christianisme existerait depuis moins d'un quart d'heure ; et les premiers colons blancs se

UN STIMULANT BREUVAGE
Cela fait des siècles que les grains de *Coffea arabica* sont torréfiés, moulus, avant d'être infusés et dégustés (voir Café, p. 54).

seraient installés en Amérique en moins de temps qu'il ne faut pour faire une tasse de café !
Nous dépendons des plantes pour notre énergie, notre alimentation, notre médecine… Les plantes permettent de contrôler l'érosion et, surtout, elles régulent les niveaux de dioxyde de carbone et d'oxygène dans l'air que nous respirons. Les plantes nous fournissent également les fameuses énergies fossiles dont nous sommes de gros consommateurs. Enfin, les plantes ont encouragé la création des somptueux jardins botaniques répartis sur toute la planète et invitent chacun à fleurir son coin de jardin.

Mal utilisées, les plantes ne nous veulent toutefois pas que du bien : surconsommation de sucre, de drogues d'origine naturelle ou encore d'alcool. Elles peuvent ainsi devenir potentiellement létales : un obèse maudira le jour où on a eu l'idée de raffiner le sucre (p. 166), un alcoolique blâmera l'orge, source de ses soucis (p. 104) et un fumeur tiendra le tabac (p. 136) responsable de tous ses maux. Les plantes, c'est aussi bien sûr du plaisir : une tasse de thé (p. 26) à déguster, un verre de vin capiteux (voir p. 202) pour célébrer un événement ou tout simplement le divin parfum des pois de senteur (p. 118) et autres roses (p. 162) qui embaume.

Une récolte en or
Les grains de *Triticum aestivum* nourrissent les civilisations depuis l'Égypte antique (voir Blé tendre, p. 190).

Une planète fragile

Ce nouveau millénaire est un moment propice pour faire le point sur l'impact des plantes sur la biosphère et sur le rôle fondamental qu'elles jouent au quotidien. Notre comportement est parfois irresponsable vis-à-vis de notre planète. Nous surconsommons les énergies fossiles d'origine végétale tout en détruisant les forêts des zones équatoriales. À en croire le paléoclimatologue David Beerling : « Nous menons une expérience globale totalement incontrôlée, garantie de changements climatiques importants pour les futures générations. Les plantes […] sont aujourd'hui au premier plan du désastre écologique orchestré par le réchauffement climatique, de la même façon qu'elles l'ont été dans un passé proche ou lointain » (*The Emerald Planet*, 2007). L'heure est grave, car la destruction des plantes pourrait altérer à jamais le cours de l'histoire…

Flower power
Dans la Hollande du XVIIe siècle, le commerce des tulipes a pris de telles proportions qu'il a conduit à la première crise financière mondiale d'envergure (voir Tulipe, p. 198).

Agave
Agave spp.

Habitat naturel : sud du Mexique et nord de l'Amérique du Sud.

Type : plante aux feuilles épineuses, comme celles du cactus.

Taille : jusqu'à 12 m de haut.

- Comestible
- Curative
- Commerce
- Industrie

L'agave constitue la matière première de multiples applications industrielles : des cordages de bateaux à la tequila ! Si un bon verre d'alcool n'a certainement pas changé le cours de l'histoire ; en revanche, l'agave a assuré la survie de bon nombre d'Amérindiens.

Noble agave

L'agave est une plante exceptionnelle. Il subsiste dans les déserts et sur les pentes arides des montagnes baignées de soleil. Bien que consommé depuis plus de neuf mille ans, l'agave a dû attendre 1753 avant d'être répertorié et nommé scientifiquement par Carl Linné. Son nom, *Agave americana*, signifie « noble » en grec.

Agave americana était aussi connu sous le nom de « plante centenaire ». On disait en effet qu'elle florissait au bout de cent ans. En réalité, l'agave peut fleurir à peu près trois fois en cent ans. Après chaque floraison, la plante mère meurt et l'agave se régénère à partir de ce qu'on appelle les stolons, ou rejets. Il existe cent trente-six variétés d'agaves, apparues sur notre planète depuis soixante millions d'années. On fabrique à partir de l'agave des tapis robustes, résistant à la lumière. Au Kenya, en Tanzanie et au Brésil, les longues fibres (jusqu'à 1 mètre !) d'*Agave sisalana*, connu sous le nom de « sisal », jouent un rôle économique prépondérant. Au début du XXe siècle, le sisal servait à fabriquer des cordages. Cette plante présente par ailleurs des vertus médicinales non négligeables. Si *Agave bovicornuta* provoque des dermatites et que certaines variétés toxiques servaient à empoisonner la pointe des flèches, d'autres sont réputées pour leurs bienfaits, et notamment leurs propriétés anti-inflammatoires.

Au XVe siècle, alors que l'Église catholique espagnole avait instauré l'Inquisition et persécutait musulmans, juifs et hérétiques, les Aztèques, à 8 000 kilomètres de là, au Mexique, étaient à l'apogée de leur civilisation. L'agave y jouait alors un rôle majeur – notamment *Agave pacifica*, dont les fibres remplaçaient avantageusement le coton dans la confection de vêtements. Au début du XVIe siècle, l'explorateur espagnol Hernán Cortés, après avoir combattu les Aztèques, est retourné en Europe, un solide butin en poche. En échange, l'explorateur a laissé au Mexique la technique de la distillation. Si, en Europe, on savait depuis longtemps comment transformer des céréales en alcool, le procédé restait inédit en Amérique du Sud.

UN HÉRITAGE MEXICAIN
Un bar à *pulque*, ou *pulquería*, à Tacubaya (Mexique), photographié en 1884 par William Henry Jackson. Souvent considérée comme la boisson nationale du Mexique, la tequila s'obtient à partir de la sève fermentée de l'agave.

Les autochtones savaient depuis longtemps fabriquer de l'alcool d'agave par fermentation. On trouvait ainsi du *pulque*, qu'on obtenait en faisant fermenter l'« eau miellée » (*aguamiel*) issue des tiges creuses des agaves. N'oublions pas le *mescal*, élaboré à partir de fèves de mescal broyées – une boisson distillée deux fois et qu'on laissait se bonifier en bouteille pendant quatre ans. Dans les années 1620, les Mexicains faisaient cuire les feuilles d'*Agave tequilana* et tiraient du sucre de son amidon. La chair réduite en pulpe puis fermentée en cuve permettait aux sucres de se transformer en alcool, plus précisément en tequila. Pendant près d'un siècle et demi, la ville de Tequila n'avait pas vraiment d'autre spécialité…

La tequila – et sa forte teneur en alcool (50 %) – ne convenait toutefois pas à tous les palais. C'est ainsi que Carlos Herrera, un barman de Tijuana, au Mexique, aurait inventé la margarita, pour satisfaire une cliente américaine que la tequila rebutait.

L'agave a aussi joué un rôle essentiel dans la survie d'une tribu du Nouveau-Mexique, les Mescaleros. Les Amérindiens mangeaient les agaves, puis ils utilisaient leurs fibres pour fabriquer des cordes, des sandales et des paniers. Les feuilles d'agave séchées leur servaient de combustible, tandis que des morceaux mâchouillés, ou « chiques », faisaient office de munitions pour leurs armes à feu. L'agave remplaçait même le kit de couture : lorsqu'on détache la pointe acérée d'un agave, une longueur de tissu suit dans le sillage et peut remplacer le fil. Après avoir été spoliés de leurs terres pendant la « période de réservation » des années 1870, les Mescaleros ont finalement trouvé refuge dans le sud du Nouveau-Mexique.

> **Une tequila, deux tequilas, trois tequilas, K.-O.**
>
> *George Carlin, humoriste américain*

ALOE VERA

✦

Sans lien de parenté, *Aloe vera* est originaire d'Afrique tropicale, même si la plante a été introduite aux Antilles il y a quatre cents ans. La sève des feuilles charnues de l'aloe vera a des vertus cicatrisantes très efficaces dans le traitement des dermatites, de l'eczéma et des brûlures. On l'utilise même pour soigner les brûlures par irradiations.

Oignon
Allium cepa

Habitat naturel : origines incertaines.

Type : bulbe charnu.

Taille : 30 cm.

+ COMESTIBLE
+ CURATIVE
+ COMMERCE
+ INDUSTRIE

Les oignons ont-ils altéré le cours de l'histoire ? Pas vraiment ! Et pourtant, l'humble petit oignon a permis quelques découvertes… plutôt larmoyantes. Il a aussi participé à la classification des plantes terrestres et, plus singulièrement, a laissé son empreinte sur le stéréotype anglais du Français moyen, représenté avec un béret, une marinière et à vélo, une guirlande d'oignon au guidon.

À GROS SANGLOTS

Lorsqu'on tranche un oignon, il libère du thiopropanal-S-oxyde qui agit comme un gaz lacrymogène. Au terme d'études poussées, Charles Darwin a conclu que les larmes versées en cuisinant des oignons n'étaient qu'un moyen d'humidifier et de protéger les yeux. Le biochimiste américain William Frey a nuancé ses propos : si toutes les larmes sont composées d'eau, de mucus et de sel, les sanglots de cœur lourd contiennent en plus des protéines, ce qui laisse à penser que lorsqu'on pleure, l'organisme fait le ménage et évacue les substances associées au stress. Pleurer est donc bon pour la santé !

L'oignon serait originaire d'Asie du Sud-Est où il serait apparu il y a cinq mille ans, mais sa traçabilité est difficile à établir. L'oignon est l'un des légumes les plus anciens (le petit pois, la laitue et le cousin de l'oignon, le poireau, se disputent le titre).

L'oignon était à la base de l'alimentation des Grecs et des Romains. Les Romains l'avaient nommé *unio*, un terme qui suggère un caractère unique, un peu à la façon d'une perle précieuse, peut-être en référence à son côté translucide lorsqu'il est pelé. Dans l'Égypte antique, les esclaves bâtisseurs de la Grande Pyramide de Khéops se nourrissaient d'oignons, d'ail et de poireaux. On a même retrouvé une momie égyptienne tenant un oignon dans son sarcophage (certains spécialistes ont évoqué un obscur culte de l'oignon…).

Il faut avouer que l'on prête à l'oignon, comme à l'ail (*A. sativum*), certaines vertus mystiques. L'ail ferait fuir les vampires tandis que l'oignon (porté du côté gauche) éloignerait les maladies. Faire brûler un oignon sur un feu de bois chasserait par ailleurs le mauvais sort des mai-

---

Si un homme n'a pas le pouvoir sur une femme
De déclencher un torrent de larmes
Alors un oignon fera très bien l'affaire.

William Shakespeare, La Mégère apprivoisée, *1592*

sons. Rêver d'oignon serait le signe que la chance est en chemin ! Enfin, un homme qui place un oignon sous son oreiller le jour de la Saint-Thomas (3 juillet) verrait apparaître en rêve sa future épouse…

Tout est dans le nom

L'oignon ne manque pas de noms de baptême, d'autant qu'il en existe plusieurs variétés : on retrouve les petits oignons anglais, la ciboule française, le *zwiebel* allemand ou encore l'*ushna* sanskrit. Quel soulagement lorsque Carl Linné met un peu d'ordre dans cette nomenclature !

Linné (ou Linnaeus en suédois) voit le jour en 1707, dans un petit chalet de bois de Råshult, près du lac Möckeln (Suède). Il est le fils aîné de Nils Ingemarsson Linné, le prêtre de la paroisse, jardinier aussi émérite que fantasque. Un jour, Nils s'amuse à recréer un dîner de famille sur une parcelle de son jardin, utilisant de petits buissons pour représenter les invités. Carl montre un véritable engouement pour les curiosités horticoles et pour la nature en général. D'ailleurs, Nils encourage vivement son fils à poursuivre dans cette voie en lui enseignant les noms des plantes et en lui confiant un coin du jardin. Carl ne tarde pas à devenir un naturaliste et un jardinier hors pair.

Il quitte ensuite le domicile familial pour aller étudier la médecine à Uppsala, l'ancienne université de son père. L'époque est propice, car de nouvelles espèces végétales déferlent en Europe, rapportées de contrées lointaines par des explorateurs hollandais, français et britanniques. Cela crée d'ailleurs une véritable cacophonie, chacun appelant sa plante à sa manière. Une même plante se retrouve ainsi affublée de plusieurs noms, ce qui rend cauchemardesque toute tentative de classification scientifique rigoureuse. En attendant, Linné se penche sur le sort des thermomètres de jardin (l'objet a été conçu par Anders Celsius qui a placé le point d'ébullition à « zéro », jusqu'à ce que Linné persuade l'inventeur d'inverser l'échelle). Il introduit également la culture de la banane aux Pays-Bas et montre l'exemple pour de futurs jardins botaniques, comme l'Eden Project dans les Cornouailles britanniques. Linné

À BICYCLETTE

Dans le nord-ouest de la Bretagne, une fois les oignons récoltés, les jeunes Bretons attachaient un maximum de guirlandes d'oignons sur le guidon de leur vélo puis pédalaient vers les ports de Saint-Brieuc et Tréguier pour « la journée d'Albion ». Ils partaient en Angleterre faire du porte-à-porte pour vendre leurs oignons. Affublés d'un béret breton traditionnel et d'une marinière, les Anglais les avaient surnommés les « Onion Johnnies » (« les gars aux oignons »). Aujourd'hui, cette coutume a disparu, mais l'image persiste dans la conscience collective britannique.

Le charme de l'ail
L'ail appartient à la même famille que l'oignon (les liliacées). Il se laisse cuisiner dans son intégralité ou presque, feuilles et fleurs comprises.

met surtout de l'ordre dans les noms d'oignon et crée un système unique de classification pour chaque plante et animal vivant.

À Uppsala, Linné se lie d'amitié avec un autre étudiant, Peter Artedi, qui partage sa fascination pour la nature. Ensemble, les deux amis élaborent un projet très ambitieux : classifier toutes les plantes et tous les animaux de la Création. Ils se répartissent la faune et la flore. Le premier des deux qui aura terminé sa tâche aidera l'autre à achever la sienne. En 1735, Artedi se noie accidentellement dans un canal d'Amsterdam, Linné reprend donc en charge l'intégralité du projet. À sa mort, en 1778, vraisemblablement causée par le surmenage, Linné a achevé son système de classification, toujours en vigueur aujourd'hui.

> C'est le genre qui donne le caractère et non le caractère qui fait le genre.
>
> *Carl Linné (1707-1778)*

Jusque-là, les plantes comme l'oignon avaient toute une panoplie de noms vernaculaires, sans parler des noms latins, parfois incohérents entre eux. Le médecin et botaniste grec, Dioscoride, contemporain de Jésus, avait déjà classé quelque cinq cents plantes dans son *De Materia Medica*, mais il faut attendre un siècle avant que son œuvre soit étudiée (d'abord par les Arabes, puis par le monde chrétien). Linné, lui, avait réussi à classifier les cinq mille neuf cents plantes connues à l'époque dans un ouvrage en deux volumes intitulé *Species Plantarum* (1753). Chaque plante avait bénéficié d'un nom latin binominal. Puis, au XVIIIe siècle, botanistes et naturalistes se sont mis d'accord : les plantes pouvaient être regroupées par familles. Ainsi, l'oignon, le poireau et l'ail appartiennent aux liliacées, ou *Liliceae* ; le haricot, le pois et le pois de senteur, aux légumineuses, ou fabacées ; et le maïs et le bambou, aux graminées, ou *Poaceae*.

Ces familles végétales peuvent être divisées en différents groupes, ou genres, puis de nouveau en espèces et sous-espèces. Après avoir éliminé ou raccourci certains anciens noms latins, Linné a décidé de donner à la plante en premier nom, celui du genre (par

UN RÉGIME ÉQUILIBRÉ
Publié en 1531, *Tacuinum Sanitatis* dressait un bilan des dangers et bienfaits d'une pléthore de plantes et autres aliments. Présente dans l'édition originale, la peinture ci-dessous illustre la récolte de l'ail.

CARL LINNÉ
Publié pour la première fois en 1735, *Systema Naturae* de Linné a compté dix réimpressions en deux décennies. Il sera suivi d'un autre recueil, intitulé *Species Plantarum* (1753). Ces deux ouvrages sont devenus les pierres angulaires de la nomenclature botanique moderne.

exemple *Pisum* pour le pois), et en second, celui de l'espèce (*Pisum sativum*, dans le cas du pois). Par convention, on utilise la lettre majuscule du genre (ici, *Pisum*), puis en minuscules, le nom de l'espèce (ici, *sativum*), et on regroupe les deux. On ajoute un « L » majuscule à la fin du nom si l'espèce en question a été répertoriée par Linné en personne, comme pour le petit pois, *Pisum sativum* L. Variantes, cultivars (plantes cultivées présentant des caractéristiques communes) et autres sous-espèces se sont vu offrir un complément de nom : par exemple, *Pisum sativum* "Kelvedon Wonder".

Revenons à nos oignons ! Grâce à Linné, on y a vu un peu plus clair… Ainsi, on a fragmenté le genre *Allium* en plusieurs espèces, comme *Allium porrum* (poireau), *Allium schoenoprasum* (ciboulette), *Allium sativum* (ail) et *Allium fistulosum* (ciboule). Une fois le genre et les espèces identifiés, Linné a regroupé les plantes dans différentes familles en fonction de leur nombre d'étamines et de stigmates. C'est la classification « sexuée », ou « classique ». Une fois ces travaux publiés, Johann Siegesbeck, un académicien de Saint-Pétersbourg dont Linné avait emprunté le patronyme pour une plante, *Siegesbeckia orientalis*, avait crié au scandale, qualifiant le système du botaniste d'« obscène »… Comment pouvait-on parler de sexualité pour des oignons ? Et pis, comment pouvait-on enseigner une méthode de classification aussi « immorale et débauchée » aux étudiants ? Quoi qu'il en soit, malgré son « abject côté sulfureux », le système de Linné a été adopté universellement et plus personne n'ignore le nom du naturaliste suédois.

Linné avait souhaité des funérailles en toute intimité : « Pas de monde… et pas de condoléances. » À sa mort, en janvier 1778, son souhait ne fut pas exaucé. Le roi de Suède en personne vint dire un dernier adieu à celui qui avait enfin donné un nom à l'oignon et, accessoirement, à toutes les plantes de la Terre…

VIEUX COMME L'OIGNON ?

✦

Le poireau, *Allium porrum*, serait plus vieux que l'oignon. Il compte parmi les ingrédients d'une des plus anciennes recettes de cuisine, un certain ragoût de mouton et de poireaux, inscrit sur une tablette babylonienne datant de quatre mille ans… Pour les Grecs, il s'agissait de *prasa*, pour les Arabes de *kurrats*, et pour les Romains (qui ont introduit le poireau en Europe du Nord) de *porrum*. Les Celtes gallois avaient baptisé le poireau *cenhinen* et l'avaient consacré « plante nationale ». Pourquoi le poireau ? C'est un mystère, même si, compte tenu du goût des Celtes pour les chansons d'amour et autres discours, on peut supposer que le poireau avait été choisi pour ses propriétés adoucissantes pour la gorge. On raconte aussi que pour se reconnaître sur le champ de bataille, les soldats attachaient un poireau à leur casque…

Ananas

Ananas comosus

Habitat naturel :
Amérique du Sud tropicale.

Type : plante fruitière tropicale.

Taille : 1,5 m.

+ **Comestible**
+ Curative
+ **Commerce**
+ Industrie

Observez les jardins en bordure de route des banlieues d'Europe du Nord. Les jardinets et autres potagers d'antan ont été remplacés par des serres de plastique, baignées de soleil et débordant de plantes exotiques. Dans une sorte de « course aux grandeurs », des milliers de kilomètres de plastique sont ainsi produits chaque année pour satisfaire une demande toujours croissante. Connaissez-vous le responsable de cet engouement débridé pour les serres ? C'est l'ananas !

Le délice du jardinier

La plupart des jardiniers cherchent à séduire leurs employeurs grâce à leurs mains vertes. Ils vont par exemple produire un chrysanthème géant qui va remporter un prix lors d'un salon horticole, ou préparer un succulent dîner exotique. Personne n'a fait meilleur travail que John Rose, le jardinier du roi Charles II (1630-1685). En 1675, Rose s'est fait représenter par le peintre de la Cour, Hendrick Danckerts, agenouillé devant son souverain. Il présente à son maître un drôle de fruit charnu, presque inédit en Europe. Le roi dandy regarde le fruit d'un air suspicieux. Pourtant, le présent est rare (et de taille) puisqu'il s'agit d'un des premiers ananas cultivés sur le sol anglais.

« Découvert » par les Espagnols lors de leur conquête des Amériques, l'ananas est formé du conglomérat d'une centaine de fleurs individuelles. Ce gros fruit sucré est très aromatique et déborde de vitamines A et C. Il se cultive très facilement sous un climat tropical : il suffit de planter sa sémillante couronne verte, ses pousses latérales ou des boutures dans du compost. Les Espagnols, qui ont rapporté l'ananas en Europe, bénéficiaient du climat idéal pour le cultiver. La culture de l'ananas s'est ensuite développée en Afrique du Nord et en Afrique du Sud, avant de s'étendre à la Malaisie, l'Australie et Hawaï, qui est devenu l'un des plus gros producteurs d'ananas au monde. Le climat maussade et froid de l'Europe du Nord se prêtait évidemment mal à la culture de l'ananas… Pourtant, des jardiniers européens se sont attaqué à la culture du « pin » (en espagnol, « ananas » se dit *pina*) : ils ont ainsi produit des fruits

Cadeau royal
Sur ce tableau du peintre hollandais Hendrick Danckerts réalisé en 1675, le jardinier de la Cour, John Rose, offre un ananas au roi Charles II.

sur des plateaux de bois chauffés par des fourneaux placés sur du fumier de cheval chaud (!).

L'écrivain botanique John Evelyn a élaboré une méthode pour « dompter » l'énergie naturelle, méthode qu'il a défendue dans son *Discours philosophique terrien* devant la Royal Society – organisation établie par Charles II et chargée de promouvoir sciences et arts. Evelyn a expliqué « sa » méthode : creuser des fosses suffisamment profondes pour qu'un homme y tienne debout, puis les remplir de fumier brûlant. Il avait constaté que, grâce à cette chaleur naturelle, les plantes cultivées sur des plateaux de bois placés au-dessus de ces fosses s'épanouissaient au-delà de toute espérance. Il ne s'agissait cependant pas d'une découverte. Au XIe siècle déjà, de célèbres jardiniers musulmans, comme Yibin Bassal, avaient préconisé la méthode. Ils recommandaient plutôt le fumier d'étalons nourris au maïs que celui de chevaux de trait alimentés au foin... Et tout le monde participait à l'effort, puisque les ouvriers étaient invités à uriner sur le compost pour l'alimenter !

LA CAISSE DE WARD

♦

Au XVIIIe siècle, il était difficile de rapporter en Europe des plantes originaires des Amériques. Elles supportaient souvent mal le voyage. Nathaniel Bagshaw Ward (1791-1868) avait trouvé une solution : une sorte de cage à papillons de nuit. Cette cage était formée d'une boîte en verre scellée placée dans un châssis pliable en bois. Elle était remplie de plantes supposées attirer les lépidoptères et donc permettre leur étude. L'époque victorienne vouait en effet une véritable fascination à ces petites bêtes. La caisse de Ward était en fait une mini-serre autonome : la nuit, les plantes transpiraient alors que la condensation émise le jour irriguait le sol. Les caisses de Nathaniel ont donc rapidement été utilisées pour rapporter en Europe des plantes exotiques et autres fougères trouvées au Nouveau Monde. L'objectif était de les étudier, voire de les cultiver sur leur terre d'accueil.

UN FRUIT MULTIPLE
En dépit des apparences, l'ananas est un conglomérat de fruits coniques individuels. Ces fruits se rejoignent en hélicoïde et forment des motifs hexagonaux en écailles.

L'effet de serre

Les premiers « fourneaux » à ananas, ancêtres de nos serres, ont été à l'origine d'un véritable engouement pour la culture d'autres espèces, comme les agrumes, le myrte, le laurier et la grenade. En 1705, la reine Anne d'Angleterre commanda à Nicholas Hawksmoor la construction d'une vaste structure au palais de Kensington. Baptisée « serre », afin de la distinguer du concept d'Evelyn, elle devait « conserver » les espèces fragiles pendant les rudes hivers. Le « conservatoire » d'Evelyn avait inspiré de célèbres architectes horticoles, comme Sir Christopher Wren, James Wyatt et John Vanbrugh, qui se sont essayé à des palais de verre et autres « maisons à pins » pour le compte de l'aristocratie britannique. Une véritable folie des serres allait s'emparer de la planète, les nations rivalisant d'ingéniosité pour ériger les plus prestigieux « jardins d'hiver », comme on les appelait. En 1847, les Champs-Élysées ont vu s'installer un jardin d'hiver de 90 mètres de long, tandis qu'à Buffalo, dans l'État de New York (États-Unis), on pouvait admirer une structure de 210 mètres de long qui accueillaient jusqu'à deux cents vignes !

L'expert en serre de l'époque était Joseph Paxton, le fils d'un fermier anglais du Bedfordshire. Il savait que la réussite d'un jardin d'hiver dépendait de sa ventilation, que grâce aux propriétés réfléchissantes des murs blancs, on pouvait élever la température, qu'une toiture en verre inclinée à 52° optimisait les effets du soleil dont les rayons touchaient perpendiculairement la verrière à midi. Il savait aussi que la qualité du verre avait une importance cruciale. Ce n'est pas le botaniste et écrivain John Loudon qui allait le contredire ! Inventeur des premiers panneaux en fer vitrés, cet Écossais avait déclaré que « faire des économies sur le verre » conduisait à l'échec et « à des plantes étiolées dont l'apparence malingre ne pouvait qu'attrister les amoureux de la nature ». Les verres à vitre ou en cylindres (le verre est soufflé dans un cylindre qui est ensuite ouvert à plat pour découper des feuilles de verre) et autres glaces polies (le verre fondu est versé sur une table de coulée, puis poli) étaient toutefois trop coûteux pour une utilisation horticole. C'est pourquoi le verre en plateau a été privilégié (le

> C'est l'ananas de la politesse.
>
> *Richard Brinsley Sheridan (dramaturge irlandais)*, The Rivals, *1775*

La grande serre
Transept du Crystal Palace de Londres, pendant l'Exposition universelle de 1851. D'une superficie de 92 000 mètres carrés, le palais accueillit 15 000 visiteurs lors de son inauguration.

verre est versé dans un grand disque, puis découpé en carrés et en losanges). En 1851, fort de tous ces éléments ainsi que de sa propre invention – une barre de fonte vitrée dotée d'une gouttière à l'extérieur et d'un condensateur à l'intérieur (inspirée d'une feuille de nénuphar géant) –, Joseph Paxton construisit à Londres le Crystal Palace en 1851. Ce « palais de cristal » allait démocratiser la construction de serres. On allait bientôt trouver des serres à concombres et à melons, d'humbles structures pour le jardinier en herbe, des conservatoires « indispensables pour tous les amateurs… de graines en tout genre » (*dixit* le catalogue de William Cooper, un négociant en produits horticoles), des petits châssis, des serres adossées et des serres de forçage conçues pour « convaincre tous les esprits éclairés de l'importance et de l'utilité de ces structures pour les gentlemen, grainetiers, jardiniers et tous ceux qui souhaitent cultiver à moindre coût concombres, tomates, melons… » Grâce aux fourneaux à ananas, la popularité des conservatoires et des serres s'est envolée ! L'écrivain botaniste du XIXe siècle, James Shirley Hibberd, était lui sensible à l'esthétique des serres : « Une serre débordant de melons ou de concombres, ourlée d'un riche paravent de feuillage entre l'œil et le soleil, et sertie d'une myriade de fruits lourds, comme si on se trouvait dans un verger naturel, reste un spectacle hors du commun dans l'univers horticole. »

Peu à peu, le fer allait céder la place au bois, puis, grâce à un immigrant new-yorkais, Leo Baekeland, au plastique. Baekeland travaillait sur les polymères (du grec *polus*, « nombreux », et *meros*, « morceaux ») et conçut ses premiers plastiques en 1907.

Il créa un polymère au nom définitivement imprononçable : polyoxydebenzylméthylèneglycol. Cette résine plastique dure et noire, qu'il nomma bakélite, pouvait adopter toutes les formes. Baekeland racontait qu'il avait choisi l'étude des polymères dans la seule intention de s'enrichir. Sa découverte ne lui a pas apporté le bonheur escompté, car il est décédé dans un sanatorium en 1944, au terme d'une vie recluse. Quoi qu'il en soit, la bakélite a ouvert la voie à une multitude d'autres matières plastiques, comme le polypropylène (« inventé » par neuf personnes, le brevet a finalement été décerné à deux chercheurs américains qui travaillaient pour la Phillips Petroleum à Bartlesville, dans l'Oklahoma) et le polychlorure de vinyle (PVC). Aujourd'hui, les jardins d'hiver enjolivent (ou défigurent, les avis restent partagés) des centaines de milliers d'habitations. L'ananas a indéniablement changé la face du monde, ou du moins des paysages !

Contrôle des graines
Lors de la pollinisation, des graines apparaissent sur l'ananas. Or, ces graines nuisent à la qualité du fruit. À Hawaï, grand exportateur d'ananas, on restreint donc à tout prix la pollinisation, en interdisant notamment l'importation d'oiseaux-mouches, acteurs de cette pollinisation.

Un fruit en boîte

Les ventes d'ananas ont connu une envolée spectaculaire après qu'on a découvert comment mettre ces fruits en conserve. Le jus d'ananas entrait dans la composition de nombreux remèdes : éliminer les vers, soulager l'accouchement, réparer les fractures, soigner les hémorroïdes et calmer les maux de gorge.

Bambou
Famille : Bambusoideae

Habitat naturel : la plupart des régions chaudes et tropicales, et notamment l'est de l'Asie.

Type : graminacée ligneuse à feuilles persistantes.

Taille : jusqu'à 30 m.

✦ COMESTIBLE
✦ CURATIVE
✦ COMMERCE
✦ INDUSTRIE

Le bambou est une des plantes les plus prolifiques de la planète. Utilisé comme matériau de construction, le bambou est également très présent dans l'art asiatique – on pense notamment aux dessins et peintures à l'encre de Chine.

GENTLEMAN BAMBOU

On ne le sait pas toujours, mais hormis le riz, aucune autre plante n'a eu un impact aussi considérable dans l'histoire de la Chine et de l'Asie. Il faut reconnaître que le bambou a tout pour plaire : sa structure en forme de lance produit des pousses comestibles et la plante a servi de matière première dans à peu près tout ce qui s'est construit, depuis la première roue jusqu'aux maquettes aéronautiques. Sur un plan culturel, le bambou reste indissociable d'un des arts les plus typiques de la planète. Si les fameux « narcisses dorés » du poète anglais William Wordsworth ont à jamais changé le cours de la poésie britannique du XIXe siècle, les peintures inspirées du bambou ont grandement influencé des artistes comme l'impressionniste Claude Monet (1840-1926).

D'ailleurs, le bambou jouait un rôle si important dans la société chinoise qu'on le prenait en exemple pour désigner un gentleman ! L'écrivain chinois Bai Juyi (772-846) affirmait qu'un vrai gentleman devait être aussi droit et fort qu'un bambou. À l'image d'un chaume de bambou creux, le parfait gentleman se devait de garder l'esprit ouvert, sans aucun préjugé ni pensée secrète.

Il existe plus de mille quatre cents espèces de bambou. Même si le bambou s'adapte à toutes sortes d'environnements, des hauts sommets aux plaines, mieux vaut lui éviter les sols alcalins, les régions arides ou les marécages.

Il y a deux mille ans, le bambou faisait vivre nombre de sylviculteurs. Depuis cette époque, le bambou est omniprésent en Chine. Les registres de la Chine antique

Ressentez-vous la fraîcheur des bosquets de bambous ? À travers le chemin sinueux, l'ombre s'incline, tandis que le murmure du vent livre ses secrets.

Wang An-shi (1021–1086)

étaient constitués de bandelettes de bambou (appelées *jian*). Ils ont d'ailleurs continué à être tenus sous cette forme quelque temps après l'invention des livres de soie. Les *jian* découverts par les archéologues permettent de déchiffrer et interpréter des pans entiers de la préhistoire.

Le bouddhisme a fait son apparition en Chine au milieu du Iᵉʳ siècle. Ses adeptes devaient s'abstenir de cruauté envers les autres créatures et éliminer viande, poisson et œufs de leur alimentation. Les pousses de bambou, elles, étaient permises. Profitant de cela, Zan Ning, un moine bouddhiste du Xᵉ siècle, avait même regroupé quatre-vingt-dix-huit descriptifs et recettes culinaires de bambou dans un « manuel de pousses de bambou » intitulé *Sun Pu*. Lorsque le légendaire « empereur Jaune », Huang Ti, a demandé au musicien de la Cour, Ling Lun, de proposer un concept musical typiquement chinois, Ling s'est tourné vers le bambou. Il en coupa douze tiges de différentes longueurs pour reproduire six notes de voix féminines et six de voix masculines. Impossible d'échapper au bambou ! À l'époque victorienne, un commentateur anglais était resté bouche bée devant l'importance du bambou dans la vie quotidienne chinoise du XIXᵉ siècle. « Incroyable ! Les bambous de l'Empire céleste semblent plus précieux que ses mines et rapportent quasiment autant que son riz et sa soie. » Il décrivait les nombreuses applications de la plante : « Vêtements et chapeaux imperméables [...] outillage agricole [...] filets de pêche, vannerie de formes diverses, papier, crayons, appareils de mesure du blé, verres à vin, louches, baguettes, sans oublier les pipes à tabac. Tout ça, en bambou. »

DE VENT ET DE BOIS
Le bambou sert depuis des siècles à la confection d'instruments de musique tels que la flûte de Pan.

L'HEURE DU THÉ

Le bambou était un élément essentiel dans la cérémonie du thé (voir Thé, p. 26). Le thé serait apparu en Chine après un épisode mettant en scène Bodhidharma, le fondateur du courant zen dans le bouddhisme. Le moine s'était assoupi alors qu'il tentait de méditer. Furieux, notre « sage » s'arracha les paupières et les jeta sur le sol. C'est ainsi que la Terre aurait donné naissance au théier et à ses feuilles en forme d'œil. Le rituel du thé a ensuite connu bien des évolutions. Il convenait de mélanger de la poudre de thé, ou *matcha*, avec un fouet composé d'un chaume de bambou de

ARTISTE ET PHILANTHROPE

✦

Su Tung-p'o, un touche-à-tout éclairé qui vécut en Chine entre 1037 à 1101, était l'un des plus célèbres adeptes du *sumi-e*. Chargé de plans d'urbanisme, il créa à Hangchow (1089) et Canton (1096) les plus importants réseaux hydrauliques en bambou jamais construits. Il fit un jour office de magistrat dans une affaire contre un paysan endetté. Prenant l'homme en pitié, Su Tung-p'o saisit son pinceau et une feuille de papier et dessina un bambou. Il offrit son œuvre au paysan pour qu'il la vende et puisse ainsi régler ses dettes.

2 centimètres de diamètre fractionné en quatre-vingts dents fines. Bien entendu, la louche à thé était également en bambou.

Au Japon, le shogun Rikyu (1522-1591) donna ses lettres de noblesse au thé. Pour ce proche de l'empereur Hideyoshi (qui le condamna à mort un peu plus tard), « être vivant dans ce monde » consistait à passer son temps dans un salon de thé en bambou de trois mètres carrés (*chashitsu*), où cinq personnes prenaient place. Pendant que le thé était lavé et infusé dans une dépendance, la *mizuya*, les invités patientaient dans une *machiai* en bambou, avant de faire quelques pas dans le jardin, le *roji*, et entrer enfin respectueusement dans le salon de thé.

Selon Confucius (551-479 avant J.-C.) : « Sans viande, on mincit. Mais sans bambou, on devient vulgaire. » C'est surtout dans le milieu artistique que le fin bambou a connu ses plus beaux triomphes.

Intimement liées, la peinture et la calligraphie ont vu le jour il y a plus de deux mille ans. À l'origine, il s'agissait d'un simple pinceau de bambou et d'un pot d'encre noire. Au terme d'une profonde méditation, l'artiste exécutait son œuvre d'un trait en quelques minutes, voire quelques secondes, sans la moindre hésitation ni correction.

Le *sumi-e*, une sorte de peinture philosophique à l'encre liée au concept du yin et du yang, était la technique la plus associée au bambou. L'artiste *sumi-e* cherchait à reproduire le frémissant *chi* d'une feuille de bambou. C'est paradoxalement à un général de l'armée, Meng Tian, que l'on doit l'invention du pinceau en bambou. Le militaire l'avait imaginé entre 221 et 209 avant J.-C. Le pinceau (*pi*) se composait d'un bambou, ou *chu*, et d'un stylet ou d'une brosse, *yu*. La brosse était élaborée à partir de poils d'animaux variés : daim, chèvre, mouton, zibeline, loup, renard ou lapin. Pour peindre des détails, on prenait des moustaches de souris ! L'artiste *sumi-e* utilisait un papier très fragile sur lequel il peignait comme s'il faisait de l'escrime, sa brosse en bambou se faisant fleuret. Le noir était considéré comme « la couleur du cœur » et la simplification la plus élevée de la couleur. L'objectif de l'artiste n'était

UN ART EN ÉVOLUTION
La gravure sur bois japonaise, dont voici un exemple datant de 1895, aurait fortement influencé Claude Monet. L'art japonais a évolué : les œuvres *sumi-e* monochromes ont cédé la place à des toiles plus travaillées et plus colorées.

UN ÉCHAFAUDAGE ÉCOLOGIQUE
Outre son aspect esthétique, le bambou est très utilisé en construction, notamment pour les échafaudages.

pas de représenter un sujet, mais de saisir une image à l'aide de quelques coups de pinceaux.

LE BAMBOU ET L'ART

L'art chinois a influencé l'art de ses voisins, le Japon, la Corée, le Tibet, la Mandchourie et l'Asie centrale, et même les contrées musulmanes. C'est par le biais du Japon, grâce à sa politique d'ouverture au milieu du XIXe siècle, que l'art chinois va influencer un des courants artistiques les plus célèbres : l'impressionnisme.

Claude Monet, le plus grand représentant du mouvement, acquit même une demeure à Giverny, non pour la maison, mais pour son fabuleux potager. Il passait son jardin en revue chaque matin et sélectionnait soigneusement les légumes qui allaient composer son dîner.

Avant de connaître la notoriété, Monet a d'abord exposé ses toiles au côté de Camille Pissarro, à Paris, en 1874. Louis Leroy, un critique d'art, ricana devant *Impression, soleil levant* de Monet : « Impression, j'en étais sûr. Je me disais aussi, puisque je suis impressionné, il doit y avoir de l'impression là-dedans. » Ce commentaire perfide n'eut pas l'effet escompté. Grâce à Leroy, ce nouveau mouvement, caractérisé par une lumière inédite, des coups de pinceaux visibles, des sujets peu conventionnels et influencé par le grand air et l'émergence de la photographie avait désormais un nom : l'impressionnisme.

Des artistes comme Edgar Degas et Claude Monet étaient subjugués par le travail des peintres japonais. Monet collectionnait les gravures sur bois japonaises et, à la seconde exposition impressionniste, il proposa même une toile intitulée *La Japonaise*. Il s'agissait d'un portrait de son épouse, revêtue d'une extravagante robe rouge brodée à l'effigie d'un féroce samouraï et entourée d'éventails de papier et de bambou. Même si plus tard, Monet allait répudier cette œuvre, elle lui rapporta tout de même à l'époque la coquette somme de 2 000 francs.

MULTIPLE BAMBOU
♦
La liste des applications du bambou donne le vertige : moulins à vent, cithares, flèches, vannerie, combustible, baguettes, échafaudages, aiguilles pour tourne-disques, et même, sous forme de poussière de bambou, pâte à polir en bijouterie et composants de piles. Le bambou est également utilisé dans la fabrication de balances, de filaments électriques, de cercueils, de bicyclettes, de papier, d'aliments, de tapis, de revêtements extérieurs dans l'aviation, et... de poisons. Ça ne s'arrête pas là, car le bambou servait aussi de médicaments contre l'asthme, d'allié pour les cheveux, la peau et les ongles. Il entrait dans la composition de mobilier, jouets, yourtes, cires, ruches, gouttières, bières, aiguilles d'acupuncture, parapluies, maisons, serres... et même d'aphrodisiaques ! Enfin, pendant la guerre, on utilisait du bambou, et non du métal, pour armer le béton (les cannes de bambou multiplient par trois ou quatre la robustesse).

Chou
Brassica oleracea

Habitat naturel : côtes de la Méditerranée et de l'Adriatique ; partout ailleurs si besoin.

Type : bisannuelle ou vivace avec une tige ligneuse et de grandes feuilles.

Taille : 90 cm.

- **Comestible**
- Curative
- Commerce
- **Industrie**

Que deviendrait un jardinier sans son carré de chou ? Introduit sur nos tables par des jardiniers celtes il y a deux mille cinq cents ans, le chou a séduit de l'empereur Dioclétien aux premières dames américaines, Eleanor Roosevelt et Michelle Obama. Le chou est aussi à l'origine de la révolution de la conserve alimentaire.

Fraîcheur congelée

Imaginez les vastes étendues gelées du Labrador, dans le nord du Canada, au début du XXe siècle. Souhaitant récupérer un chou qu'il avait plongé dans un tonneau d'eau salée, un trappeur avait dû briser la glace. Clarence Birdseye avait conçu une méthode de conservation un peu particulière. Pour faire plaisir à son épouse, Eleanor, qui se lamentait de ne pouvoir avoir des légumes frais, il s'était mis à tout congeler, ce qui allait lui rapporter une petite fortune.

Ses choux avaient déjà fait un bon bout de chemin avant d'arriver jusqu'au Labrador. L'ancêtre de notre chou commun, aux mains de jardiniers celtes, était passé par plusieurs étapes européennes et méditerranéennes. Les Grecs raffolaient de leur *karambai* et les Romains de leurs *caulis* et *brassica* (deux noms pour un même chou). L'Empire romain aurait peut-être tenu plus longtemps si Dioclétien était resté à Rome plutôt que d'aller cultiver des choux dans son palais de Spoleto, sur la côte dalmatienne ! « Regardez donc ces superbes légumes ! » s'exclamait-il, enthousiaste, à un ami, alors qu'une guerre civile ravageait l'Empire…

Vegetable, le mot anglais pour « légume », vient du latin *vegere*, qui signifie « cultiver », « animer », ou encore « embellir ». En français, le terme vient aussi du latin, mais de *legumen*, « plante à gousse ». Qu'est-ce qui explique la popularité du chou ? À partir de quelques graines insignifiantes, on arrive à faire pousser des légumes géants et comestibles ! En 2000, une Américaine d'Alaska, Barb Everingham, a obtenu un chou de 47,9 kilos ! Ce qui est proche du record absolu, décroché en 1989 par un Gallois, Bernard Lavery, et son méga chou de 56,24 kilos !

Les graines de chou Vandergaw que vous m'avez envoyées ont donné de bien meilleurs résultats que celles du chou hollandais à grandes feuilles.

Témoignage trouvé sur le catalogue du grainetier Burpee (1888)

50 plantes qui ont changé le cours de l'Histoire

Un légume tout-terrain
Le chou s'adapte à la quasi-totalité des climats tempérés et à la plupart des types de sol. Sa culture ne nécessitant pas de soins particuliers, notre chou est devenu incontournable dans les jardins du monde entier.

La victoire dans les choux

En revanche, c'est plus une question de quantité que de taille qui a incité George V à remplacer les parterres de fleurs de Buckingham Palace par des plantations de choux et de pommes de terre pendant la Première Guerre mondiale. Avec un slogan à la clé : « Tout le monde au jardinage ! » Le nombre de jardinets britanniques est alors passé de 600 000 à 1,5 million. Même l'Église d'Angleterre donna sa bénédiction, dispensant les fidèles du service dominical pour s'occuper de leurs choux – s'il était toléré de partir en guerre le jour du Seigneur, il était strictement interdit de jardiner…

À la fin de la guerre, la Grande-Bretagne cultivait 2 millions de tonnes de légumes ! De nombreux soldats ont ensuite pansé leurs blessures en se mettant au jardinage. Cette activité, pacifique et apaisante, a d'ailleurs permis à bon nombre d'entre eux d'oublier les cauchemars de leur expérience au front.

Aux États-Unis, pendant la Seconde Guerre mondiale, le ministère de l'Agriculture avait déconseillé de « transformer les parcs et les pelouses en potagers ». Il faut dire que les stocks alimentaires étaient pleins et qu'il valait mieux réserver les engrais nitrogénés à la fabrication d'explosifs qu'à la culture des choux ! En

Le chou polymorphe

◆

Une plante polymorphe, comme le chou, est une plante qui peut évoluer sous différentes formes. Ainsi, le chou commun a donné naissance au chou frisé, au chou romanesco, au chou-rave, au chou de Bruxelles, au colza, au brocoli et au chou-fleur. Livrées à elles-mêmes, sans entretien, toutes ces espèces retrouveraient leur état primaire : celui du chou commun. À chaque région sa spécialité de chou ! Par exemple, le premier chou de Bruxelles a été découvert, comme son nom l'indique, en Belgique, en 1750. En Italie, c'est le brocoli (appelé « asperge italienne » en 1724) qui remporte tous les suffrages. L'Amérique a d'ailleurs découvert le brocoli grâce à ses immigrants italiens.

FAIT MAISON
Une femme travaille ses cultures potagères à Pie Town, Nouveau-Mexique (États-Unis), pendant la Seconde Guerre mondiale. Comme chez les Britanniques, le chou a joué un rôle précieux dans l'effort de guerre.

1942, lorsque la graineterie Burpee Seed a lancé son « Victory Garden Seed Packet », les ventes se sont envolées et 4 millions d'Américains se sont convertis aux joies de la culture potagère ! Un an plus tard, à la suite du rationnement des boîtes de conserve, la première dame des États-Unis d'alors, Eleanor Roosevelt, décida de planter des carottes, des haricots, des tomates et, bien sûr, des choux, sur les pelouses de la Maison Blanche. Si le potager en question a disparu pendant les soixante années suivantes, sitôt après son investiture, Barack Obama a ordonné son retour.

En Angleterre, le gouvernement incitait à la culture du chou. « Jardinons pour gagner la guerre ! Tout le monde au jardinage ! » avait déclaré le ministre de l'Agriculture, tandis qu'Eleanour Sinclair Rohde écrivait un guide intitulé *Wartime Vegetable Garden* [Le Potager en temps de guerre]. Alors que les sous-marins allemands visaient les navires marchands approvisionnant l'Angleterre, un fonctionnaire de l'administration interpella les lecteurs de son *Vegetable Grower's Handbook* : « Chaque centimètre carré de terrain exploitable doit être utilisé. En 1939, notre pays importait 8 500 000 tonnes de nourriture. En 1942, seulement 1 300 000 tonnes. Pas étonnant que le gouvernement nous incite à cultiver des légumes. »

Participant à l'effort de guerre, une autre graineterie promouvait des cloches à potager qui allaient « doubler le rendement, économiser l'espace, raccourcir le temps de maturation, [et] fournir des légumes frais toute l'année ». Et pour la modique somme de 6 pences, on pouvait même se procurer, un petit guide intitulé *Des cloches contre Hitler*. Le ministère de l'Agriculture organisait par ailleurs des expositions et des concours de légumes, des démonstrations de jardinage et incitait toutes les écoles du Royaume à créer leur potager. C'est ainsi que tous ces jardiniers en herbe ont gardé, après-guerre, une véritable passion pour le jardinage. La consommation de choux eut un effet insoupçonné. Comme le constata

> Dès janvier, il faut commencer à réfléchir et organiser ses plantations, commander les graines de pommes de terre et de légumes, sans oublier les engrais et le reste. Il faut aussi s'assurer du bon état de l'outillage. N'oubliez pas qu'il faudra commencer à jardiner dès le mois suivant, ou dès que les conditions climatiques locales le permettront.
>
> *Dig for Victory*, un livret édité par le ministère de l'Agriculture britannique, en janvier 1945

George Orwell : « La plupart de la population se nourrit bien mieux qu'auparavant. Et le surpoids est en déclin. » Autrement dit, grâce au chou, toute une nation avait retrouvé une santé de fer !

Le monde entier allait bientôt avoir plus facilement accès aux légumes frais. Revenons à Bob et Eleanor Birdseye. Le couple vit avec son fils à 400 kilomètres du magasin le plus proche. Ils ont élu domicile à cet endroit après que Bob, né en 1886, a abandonné ses études au Amherst College, dans le Massachusetts, faute d'argent. Après un passage au ministère de l'Agriculture, il persuade Eleanor de le suivre dans le Grand Nord afin de travailler dans le commerce de la fourrure.

Un coup de chance

Birdseye comprend ce que les autochtones du nord du Canada savaient depuis longtemps : la viande est plus goûteuse si elle a été brièvement congelée. Pour preuve, le poisson, le lapin et le canard, naturellement congelés avec ces températures arctiques (jusqu'à − 50 °C), gardent leur saveur intacte. Bob décide de tenter l'expérience avec des choux « frais » qu'il conserve dans des tonneaux d'eau salée. Comme il le reconnaîtra plus tard : « Ça faisait des siècles que les Esquimaux utilisaient [ces méthodes]. Moi, ce que j'ai fait… c'est juste proposer au public des sacs d'aliments congelés. »

En 1917, la famille retourne aux États-Unis, où Bob Birdseye ne parvient pas à « reproduire les hivers du Labrador » dans une ancienne usine de crèmes glacées du New Jersey, avec des blocs de glace, de la saumure et un ventilateur. Les Birdseye s'installent à Gloucester, dans le Massachusetts, où ils poursuivent leurs expériences, en congelant viandes, poissons et légumes. Bob Birdseye fabrique même un congélateur mobile, monté sur un camion qu'il conduit à travers champs, afin de surgeler immédiatement les légumes qu'il cueille.

Marjorie Merriweather Post, fille du propriétaire d'une usine agroalimentaire, goûte une dinde congelée par Birdseye. Trois ans plus tard, elle rachète l'affaire qu'elle rebaptise Birds Eye en 1930. Le premier légume congelé n'a pas été le chou, mais le petit pois !

> ## Tout un symbole
> ♦
> Le chou commun à fleurs jaunes a colonisé la majeure partie de la planète. À l'instar des fleurs (la rose rouge est associée à l'amour, le coquelicot au souvenir), les légumes sont aussi porteurs de messages. D'après l'écrivain jardinier, John Loudon, le petit pois, ce « présage estival », symboliserait le respect, la pomme de terre, la bienveillance, et le chou, le gain et le profit. En France, chacun sait que le chou est le lieu de naissance des garçons !

Thé
Camellia sinensis

Habitat naturel : Chine, Japon, Inde et jusqu'à l'extrême nord de la mer Noire, en Russie.

Type : arbuste qui peut vivre plus de cinquante ans.

Taille : 1,5 m (en culture).

+ **Comestible**
+ Curative
+ **Commerce**
+ Industrie

Alors que certaines plantes passent inaperçues, d'autres changent la face du monde ! *Camellia sinensis*, ou thé, est l'une de celles-là. Et pour cause : le breuvage a presque détruit la culture chinoise, participé à l'indépendance des États-Unis, et, beaucoup moins glorieux, asservi des centaines de milliers d'habitants d'Asie du Sud-Est. Le thé a donc bel et bien changé le cours de l'histoire !

Réconfort... thé

En Angleterre, la « petite dame » qui offre une « bonne tasse de thé » fait partie du patrimoine. Au cours du Blitz londonien, elle en a distribué des tasses de thé à tous ces pompiers et autres gardes épuisés ! À l'autre bout du monde, les geishas, elles, s'agenouillaient derrière des paravents de bambou et préparaient le thé qu'elles offraient aux officiers en partance pour le front. Encore plus loin, à bord de navires de guerre ancrés au nord de l'Australie, les soldats, inquiets du sort que leur réservait le conflit,

réchauffaient leurs mains autour d'un godet métallique rempli de chai.

Aujourd'hui encore, rien n'est plus réconfortant qu'une décoction de feuilles séchées plongées dans l'eau bouillante. Le lexicographe Samuel Johnson vantait déjà en 1757 les bienfaits du thé dans son *Literary Magazine*, mentionnant une connaissance « qui, depuis vingt ans, n'accompagne ses repas que d'infusions de cette fascinante plante… et qui fait confiance au thé pour égayer ses soirées, apaiser ses angoisses nocturnes et accueillir en souriant l'aube qui point ». Johnson était loin de se douter que, seize ans plus tard, cette « fascinante plante » allait créer un raz-de-marée et ses cousins américains créer une nouvelle nation (de buveurs de café) ! Cela fait plus de quatre mille cinq cents ans qu'on prépare du thé avec les feuilles d'un arbuste répandu en Inde et en Chine. C'est ce que prétend la légende. L'empereur Shen Nung aurait découvert cette

DU THÉ À PERTE DE VUE
Grâce aux surfaces colossales réservées à sa culture, la Chine est devenue le premier producteur de thé du monde, devant l'Inde.

« potion » en 2737 avant J.-C. Il faut savoir que *Camellia sinensis* est une plante commune. Nommé ainsi en l'honneur de Camellius, un botaniste jésuite du XVIIe siècle, le genre *Camellia* comprend de superbes espèces qui embellissent les jardins, mais les petites fleurs blanches et rosâtres du *Camellia sinensis* n'en font pas partie. La beauté ne fait pas tout. Comme les Chinois allaient le découvrir, on obtient un breuvage miraculeux, goûteux et réconfortant en plongeant quelques feuilles séchées de cette plante dans l'eau bouillante. Les Chinois ont introduit le thé au Japon *via* la Corée en 800, avant d'initier les Anglais à sa dégustation en 1657. Pour encourager la pousse de nouvelles feuilles, les théiers étaient régulièrement élagués et modelés en forme de buissons, afin de faciliter la cueillette. Parés de paniers en osier portés sur le dos, les cueilleurs prélevaient le bourgeon et les deux feuilles terminales d'une pousse (pour un thé optimal), ou les trois feuilles terminales, si le contremaître privilégiait la quantité à la qualité.

L'art est difficile : il faut cueillir délicatement les feuilles entre le pouce et l'index avant de les déposer dans la paume de la main. C'est pour-

UN SOUVERAIN DE GOÛT
Shennong, le fameux empereur-agriculteur chinois, goûtait les herbes pour vérifier leur qualité. Il aurait introduit les principes de l'agriculture dans la Chine antique.

> Je suis formel : le thé détruit la santé, affaiblit le corps, rend efféminé et paresseux, incite à la débauche de notre jeunesse et fait le malheur de nos aînés.
>
> *William Cobbett*, Cottage Economy, *1821*

LA CÉRÉMONIE
Cette illustration du XIXᵉ siècle dépeint le cérémonial du thé. En Chine, offrir du thé permet de témoigner son respect envers une personne âgée, de présenter des excuses, ou encore de remercier pour une invitation à un mariage.

quoi la mécanisation de la cueillette semble compromise… autant que l'augmentation des salaires des cueilleurs. On pourrait cultiver du thé dans certains pays riches, mais le savoir-faire des cueilleurs y fait défaut et, surtout, les salaires seraient trop élevés. Revenons à nos cueilleurs. Une fois leurs paniers pleins, ils les portent au centre de traitement du site, où les feuilles sont flétries, roulées, fermentées, puis calibrées. Le thé vert s'obtient en chauffant la feuille pour arrêter l'oxydation naturelle qui survient pendant l'étape de fermentation. Les Occidentaux, eux, préfèrent le thé noir et ses multiples déclinaisons, dont le célèbre « orange pekoe » (« orange » en hommage à la royauté néerlandaise, les Hollandais ayant été les premiers importateurs de thé, et « pekoe » d'un mot chinois signifiant « duvet blanc », celui qui recouvre les jeunes feuilles).

THÉ DE CHINE

Aux XVIIIᵉ et XIXᵉ siècles, les Européens se sont détournés de la bière (de table ou plus alcoolisée) et de l'eau, au profit du thé. Plus ils en buvaient, plus ils en réclamaient. Et pour cause : le thé contient de petites quantités de caféine. William Cobbett, lui, mena une croisade « anti-thé ». Selon lui, « le thé n'était ni plus ni moins une espèce de laudanum – revigorant

sur le moment, mais déprimant juste après ». Il s'enflammait contre ces femmes qui passaient le plus clair de leur temps à siroter leur thé sans se soucier de leurs enfants, les laissant porter du « linge souillé et des dessous déchirés ». Cobbett n'impressionnait toutefois pas grand monde, car, au milieu du XVIIIe siècle, le thé était devenu la boisson de prédilection des Européens, qu'ils soient riches ou pauvres.

À CHACUN SON THÉ !
L'engouement planétaire pour le thé a conduit à l'élaboration de différentes variétés, comme le thé vert, le thé blanc, le thé noir, le thé jaune ou encore le thé au jasmin.

À la même époque, la Compagnie anglaise des Indes orientales avait damé le pion à leurs homologues français en s'appropriant des ports de commerce stratégiques indiens : Madras, Bombay et Calcutta. Après avoir ravi aux chefs bengalis les riches provinces du nord-est de l'Inde en 1757, la Compagnie, malgré une forte concurrence française, domina le commerce indien pour le siècle suivant. Les cargaisons de bois, de soie et de porcelaine côtoyaient celles de thé.

Ce commerce était à sens unique. La Chine s'autosuffisait et ne prêtait que peu d'attention à l'Occident. En tout cas, elle n'avait aucune intention d'échanger quoi que ce soit (produits de base, technologies ou idées) avec ses lointains voisins européens. À cette époque, la Chine était le plus grand producteur de thé du monde. Étant donné la demande en thé vert de son propre marché, elle n'était pas disposée à exporter sa précieuse plante, même pour les fortes sommes d'argent proposées par les marchands de thé occidentaux. La Chine manquait toutefois de métaux, comme le cuivre, l'argent et l'or, c'est ainsi que les négociants réglèrent leur thé avec des métaux précieux. Plusieurs délégations occidentales étaient régulièrement dépêchées en Chine pour inciter les mandarins à ouvrir leurs frontières. Elles rentraient généralement bredouilles, après s'être fait rappeler que la plupart des inventions de l'époque (semoir, charrue, imprimerie et dynamite) avaient été découvertes par des ingénieurs chinois plusieurs siècles avant leur « invention » en Occident ! C'est alors qu'un petit malin eut l'idée de proposer de l'opium contre le thé (voir Pavot à opium, p. 148).

DU THÉ ET DES THÉIÈRES

✦

Dans la plupart des pays, on prépare le thé dans une bouilloire. Les Anglais, eux, ont développé une vraie passion pour les théières. À la fin du XVIIe siècle, les récipients en céramique n'étaient toutefois pas destinés à recevoir de l'eau bouillante. Une solution allait venir de Chine. Les Chinois avaient inventé et perfectionné la porcelaine mille cinq cents ans avant que les Européens n'en maîtrisent la fabrication. Pour équilibrer les charges sur les bateaux (le thé était léger), les cargaisons comprenaient de la porcelaine. La théière et le service à thé en porcelaine devinrent ainsi aussi populaires que le thé.

Le thé de la liberté

Au XVIIIe siècle, les Américains du Nord étaient, comme le reste de la planète, sous le charme du thé. Aujourd'hui, les Canadiens boivent presque quatre fois plus de thé que leurs voisins américains, plutôt amateurs de café. Cela fait plus de deux cents ans que les Américains consomment moins de thé que leurs voisins. Leur indépendance date pourtant d'un jour de décembre 1773, lorsque la Charles River de Boston, dans le Massachusetts, est subitement devenue noire de thé. Un groupe d'Indiens Mohawk se serait lancé à l'abordage de trois cargos remplis de thé qui mouillaient dans le port et aurait éventré leur cargaison, avant de la jeter par-dessus bord.

En réalité, les pirates n'étaient pas des Indiens, mais des contestataires blancs costumés. Ils protestaient contre un projet de loi ourdi par leurs tuteurs (les Anglais) qui souhaitaient imposer une taxe sur les produits exportés vers l'Amérique, et notamment sur le thé. En revanche, chez eux, les Anglais avaient supprimé les taxes sur le thé, afin de mettre un terme aux activités illicites des contrebandiers, qui leur coûtaient cher. Ils tentaient ainsi de renflouer leurs caisses au détriment des colons américains. Le roi George III et son Parlement dictaient leur conduite aux Américains ? Dans ce cas : « Pas de taxe sans représentation au parlement anglais ! » Et pour montrer à la mère patrie ce dont ils étaient capables, les protestataires transformèrent le port de Boston en théière

RÉBELLION
Destruction de thé dans le port de Boston (1846), par Nathaniel Currier. En dépit de la préférence des Américains pour le café, le thé y demeure une boisson très populaire. Chaque année, l'industrie du thé génère plusieurs milliards de dollars aux États-Unis.

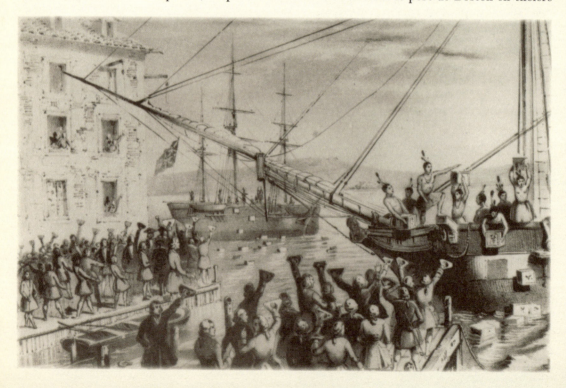

géante. Autant attaché à ses colonies qu'à son trône, George III refusa tout compromis sur les taxes du thé. Erreur fatale. La « Tea Party » de Boston fit rapidement des émules à New York, Philadelphie, Annapolis, Savannah et Charleston. Alors que les dames de la bonne société américaine avaient rayé le thé de la carte de leurs petits goûters, l'Angleterre décida de fermer le port de Boston. Le 4 juillet 1776, la déclaration d'Indépendance, adoptée par le Congrès, ne proclamait pas seulement la scission entre l'Amérique et l'Angleterre, mais rappelait aussi les « actions tyranniques » du roi George.

UN ROI AGITÉ
En approuvant le Tea Act de 1773, qui imposait une taxe de 25 % sur le thé importé aux États-Unis, George III a ouvert la voie à une série de révoltes populaires qui ont creusé le sillon de la guerre d'Indépendance.

LA COURSE AU THÉ

Jusque dans les années 1850, la marine marchande était composée de lourds bateaux fabriqués avec plus de 1 000 tonnes de bois de construction, qui se rendaient péniblement jusqu'aux différents ports du globe. À la fin du monopole de la Compagnie des Indes orientales en 1833, les concurrents se sont frotté les mains. Les Anglais et les Américains ont ainsi investi dans des navires plus rapides : les clippers (voiliers rapides), très efficaces avec leur coque aérodynamique, leurs étraves effilées qui fendaient littéralement les vagues et leurs mâts inclinés qui tiraient le meilleur parti du vent. Lorsque le vent était au rendez-vous, les clippers filaient à toute allure chercher et rapporter leurs précieuses cargaisons (parfois illégales, les esclaves remplaçant le thé). Les clippers voguaient en mer de Chine, dans l'océan Indien, passaient au large du cap de Bonne-Espérance puis traversaient l'océan Atlantique, direction New York, Londres, Liverpool ou Belfast, en deux fois moins de temps que leurs prédécesseurs.

Les capitaines des clippers à thé s'amusaient à faire la course, pour le plus grand plaisir des journaux qui se délectaient de ces combats contre les éléments. Si les négociants en vins s'affrontaient déjà pour rapporter au plus vite le Beaujolais Nouveau à Paris ou Londres, les marchands de thé mettaient eux en avant leurs délais d'approvisionnement. Il faut savoir que le thé frais a exactement le même goût qu'un thé stocké un an dans un entrepôt… Avec les nouveaux records de vitesse, les noms des

FRAUDE AU THÉ

✦

La demande étant en permanente croissance, de singuliers additifs furent ajoutés au thé pour augmenter artificiellement son volume dans les boîtes doublées de papier d'étain : fleurs de sureau, feuilles de frêne (bouillies avec du crottin de mouton pour obtenir la bonne couleur…), copeaux de fer, ou encore graphite. En Chine, le thé vert était parfois mélangé à de l'argile, du safran d'Inde, du bleu de Prusse ou de la chaux. Selon un article du magazine *Cassell's Family*, paru en 1897, les explorateurs chinois n'y étaient pour rien : « Le thé (…) a toujours subi des altérations, mais ceci dans le seul but de nous plaire et non à la seule initiative des Chinois. » Quoi qu'il en soit, les consommateurs étaient invités à laver leur thé à l'eau froide et à le filtrer à travers une mousseline avant de le boire…

À TOUTE ALLURE
Lithographie du XIXᵉ siècle représentant le clipper *Thermopylae*. Grâce aux multiples mâts et au gréement carré, les clippers reliaient les ports plus rapidement que jamais.

clippers, inscrits sur la proue, comme *Thermopylae* ou *Cutty Sark* (ce dernier est depuis 1954 mis en cale sur une rive de la Tamise), ajoutaient au prestige du thé qu'ils transportaient. On pouvait d'ailleurs acheter du thé « Cutty Sark ».

L'ère des clippers toucha à sa fin avec les bateaux à vapeur, plus rapides encore, même s'ils étaient freinés par les escales pour ravitaillement en combustible. En 1869, la suprématie des engins à vapeur est d'ailleurs évidente, grâce à un nouveau projet : le canal de Suez. Long de 171 kilomètres, le canal a divisé par deux le temps nécessaire pour relier la Chine à l'Europe. Ne pouvant se fier aux vents capricieux de la mer Rouge, les clippers devaient continuer d'emprunter la route du cap de Bonne-Espérance. C'est ainsi qu'à la fin du XIXᵉ siècle, les clippers à thé disparurent peu à peu.

SPOLIATION TERRITORIALE

En 2009, les Nations unies se sont inquiétées de « la spoliation foncière », pratique très en vogue chez les nations riches qui achètent les terres cultivables de pays pauvres. Des nations comme les États-Unis, l'Inde, la Libye, les Émirats arabes, la Chine, la Corée du Sud et le Japon acquièrent ou louent des terrains pour y cultiver des biocarburants, ces substituts aux énergies fossiles. On estime la saisie des terres égale à la moitié de la surface des terres arables de l'Europe ! Pour les Nations unies, ces méthodes de cultures intensives dédiées à l'énergie et non à l'alimentation risquent de créer pénuries alimentaires et problèmes écologiques dans le pays-hôte. La location pour quatre-vingt-dix-neuf ans de 1,3 million d'hectares à Madagascar par le fabricant de voitures sud-coréen, Daewoo, s'est soldée par un soulèvement populaire et le renversement du président en place, Marc Ravalomanana.

L'histoire se répète, ces situations ne sont en effet pas nouvelles. Au XIXᵉ siècle déjà, les cultivateurs de thé

> **THÉ DE CEYLAN**
> ✦
> Le Sri Lanka est célèbre pour la grande qualité de son thé. Le pays est pourtant un relatif nouveau venu dans le commerce du breuvage vieux de quatre mille cinq cents ans. C'est une succession d'accidents agricoles qui ont conduit le Sri Lanka à la culture du thé. Ceylan (nom du Sri Lanka avant son indépendance en 1948) a été envahi par les planteurs britanniques, convaincus que les hautes montagnes étaient idéales pour cultiver du café. La rouille du café, *Hemileia vastatrix*, et les rats mirent malheureusement un terme à leurs ambitions. Ils décidèrent donc de se lancer dans la culture du quinquina. Il était toutefois impossible de rivaliser avec les Hollandais installés en Malaisie. En désespoir de cause, les colons se tournèrent vers *Camellia sinensis*, avec le succès que l'on connaît.

expropriaient les habitants des terres arables de leurs colonies, chaque centimètre carré de terrain devant être dédié à la culture du *Camellia sinensis*. La culture du thé a déplacé de nombreuses communautés locales, détruit des écosystèmes régionaux et, pis encore, utilisé sans scrupule une main-d'œuvre bon marché originaire des pays pauvres – on pense notamment aux Indiens, qui, plus tard, obtiendront leur indépendance. Le commerce du thé a effectivement changé le cours de l'histoire en Occident et sur la mer, mais il ne faut pas oublier les profonds déséquilibres sociaux qu'il a engendrés dans les pays où la plante était cultivée.

CUEILLI MAIN
Cueilleurs photographiés à Ceylan (aujourd'hui Sri Lanka) à la fin du XIXe siècle. Le Sri Lanka est l'un des plus importants exportateurs de thé du monde, puisqu'il produit un tiers de la consommation mondiale.

Chanvre
Cannabis sativa

Habitat naturel : Asie centrale.

Type : plante annuelle à croissance rapide.

Taille : 4 m.

+ COMESTIBLE
+ *CURATIVE*
+ COMMERCE
+ INDUSTRIE

Cannabis, chanvre ou marijuana : quel que soit son nom, cette plante a mauvaise réputation. Condamné par de vociférants politiciens, représentants de la loi, et autres parents de collégiens délurés, le chanvre a décroché le titre de drogue « douce » la plus consommée dans le monde. Il s'agit d'une des plus anciennes plantes cultivées. *Cannabis sativa* a même été cultivée par deux présidents américains, la déclaration d'Indépendance américaine est imprimée dessus et elle constituerait une « solution verte » pour l'avenir.

UNE DROGUE VERSATILE

Les jardins et autres potagers des années 1970 ont été le théâtre de drôles de plantations : des cultivateurs de choux et de tomates assistaient, un sourire en coin, aux descentes de la brigade des stup' qui confisquaient de grosses plantes aux airs de fougères, avant d'interpeller de sympathiques hippies grisonnants. Aucune loi n'empêche pourtant un individu de cultiver les plantes qu'il souhaite, mais *Cannabis sativa* n'est pas une plante ordinaire. Quatre-vingts ans après la Prohibition, certains se sont demandé si la mise à l'index de *Cannabis sativa* n'était pas un peu démesurée. Le chanvre n'est jamais qu'un substitut naturel à l'industrie pétrochimique, aussi polluante que non durable. Le chanvre pousse librement, rapidement, et sans engrais, herbicides, ou pesticides. Par temps chaud, la plante atteint sa pleine maturité en à peine trois mois et fournit des fibres quatre fois plus résistantes que celles du coton ! Une fois récolté, le chanvre a de multiples associations : de l'isolation aux carrosseries de voitures en passant par les vêtements « qui respirent » (la fibre du chanvre est creuse)...

Il y a bien sûr un inconvénient : le cannabis contient du « delta-9-tétrahydrocannabinol », ou THC. Selon l'auteur grec, Hérodote, cette molécule active aurait poussé les Scythes, un peuple nomade de la mer Noire, à adopter un comportement des plus singuliers. Dans *Histoires*, il raconte avoir vu les Scythes se rassembler dans de petites tentes fabriquées avec des pieux et du feutre et s'accroupir autour d'un plat de graines de chanvre placé au-dessus de pierres brûlantes. « Tout s'enflamme alors et provoque une vapeur qu'on ne trouve pas dans un sauna grec. » En tout cas, ces vapeurs rendaient les Scythes fous de joie…

L'histoire se répète : « Pour bien faire, il faut inhaler profondément la fumée et la retenir quelques secondes, ce qui est déplaisant pour les non-fumeurs. On peut remplacer le tabac par des cigarettes au menthol ou aux herbes, mais le plus simple est d'ajouter six clous de girofle moulus au joint. En quantité raisonnable, le joint produit un effet relaxant et agréable. Évidemment, les impressionnistes français en abusaient, si bien que le joint devenait aussi fort qu'un acide », expliquait Nicholas Saunders dans son *Alternative England and Wales* (1975).

Le THC présente aussi des vertus médicinales : depuis des milliers d'années, les médecins utilisent le cannabis comme antidouleur et pour soulager de nombreuses pathologies, du cancer à la dépression en passant par la maladie d'Alzheimer. Plus encore que pour son aspect médicinal ou narcotique, le chanvre est intéressant en tant que fibre.

Chacun s'accorde à dire que l'histoire du *Cannabis sativa* est confuse. Hérodote affirmait que « le chanvre poussait dans les steppes eurasiennes. Les Thraces en faisaient des vêtements qui ressemblaient à s'y méprendre à du vrai coton ; à tel point, que si on ne le savait pas, on n'imaginerait jamais que c'est du chanvre ». Les Scythes n'étaient pourtant pas précurseurs en la matière. Les Chinois travaillaient déjà le chanvre il y a quatre mille cinq cents ans. Ils n'ont d'ailleurs pas cessé de le cultiver et en sont devenus le plus gros producteur en 2000. D'autres pays cultivent également le chanvre, comme la Roumanie, l'Ukraine, la Hongrie, l'Espagne, le Chili et la France. Le chanvre vient probablement du sud-est de la Russie, qui en était le plus gros exportateur aux XVIIe et XVIIIe siècles. La demande était là. Une frégate comme l'*USS Constitution*, qui combattit la marine britannique pendant la guerre de 1812, avait besoin de 60 tonnes de chanvre pour ses voiles et ses cordages. À l'époque, la marine anglaise avait imposé un blocus aux ports américains pour empêcher l'importation de chanvre russe.

CORDAGE EN CHANVRE
Afin de les garder au sec pour qu'ils ne pourrissent pas, on enduisait les cordages en chanvre d'une couche de goudron. Ce procédé, pénible à exécuter, était répété à intervalles réguliers, ce qui explique l'abandon de ce type de cordage.

DU CHANVRE POUR LE BOURREAU

◆

Alors que le mot « chanvre » est associé aux textiles, celui de « marijuana » l'est aux drogues. « Marijuana » dérive de l'espagnol mexicain, tandis que « chanvre » vient de l'ancien français *chenvre*, « plante textile », qui est devenu chanvre, « filasse et fil ». Dans un dictionnaire américain des années 1930, on pouvait lire à « chanvre » : « Origine inconnue » – même si, généreusement, la définition indiquait certaines de ses applications : « voilures de bateaux, cordages, et corde de bourreau ».

Les profits du cannabis

Deux Américains, Benjamin Franklin, le coauteur de la Constitution américaine, et Löb Strauss, un commerçant de San Francisco, ont fait de très importants profits avec le chanvre. Franklin a importé la première baignoire en métal de Grande-Bretagne, a inventé le paratonnerre, les lunettes à double foyer et un efficace fourneau domestique. Dixième fils d'un couple pieux de Boston – Josiah Franklin originaire du Northamptonshire et sa seconde épouse, Abiah –, Benjamin entre en apprentissage chez son demi-frère, James, un imprimeur à l'origine d'un des premiers journaux américains, le *New England Courant*. Franklin écrit régulièrement des articles pour le quotidien. Ses relations avec James se dégradent, il se rend alors à Philadelphie avec un dollar en poche. Il vient d'avoir 17 ans… À 42 ans, après avoir fait carrière dans l'imprimerie, il décide de se consacrer aux affaires publiques, à la diplomatie, aux sciences et… au végétarisme.

Une fibre révolutionnaire
Le plus célèbre document de l'histoire des États-Unis a très vraisemblablement été rédigé sur du papier en chanvre, produit par une des papeteries de Benjamin Franklin. Aujourd'hui, la production de papier en chanvre est marginale par rapport à celle de papier traditionnel.

Au cours des trente ans qui ont précédé la Révolution américaine, de nombreux contentieux se sont élevés entre l'Angleterre et sa colonie, notamment en raison de restrictions commerciales imposées par Londres. Par exemple, l'Amérique dépendait de l'Angleterre pour son approvisionnement en pâte à papier. Franklin trouve une solution : utiliser du chanvre ! (Pour la petite histoire, George Washington et Thomas Jefferson possédaient leurs propres plantations de chanvre.) La déclaration d'Indépendance américaine est d'ailleurs rédigée sur du papier à base de chanvre fabriqué par Franklin.

Un siècle plus tard, un tailleur du Nevada, Jacob Davis, et son associé, Löb Strauss, ont fait breveter un procédé qui renforçait les jeans des ouvriers grâce à des rivets en cuivre. Löb, qui transforma son nom en Levi, était un immigrant bavarois installé à New York. Il avait rejoint San Francisco pour profiter de la ruée vers l'or de 1853. Il ne vendait plus de vêtements en chanvre, mais des pantalons en toile de tente ou en tissu mural destinés aux chercheurs d'or. Si le premier jean Levi a bel et bien été confectionné en chanvre, Strauss s'est rapidement tourné vers le serge de Nîmes, un tissu importé de la ville gardoise, car des ouvriers s'étaient plaints des irritations provoquées par le chanvre.

Les défenseurs du chanvre militent pour sa réhabilitation, affirmant que la plante offrirait un papier plus écologique – le papier traditionnel, lui, nécessite plus de substances chimiques pour transformer la pâte de bois et favorise la déforestation. Ils insistent sur l'aspect écologique du chanvre par rapport au coton, qui exige de fortes concentrations en herbicides et en pesticides (voir Coton, p. 88).

Cela est sans doute vrai, mais en Occident, la réputation du chanvre est bien installée : « Le chanvre représente une drogue dangereuse. » Le chanvre cultivé pour les vêtements ou le papier contient pourtant des doses infinitésimales de THC. La guerre contre le cannabis a débuté en Amérique, pendant la Prohibition des années 1920 et 1930, lorsque l'alcool a été banni. Les Ligues de tempérance du XIXe siècle avaient déjà fait campagne pour la prohibition de l'alcool. Malgré des descentes de police, des arrestations et des inculpations en chaîne, le commerce de l'alcool, confectionné dans des ateliers clandestins et vendus dans des bars interlopes, ne s'était jamais aussi bien porté. En revanche, la corruption de la police et des politiques culminait… Le fait que « l'herbe » soit appréciée des « bons à rien », des émigrés mexicains et des musiciens noirs, ne redorait pas vraiment son image. Dès que des hommes comme Harry J. Anslinger, commissaire au Bureau fédéral des stupéfiants, ou William Randolph Hearst, le célèbre magnat de la presse, sont partis en guerre contre la plante, le sort du chanvre était scellé. Plusieurs voix se sont élevées pour rappeler que l'empire de Hearst comprenait des forêts destinées à l'industrie du papier et que l'impression de journaux sur du chanvre aurait forcément un impact sur ses profits… Hearst n'aurait-il pas pu alors diversifier ses activités et cultiver lui-même du chanvre ? Hearst a en fait cru chaque mot d'Anslinger, vociférant ennemi du cannabis, connu pour ses envolées lyriques exagérées et ses rapports douteux à la plante.

En 1937, le vote du Marijuana Tax Act américain allait sonner le glas du chanvre dans le monde occidental. On estime qu'au cours des dix prochaines années, la consommation de cannabis augmentera d'environ 10 %…

> **Nous approuvons quasiment tous les articles de la défense. Le chanvre se cultive si facilement que nous ne manquerons jamais de cordages.**
> *Thomas Paine,* Le Sens commun, *1776*

LE CHARME DE L'ANCIEN

Cannabis sativa a fait couler plus d'encre que *Linum usitatissimum*, ou lin, son cousin aux fleurs bleues. On utilisait pourtant déjà du lin dans la confection avant de recourir au chanvre. Les tribus néolithiques suisses tissaient des étoffes en lin, et les Égyptiens se servaient de lin pour envelopper leurs momies.

Les aristocrates interdisaient que le lin soit séché près de leurs habitations, car cela dégageait une odeur très désagréable. Si le coton reste une des matières les plus agréables, le lin est la plus ancienne plante textile à avoir été cultivée.

LE CHANVRE ORIGINAL
Le lin (*Linum usitatissimum*) a précédé le chanvre comme fibre textile.

Piment de Cayenne
Capsicum frutescens

Habitat naturel : Amérique centrale et du Sud, Antilles. Cultivé également dans des régions subtropicales.

Type : plante vivace, cultivée en annuelle.

Taille : varie selon les espèces.

- **Comestible**
- **Curative**
- **Commerce**
- Industrie

La chute de Constantinople en 1453 a mis un terme à l'approvisionnement par voie terrestre vers l'Europe du poivre noir. Le moment était grave, car *Piper nigrum* alimentait plusieurs économies du bassin méditerranéen. C'est ainsi que les nations européennes envoyèrent leurs explorateurs à la recherche d'un substitut, qui fut finalement découvert en 1490 : le piment ou « poivre » de Cayenne.

Chaud devant !

En 1400, lorsqu'une ménagère hollandaise allait faire ses courses et demandait du piment, elle obtenait alors quelques grains durs de *Piper nigrum*, une épice originaire d'Inde, qui avait donc traversé plusieurs continents pour atteindre les Pays-Bas. Aujourd'hui, elle obtiendrait un sachet de légumes charnus de *Capsicum annuum*, cultivés dans des serres hollandaises. Pourquoi une telle confusion ? Cela remonte à 1492 et à Christophe Colomb et ses hommes. Arrivant aux Caraïbes, ils ont goûté des « choses très épicées » de la famille des capsicums.

Les capsicums sont probablement originaires de Guyane – en tout cas, leurs noms originaux laissent supposer des racines caraïbes. Les Aztèques, qui ont présenté la plante aux envahisseurs espagnols, cultivaient certainement les capsicums pour leurs propriétés médicinales et culinaires. Certaines variétés étaient si épicées qu'elles faisaient pleurer – les Européens se précipitaient alors sur une bière pour tenter d'éteindre l'incendie que les capsicums avaient allumé dans leur gorge. Or, les marins rapprochèrent le goût de ce qu'ils avaient avalé de leur familière épice asiatique, le poivre noir. Les capsicums

**If Peter Piper picked a peck of pickled peppers
Where's the peck of pickled peppers Peter Piper picked ?**

Jeu de prononciation anglais du XIXᵉ siècle, où l'on retrouve notre pepper *(« piment »).*

ont ainsi reçu le nom de *pimiento*, « poivre » en espagnol. À la source de ce goût épicé, la capsaïcine, un composé concentré dans le placenta du fruit. Si, à l'état brut, la capsaïcine enflamme les yeux et le palais, les Aztèques ont découvert qu'elle possédait également d'importantes vertus médicinales. Elle agit par exemple contre l'hypertension et assouplit les artères. Dans la médecine moderne, la capsaïcine, utilisée en crème, soulage l'arthrite, le zona et les névralgies. Elle atténue également les douleurs des suites postopératoires. Au Mexique, le piment est le traitement traditionnel des maux de dents.

Les piments du capsicum sont cultivés dans les régions tropicales et subtropicales, ainsi qu'en Amérique, en Asie et en Afrique de l'Est et de l'Ouest. Le capsicum le plus familier est *Capsicum annuum*. On le trouve toute l'année ; il s'agit du poivron. Cette plante annuelle broussailleuse arbore des feuilles vert foncé et des fleurs blanches qui se transforment en fruits bulbeux dont la couleur passe du vert électrique au rouge vif, à l'orange, ou au jaune à mesure qu'ils mûrissent. Il existe de nombreuses variétés de *Capsicum*, mais seules cinq sont domestiquées, et trois consommées : *Capsicum annuum* (variété comprenant le poivron, le paprika, le jalapeño, le cascabel et le cayenne), *Capsicum frutescens* et *Capsicum chinense* (dont le piment habanero ou piment antillais). Parmi toutes les variétés et sous-variétés connues et celles des forêts d'Amérique du Sud encore inconnues, on compterait plus de trois mille espèces de piments dans le monde.

LE PIMENT À LA RESCOUSSE
Dans certaines régions d'Afrique, on utilise des piments pour protéger les cultures. Disposés le long des clôtures, ils dégagent un parfum entêtant pour les éléphants.

INTERDIT AUX DOUILLETS
♦
En 1912, alors qu'il travaillait pour un laboratoire pharmaceutique américain, Wilbur Scoville a inventé un test pour déterminer la puissance d'un piment. Le « Scoville Organoleptic Test » s'appuyait sur les papilles d'un groupe de volontaires qui avaient goûté une solution de piments diluée dans du sirop de glucose. Peu à peu, la quantité de sirop augmentait, jusqu'à ce que toute trace de « chaud » ait disparu. Les cobayes de Scoville notaient les piments sur une échelle de 0 à 350 000. Ainsi, ils ont donné une note comprise de 0 à 100 au poivron doux, et de 100 000 à 300 000 au piment habanero ou au Scotch Bonnet. Le piment le plus fort du monde serait le nago jolokia, que l'on trouve en Inde, au Bangladesh et au Sri Lanka.

POUDRE DE CAYENNE
Les piments de Cayenne sont souvent épépinés puis cuits en biscuits, avant d'être moulus en une poudre rouge vif.

UNE SAUCE TRÈS RELEVÉE

Capsicum frutescens est le « poivre » qui, pendant une époque, a pris la place du véritable poivre. Le mot *chili* a été inventé par les Indiens Nahua du Mexique en référence au long piment, ou « cosse », de Cayenne, d'où est issu le piment de Cayenne tel qu'on le connaît. Pour obtenir du piment de Cayenne, les graines contenues dans la cosse du piment sont séchées, moulues, puis mélangées à de la farine. On enfourne le tout pour obtenir un biscuit dur, à nouveau moulu en fine poudre rouge. Certains entrepreneurs peu scrupuleux gonfleraient le volume de piment en y ajoutant du minium, un pigment rouge très nocif. Certains paprikas ne réduisent-ils pas en sanglots les hommes les plus robustes ? Le paprika le plus fort ne provient d'ailleurs pas d'Amérique du Sud, mais d'Espagne et de Hongrie, où il a été introduit par des agriculteurs turcs au XVIIe siècle. Il s'agit d'une des rares variétés capables de rivaliser avec les piments mexicains. Il existe aussi du paprika doux. Pour l'obtenir, on retire la tige, la queue et les graines épicées, puis on broie les cosses de piment. La puissance du Tabasco est due à la capsaïcine naturelle contenue dans les piments d'Amérique du Sud.

Quoi qu'il en soit, ce sont les explorateurs espagnols qui, après avoir conquis une grande partie de l'Amérique du Sud en un temps record et avec des moyens relativement modestes, ont rapporté en Europe de l'or et des trésors végétaux, comme l'ananas, la cacahuète, la pomme de terre et le piment. La plante s'est rapidement répandue à travers l'Europe et les régions tropicales, avant d'atteindre l'Inde en 1540. L'Inde l'a rapidement adoptée, car, quatre cents ans plus tard, après avoir été le plus gros exportateur de poivre noir, le pays était devenu un des plus gros fournisseurs du monde en capsicums.

Le piment était en train de supplanter d'autres épices dans les cuisines asiatiques et européennes. Ces nouveaux piments colorés trouvaient leur place dans la plupart des potagers, et leurs jolis fruits rouges, assemblés en guirlandes, ornaient les murs blancs des maisons, tels des colliers végétaux offerts au soleil automnal. Ainsi, en hiver, on relevait ragoûts et autres soupes en ajoutant des morceaux de piment séché. Ce nouveau piment intriguait tout de même les Européens. Selon Samuel Johnson, Nicholas Culpeper était

QUELLE CONFUSION !

✦

Le poivrier de la Jamaïque est évidemment cultivé en Jamaïque, mais aussi aux Antilles, au Mexique et en Amérique du Sud. Il produit le piment des Anglais, ou quatre-épices, ou encore poivre aromatique (*Pimenta officinalis*). Ses baies sont cueillies vertes, puis séchées au soleil avant d'être mises en paquet. Le quatre-épices aromatise les plats. L'écorce du poivrier est utilisée en cosmétique et une huile, l'eugénol, est extraite à des fins culinaires.

50 plantes qui ont changé le cours de l'Histoire

« le premier homme à avoir arpenté les forêts et escaladé les montagnes à la recherche d'herbes médicinales et bienfaisantes ». Et en tant que tel, il avait « bien mérité de passer à la postérité ». Culpeper avait consacré plusieurs pages de son *Herbier complet* (1653) à la description des « vertus » du piment, qu'il appelait « piment de Guinée » ou « piment de Cayenne », tout en alertant sur les « dangers d'une surconsommation de ces plantes et fruits violents ».

À en croire Culpeper, le piment de Guinée aurait subi l'influence de la planète Mars. « Les vapeurs qui s'échappent des cosses […] percent le cerveau en montant à la tête par les narines, et déclenchent de violents éternuements […] ainsi que de féroces quintes de toux et d'effroyables nausées. » Et si on le jette au feu, il dégage « d'affreuses vapeurs nocives », et d'en conclure qu'ingérer le piment serait « dangereux pour la santé ». Toutefois, modulant son propos, Culpeper avait ajouté que « lorsqu'on le débarrassait de ses propriétés diaboliques, le piment pouvait rendre de précieux services ». Il avait en effet relevé de bons résultats dans le traitement des calculs rénaux, des œdèmes, de la mauvaise haleine, des maux de dents, des piqûres vénéneuses, des douleurs d'accouchement, des taches de rousseur et autres points disgracieux, sans oublier les « crises d'hystérie et autres pathologies féminines ». Pour résumer, le piment était un médicament miraculeux et un goûteux substitut au poivre noir.

TÉMOIN DE LA NATURE
Nicholas Culpeper (1616-1654) a étudié et répertorié des centaines d'herbes médicinales au cours de sa brève existence.

UNE ÉPICE MÉDICINALE
L'extrait de piment sert beaucoup en pharmacopée moderne. Utilisé comme révulsif, il aide à soulager les rhumatismes, les douleurs nerveuses et d'autres pathologies musculaires et articulaires.

Quinquina
Cinchona spp.

Habitat naturel : nord de la Bolivie et Pérou.

Type : arbre ou arbuste à feuilles persistantes.

Taille : 5-15 m.

+ Comestible
+ **Curative**
+ Commerce
+ Industrie

Il a permis la guérison de bien des rois et des reines, ainsi que celle de révolutionnaires. Il a rapporté une petite fortune à ceux qui ont percé ses mystères mais causé la perte de tous les autres, incapables de déchiffrer ses secrets. Il a soutenu des empires, notamment celui de la reine Victoria, et facilité le transfert de quelque 20 millions de personnes réduites à l'esclavage. Il est également à l'origine de nombreux malaises sociaux. Il s'agit du quinquina.

La fièvre du marais

« Ils ont dit que j'étais invincible ; c'est faux, je ne suis pas armé contre la fièvre », déclarait le roi Lear de William Shakespeare dans la pièce du même nom. La « fièvre » a tué nombre d'hommes prestigieux comme Alexandre le Grand ou Oliver Cromwell. Si Cromwell n'avait pas succombé à la piqûre d'un moustique irlandais, la monarchie britannique n'aurait peut-être jamais retrouvé son trône. Aujourd'hui, on estime que la moitié de la population mondiale reste exposée à la « fièvre », ou plutôt au paludisme, ou malaria (de l'italien *mala aria*, « mauvaise mine »). Cette maladie a fait plus de victimes que toutes les guerres et épidémies réunies. Jusqu'à la fin des années 1930, il n'existait qu'un seul remède et il était élaboré avec l'écorce du quinquina. L'histoire de son introduction en Europe est rocambolesque : amour, trahison, corruption, conspiration, tout y est.

Tout commence près des marais infestés de moustiques d'Europe, d'Asie et d'Afrique de l'Ouest, et sur les collines d'Amérique du Sud. Dans les marais, on trouve la malédiction de la malaria, et sur les collines, son remède.

On pense que la malaria est une maladie tropicale. Jusqu'à l'arrivée des cargos étrangers, remplis de larves de moustiques à malaria tapies dans l'eau des cales, les Caraïbes, la majeure partie de l'Afrique et de la Malaisie, le Sri Lanka et la Birmanie ne connaissaient pas cette maladie. La malaria n'aurait d'ailleurs jamais existé en Amérique du Sud sans les explorateurs européens et les conquistadors.

La malaria est une maladie épuisante. Elle a d'ailleurs joué un rôle important dans la défaite des Confédérés face aux soldats de l'Union, pendant la guerre civile américaine de 1865. Sans les stocks d'atabrine (remède antipaludéen) des forces alliées, les Japonais auraient bien pu établir un nouvel empire en Asie du Sud-Est, constitué de la Birmanie, de l'Inde et de la Chine. À l'issue de la guerre du Vietnam, 20 000 Américains souffraient de paludisme. Autrefois appelée « fièvre des marais », cette pathologie se caractérise par une succession d'épisodes fiévreux froid-sec, chaud-sec et chaud-humide si éprouvants que le malade finit par mourir d'épuisement. Certaines victimes ne connaissent qu'une seule poussée de fièvre qui les immunise. D'autres subissent des épisodes aléatoires tout au long de leur vie. D'autres encore sont immunisés par leur groupe sanguin. Bref, la malaria reste une pathologie encore bien mystérieuse.

QUESTION D'INTUITION

Sir Joseph Banks vouait une passion à la botanique. En 1771, au terme d'expéditions à Terre-Neuve et au Labrador, et d'une fabuleuse épopée dans le Pacifique en compagnie du capitaine Cook, il rentre chez lui ses malles pleines de plantes. Banks a le pouvoir (il est président de la Royal Society) et l'influence (il est conseiller auprès du roi George III). Pourtant, personne ne le prend au sérieux lorsqu'il recommande d'importer des quinquinas des Andes et de les cultiver dans les jardins botaniques de Kew, près de Londres. Il a fallu presque un siècle pour qu'il soit enfin écouté...

LES MOUSTIQUES

La malaria ne vient pas directement du moustique, mais d'un individu porteur de la maladie. Ce sont ensuite les piqûres de moustiques qui transmettent la maladie à d'autres individus. Sur les quatre cents espèces de moustiques présentes dans le monde, environ 13 % peuvent transmettre le paludisme ; la femelle étant bien plus dangereuse que le mâle. Contrairement à sa partenaire et à son penchant pour l'hémoglobine, le mâle *Anopheles* préfère se nourrir de nectar et de fruit, laissant le soin à sa femelle de jouer les vampires. C'est ainsi qu'elle transmet l'infection paludéenne. Une fois repue de sang, la femelle va chercher une étendue d'eau stagnante pour y pondre ses œufs. Ses proies humaines peuvent la contrer en détruisant justement ces terrains de reproduction, en asséchant les marais, ou encore en les aspergeant d'huile, ce qui diminue la tension de l'eau et empêche ainsi le moustique de s'y poser. D'autres pratiques anti-paludéennes consistent à dormir sous des moustiquaires ou à construire sa maison sur des pilotis (le moustique ne peut pas voler à plus de 6 mètres d'altitude). Les communautés qui ne prennent pas suffisamment de précautions risquent, à l'image d'autres civilisations, d'être entièrement décimées par la malaria.

PETITES TERREURS !
Sur les quatre cent soixante espèces de moustiques que compte le genre *Anopheles*, un quart transmet le paludisme aux humains et quarante propagent activement la maladie dans les régions endémiques.

44 50 plantes qui ont changé le cours de l'Histoire

Chinchón, une ville située au sud de Madrid, compte une population de 5 000 âmes. Dans les années 1630, la ville faisait partie du domaine du quatrième comte de Chinchón, au patronyme spectaculaire : Don Luis Gerónimo Fernández de Cabrera de Bobadilla Cerda y Mendoza. En 1629, Don Luis n'était pas au chevet de son domaine, mais à celui de son épouse, bien mal en point, à Lima (Pérou). Nommé vice-roi d'Espagne dans ce que Pizarro appelait la « Cité des Rois », Don Luis s'était résigné à payer cher cet honneur : sa bien-aimée, au dernier stade de la malaria, se mourait. En désespoir de cause et sur les conseils de Sebastiano Bado, son médecin lui prescrit un remède local utilisé par les paysans andins et connu sous le nom de *quina quina*. À contrecœur, Don Luis accepta. Sage décision, car son épouse se porta de mieux en mieux. Le médicament fut alors rapporté au domaine familial de Chinchón. Tous les employés eurent droit à leur dose de *quina quina*. Résultat : aucun cas de malaria.

Les Indiens Quechua connaissaient les vertus médicinales de l'écorce de l'arbre qu'ils appelaient *quina*, ou « écorce », bien avant la conquête espagnole. De la famille des rubiacées, le quina était un arbre local dont il existait de nombreuses espèces, certaines porteuses d'alcaloïdes thérapeutiques. L'arbre qu'ils appelaient « écorce des écorces », *quina quina*, possédait trente alcaloïdes, dont la quinine et la quinidine, toujours utilisées dans le traitement de plusieurs pathologies, notamment cardio-vasculaires. Les Indiens transmirent généreusement leur savoir aux Espagnols qui leur laissèrent eux de nouvelles maladies, comme la rougeole et la malaria. Ils partagèrent également leurs secrets avec les missionnaires, ces soldats de la foi connus sous le nom de jésuites, venus sauver les âmes des païens au nom du Christ. Les autochtones ne se doutaient pas que le monde entier attendait leur précieux remède et qu'en un siècle, leur stock de *quina quina* serait pillé dans sa quasi-totalité.

Pendant près d'une décennie, à partir de 1650, les jésuites ont détenu le monopole de l'« écorce péruvienne », également connue sous le nom de « poudre des jésuites », mais sans véritable impact sur la pharmacopée européenne. La poudre des jésuites était en effet considérée comme une sorte de poudre de perlimpinpin, bien moins efficace que les saignées. Un éminent médecin britannique, Sir Robert Talbot, avait, lui aussi, discrédité la poudre des jésuites. Homme influent, anobli et richissime grâce à son propre remède antipaludéen, Talbot avait guéri le roi d'Angleterre,

RECÉPAGE ET MOUSSAGE

◆

On récolte l'écorce du quinquina lorsque le gaulis atteint une douzaine d'années. Les arbres sont parfois recépés, c'est-à-dire taillés à la base pour leur permettre de se régénérer à partir des racines. Autre méthode pour récolter l'écorce de l'arbre sans le tuer : le « moussage ». Cette pratique consiste à décoller les écorces dans le sens de la longueur, puis à panser les plaies avec de la mousse. Cet antiseptique permet une repousse de l'écorce. Pendant la « ruée vers le quinquina » des années 1860, les arbres des forêts d'Amérique du Sud étaient tout simplement abattus, dépecés de leurs précieuses écorces, puis jetés.

UN PRÉCIEUX PRÉSENT (Ci-contre) Sur cette illustration du XVIIe siècle, le Pérou, symbolisé par un jeune enfant, offre une branche de quinquina à l'allégorie de la Science.

Charles II, le roi de France, Louis XIV, sans oublier la reine d'Espagne. À sa mort, en 1681, on pensait qu'il avait emporté dans la tombe l'ingrédient secret de sa potion magique. Louis XIV révéla alors au monde le secret de Talbot : de la quinine, ou plus exactement la poudre des jésuites, celle qu'il avait si violemment condamnée. À la fin du XVIe siècle, les flottilles espagnoles avaient rapporté en Europe le traitement antipaludéen, tandis que les forêts d'Amérique du Sud étaient sauvagement dépossédées de leur petit arbre, rebaptisé *cinchona*, ou

Écorce péruvienne : ressemble un peu à notre cerisier, pousse principalement en forêts, notamment sur les pentes du Quito péruvien, et se propage spontanément à partir de ses graines.

Nicholas Culpeper, Herbier complet, *1653*

« quinquina », en hommage à la ville natale de Don Luis. Pendant près d'un siècle, les horticulteurs hollandais et français firent tout pour s'emparer de la plante miraculeuse, mais les Espagnols continuèrent à dominer le marché international du quinquina.

Au Moyen Âge, alors qu'ils cherchaient comment transformer le métal en or, les alchimistes firent plusieurs découvertes. Enfant naturel de l'alchimie, la chimie recherchait des substituts chimiques aux produits naturels, comme la quinine. Un jeune Anglais, William Henry Perkin, qui avait monté un laboratoire en 1856, travaillait à la version synthétique de la quinine. Il découvrit finalement une teinture synthétique qu'il nomma mauvéine, ou mauve d'aniline. À peine âgé de 19 ans, il vendit les fruits de ses recherches à l'Allemagne avant de prendre une retraite anticipée. En attendant la découverte d'un substitut chimique à la quinine, les Pays-Bas, la Grande-Bretagne et l'Espagne ont tout fait pour contrôler le marché de la substance naturelle.

Un tonique naturel
Dès le milieu du XIXe siècle, la quinine est largement utilisée comme antipaludéen. Même si la molécule a été synthétisée pendant la Seconde Guerre mondiale, le quinquina reste la source de quinine la plus économique.

En 1859, le botaniste Clements Markham trouva des quinquinas dans les Andes. Il en expédia aussitôt aux jardins de Kew, à Londres, et en réserva pour les Jardins botaniques de Calcutta et ceux du gouvernement britannique en Inde, à Ooty, dans le district des Nilgiris, où le quinquina prospéra. Parallèlement, le célèbre horticulteur hollandais, le docteur Johan de Vrij, établissait sa propre plantation de quinquina sur l'île de Java, en Indonésie.

C'est le bon arbre !

En 1865, Charles Ledger, qui vivait et travaillait près du lac bolivien de Titicaca, envoya quelques graines de quinquina à son frère, établi en Angleterre. Charles lui précisa que ces graines provenaient d'une espèce riche en quinine – entre 10 et 13 % – et qu'il devait donc bien négocier avec le gouvernement britannique pour en tirer le meilleur prix. Déclinant l'offre des deux frères, les Anglais venaient aussi de faire une croix sur le monopole de la quinine qui revint à de Vrij et aux Hollandais.

Les graines de *Cinchona ledgeriana* – ainsi nommées en hommage à Charles Ledger – étaient toutefois peu résistantes aux maladies et peu précoces. Riches de plusieurs siècles d'horticulture, les cultivateurs néerlandais trouvèrent la solution. Ils greffèrent *Cinchona ledgeriana* sur une espèce plus robuste. En 1884, les coolies hollandais récoltaient suffisamment d'écorce pour supplanter les producteurs sud-américains. L'Angleterre finit par développer son activité « quinine » dans ses colonies indiennes, mais ce furent les Pays-Bas qui régnèrent sans partage pendant plus de soixante ans sur le commerce du quinquina. Les écorces étaient traitées à Amsterdam, d'où elles repartaient ensuite vers les quatre coins de la planète.

La fin de ce commerce florissant survint en 1942, lorsque les Japonais s'emparèrent de Singapour. Alors que l'Angleterre et ses alliés étaient occupés à gérer le conflit qui ravageait l'Europe, le Japon, désireux de s'emparer de nouveaux territoires, imagina une attaque aérienne sur Pearl Harbor, qui affecterait la marine américaine. Après avoir envahi la Malaisie et Singapour, les forces japonaises occupèrent l'Indonésie, mettant un terme au règne colonial néerlandais et privant les Alliés des précieuses plantations de quinquina. Ces derniers ne furent pas longtemps dépourvus. Avant que les Japonais n'aient pu tirer profit de leurs prises de quinine, les chercheurs alliés avaient découvert un substitut de synthèse. C'est ainsi que sont nés les antipaludéens modernes comme l'atabrine, la chloroquine et la primaquine. Grâce à leur dose quotidienne d'antipaludéen, les Alliés mirent les Japonais en échec.

La 11ᵉ plaie

En 2009, la communauté scientifique a craint le pire en apprenant qu'une souche de paludisme serait résistante aux substituts synthétiques de quinine. Les antipaludéens prescrits depuis près de quatre-vingts ans aux voyageurs se rendant dans les zones à risques ont toujours bien fonctionné, si l'on fait abstraction des effets secondaires, mais les virus mutent et finissent par résister aux versions synthétiques des substances naturelles. Aujourd'hui, si on utilise surtout la quinine naturelle dans des produits de grande consommation, comme les sodas, elle pourrait peut-être à nouveau participer à la lutte contre le paludisme.

FLEURS DE QUINQUINA
Le quinquina produit de petites grappes de fleurs appelées « panicules ».

Orange
Citrus sinensis

Habitat naturel : Chine et Asie du Sud-Est.

Type : petit arbre.

Taille : jusqu'à 7,62 m.

+ **Comestible**
+ Curative
+ **Commerce**
+ Industrie

Connaît-on plus grand délice qu'un jus d'orange frais, riche en vitamine C, pour bien débuter la journée ? Les bienfaits des agrumes sont connus depuis des siècles, mais n'ont pas toujours été exploités. Le capitaine James Cook et ses expéditions dans le Pacifique ont marqué l'histoire maritime. Grâce ou à cause de lui, les Britanniques ont gagné le sobriquet de « citrons verts ».

LE MAL DE MER

En 1769, alors que des pêcheurs Maori manœuvraient paisiblement leurs canoës à Raukawa, bras de mer poissonneux entre Te Ika a Maui et Te Waka a Maui (renommés îles du Nord et îles du Sud), ils aperçurent une « chose » étrange se profiler à l'horizon. Cette « chose » était un trois-mâts de 32 mètres de long, ancien charbonnier marchand, armé de canons et battant pavillon britannique. Le bâtiment filait à travers les détroits, exhibant fièrement son nom inscrit sur sa proue : HM *Bark Endeavour*.

À son bord, le capitaine James Cook (le détroit de Raukawa fut renommé en son honneur) et quatre-vingt-quatorze passagers et membres d'équipage. Tous étaient en pleine santé, à l'exception de deux individus.

Originaire d'un milieu modeste du Yorkshire, James Cook était un marin émérite, un capitaine rigoureux et un navigateur de génie. Il s'était déjà distingué en cartographiant certaines régions du Canada. En 1768, à l'occasion d'un voyage qui dura près de trois ans, il avait contourné l'Amérique du Sud et exploré Tahiti, la Nouvelle-Zélande et la côte est de l'Australie, cartographiant à chaque fois ces

50 plantes qui ont changé le cours de l'Histoire

nouvelles contrées. Pionnier en la matière (il mena son bateau dans la quasi-totalité des archipels du Pacifique Sud), il démontra que le fameux continent Terra Australis qui apparaissait sur les cartes européennes n'existait pas. Cook apporta également la preuve que la « maladie de l'explorateur », ou scorbut, ne se contractait pas au moindre voyage en bateau. Cook effectua deux autres voyages historiques sans rencontrer de problème de santé, avant d'être abattu lors d'une rixe avec des autochtones à Hawaï. La vie à bord du HM *Bark Endeavour* n'était pas si infernale que les fictions populaires le laissent entendre. Selon le docteur Samuel Johnson, mieux valait vivre en prison, on y avait plus de place, on mangeait mieux, on était « mieux entouré socialement » (*sic*) et on ne risquait pas de mourir noyé… Une discipline de fer régnait à bord. Certains matelots travaillaient – un peu contre leur gré – sur le vibord (parapet) du vaisseau, alors que sur le pont, on retrouvait les « marins d'élite », chargés de réparer le gréement. Les botanistes David Solander et Joseph Banks, deux célèbres chercheurs, prirent part à la première expédition. À bord, Cook avait imposé une hygiène de vie stricte à tous les passagers, avec repas à heure fixe (comprenant, dans la mesure du possible, une graminée locale de la famille des brassicacées, *Lepidium oleraceum*, qui fut rebaptisée « herbe à scorbut de Cook »).

Cook nourrissait également ses hommes avec des agrumes et du chou saumuré, comme le recommandait James Lind, un médecin écossais pionnier dans les règles d'hygiène à adopter à bord d'un bateau. Les cinquante-six hommes qui regagnèrent Plymouth en 1771 doivent indéniablement leur salut à ce régime alimentaire.

Le scorbut a bien plus nui aux marins du XVIIe siècle que les pirates ou les tempêtes réunis. La maladie se traduisait par des rougeurs cutanées, des hémorragies et la perte des dents – signes de manque de collagène. Elle touchait également les tissus conjonctifs qui relient les cellules. S'ensuivait une mort atroce et foudroyante.

Une icône de la mer
Le HM *Bark Endeavour*, représenté ici au large de la Nouvelle-Zélande, est une véritable icône dans l'histoire de la marine britannique.

Des orangers d'intérieur

✦

Au XVIIe siècle, Louis XIV commanda une « citronnière » pour Versailles. Cette structure de plus de 150 mètres de long et 13,5 mètres de haut abritait mille deux cents orangers. C'est ainsi que fut lancée la mode des orangeries chauffées (voir Ananas, p. 14) chez tous les aristocrates d'Europe. Le thermomètre à mercure n'existant pas encore, les jardiniers ne pouvaient se fier qu'à leur instinct pour régler la température de leurs serres… « Si l'eau de la serre est gelée, conseillait ainsi en 1703, Van Oosten, un jardinier hollandais, réchauffez alors doucement les arbres… avec des lampes à huile. » Les heureux propriétaires des orangeries (et leurs jardiniers) se délectaient ensuite du succulent fruit si bon pour leur santé.

FRUIT DU SOLEIL
Les orangers préfèrent
les climats chauds (15-30 °C),
mais il est possible
de les cultiver en serre.

L'arbre donne des oranges toute l'année et se pare simultanément de bourgeons, de fruits mûrs comme verts.

Théophraste (371-287 avant J.-C.)

Le scorbut n'était toutefois pas l'apanage des marins et de leur régime à base de bœuf salé et de biscuits. Hippocrate avait déjà mentionné cette mystérieuse maladie. Au temps des croisades menées par l'Église catholique en Terre sainte à partir de 1096, le scorbut pourrait être à l'origine de la défaite des chrétiens face à Saladin.

En mer, le scorbut avait mis un frein aux explorations. En 1497, le voyage vers l'Inde du Portugais Vasco de Gama faillit tourner court après l'épidémie de scorbut dont fut victime son équipage. « La plupart de nos hommes sont tombés malades », écrivait-il dans son journal. Il avait pu accoster sur la côte est de l'Afrique où il avait échangé des produits contre des oranges fraîches. « Grâce à Dieu… tous nos malades ont retrouvé la santé, car l'air d'ici est bon. » Si l'air était effectivement bon, Gama connaissait aussi parfaitement les propriétés antiscorbutiques des agrumes. D'ailleurs, lorsque ses hommes tombèrent de nouveau malades, « le capitaine envoya un marin à terre chercher des oranges, pour secourir les malades ». Gama perdit tout de même plus de la moitié de son équipage. Alors qu'il connaissait le remède contre le scorbut, il n'en dit mot à personne. En 1593, le capitaine britannique Richard Hawkins lança un appel d'urgence pour qu'« un érudit trouve quelque chose contre le [scorbut], véritable plaie de la mer et fossoyeur de marins ». Un gentleman d'Édimbourg, désigné comme médecin à bord d'une expédition de 1739, allait répondre à son appel.

James Lind avait survécu à son premier voyage en Méditerranée et aux Antilles. Au moment où il embarquait comme médecin à bord du HMS *Salisbury* en 1747, il avait déjà testé plusieurs remèdes contre le scorbut. Il choisit douze cobayes parmi les marins malades et leur donna de l'ail, des champignons, du raifort, du cidre, de l'eau de mer, des oranges et des citrons. Les patients traités aux agrumes retrouvèrent la santé du jour au lendemain, ce qui permit à Lind de rédiger son *Traité sur le scorbut*, en 1753. Ses conclusions mirent du temps avant d'être reconnues par les autorités maritimes – peut-être parce qu'il attribuait aussi la pathologie à une mauvaise ventilation, trop de sel et une « transpiration bloquée » due aux climats froids.

Quelques années après la mort de Cook à Hawaï, les enfants chantaient une comptine à base d'« oranges et de citrons », toujours connue en Angleterre :

Oranges et citrons, apostrophent
   les cloches de Saint-Clément,
Vous nous devez cinq sous, rappellent
   les cloches de Saint-Martin.
Quand nous paierez-vous ? s'impatientent
   les cloches de la cour d'assises,
Lorsque nous serons riches, répondent
   les cloches de l'échafaud.

La comptine se termine sur une touche macabre, référence directe aux pendaisons publiques qui se multipliaient à Londres. On le sait rarement, mais les oranges viennent d'Asie (le terme *sinensis* signifie « originaire de Chine ») et les citrons, du nord-ouest de l'Inde. Les agrumes constituaient le plus important groupe de fruits des régions tropicales et subtropicales. C'est encore le cas aujourd'hui. Les agrumes comprennent des « vedettes », comme l'orange amère de Séville (*Citrus aurantium*), l'orange douce (*Citrus sinensis*), le citron (*Citrus limonium*), la mandarine (*Citrus reticulata*), le pamplemousse (*Citrus paradisi*) et le citron vert (*Citrus aurantifolia*). Pourquoi les Anglais ont-ils donc reçu le surnom de « citrons verts » ? Après Cook, tous les navires battant pavillon britannique ne partaient jamais sans agrumes. Et même si le citron vert n'était pas très bénéfique pour la denture, il se conservait plus longtemps que l'orange et éloignait tout risque de scorbut.

Le rêve californien

La présence d'agrumes en Europe date du 1er siècle après J.-C. En 1873, trois orangers navel rapportés du Brésil furent plantés à Riverside, en Californie. Au bout de cinq ans, ils donnèrent de délicieux fruits (un siècle plus tard, l'un d'eux était d'ailleurs toujours productif), posant les bases de l'exploitation des oranges aux États-Unis. L'orange est la troisième saveur préférée des Américains, ce qui expliquerait leur importante consommation de jus d'orange : 16,6 litres par habitant et par année. Devant l'orange, on retrouve le chocolat et la vanille.

Complexe d'acidité
L'acidité des agrumes varie selon les espèces. Le citron et l'orange amère comptent ainsi parmi les plus acides.

Citron (C. limonium)

Orange (C. aurantium)

Noix de coco
Cocos nucifera

Habitat naturel : région indopacifique.

Type : palmier à simple tronc.

Taille : 30,5 m.

◆ **Comestible**
◆ Curative
◆ **Commerce**
◆ **Industrie**

Devinette populaire : qu'est-ce qui est marron quand on le lance en l'air et blanc quand il retombe ? La noix de coco ! Le cocotier fait souvent partie de l'image que l'on se fait du paradis tropical. Certains affirment qu'en tombant de son arbre, la noix de coco tuerait plus de cent personnes chaque année.

Tête de singe !

En 1890, devant un parterre de New-Yorkais dubitatifs, Eugene Schieffelin lâcha des dizaines d'étourneaux à Central Park, première étape d'un projet fou : introduire aux États-Unis toutes les espèces d'oiseaux mentionnés dans les pièces de Shakespeare... Pendant ce temps, les industriels gardaient les yeux fixés sur un autre type d'importation exotique : le cocotier, membre le plus lucratif de la famille des palmiers, ou arécacées.

À une époque où le plastique n'existait pas, les industriels cherchaient un matériau bon marché, issu de pays pauvres, et surtout polyvalent (peinture, tapisserie, vannerie, alimentation et boissons). La noix de coco (que les Portugais appelaient « tête de singe ») allait les contenter. Avec la même ignorance qui avait poussé les Britanniques victoriens à dédaigner les « plantes paresseuses » des Irlandais (voir Pomme de terre, p. 176), les noix de coco avaient été surnommées « fruits des paresseux ». On disait que les autochtones passaient leur temps à faire la sieste à l'ombre des cocotiers et n'en étaient tirés que par la chute d'une noix de coco sur le sable. Après avoir ouvert la noix avec une machette, ils en buvaient le « lait », partageaient un peu de la « chair » blanche avec les poules puis reprenaient leur sieste.

La réalité est différente. En Indonésie et dans le Pacifique, les cultivateurs de noix de coco se levaient tôt pour récolter les fruits et les expédier dans le monde entier. Les noix de coco étaient vendues entières à des forains pour leurs stands de jeux, les fibres de cocotier étaient tissées en tapis et les amandes séchées, ou *copra*, permettaient de fabri-

Comment appelle-t-on un homme avec trois yeux mais qui ne peut pleurer que d'un ?
Devinette hawaïenne

quer du savon et de la margarine. Selon un proverbe indonésien, le cocotier aurait autant d'applications qu'il existe de jours dans une année ! Alors que les frondes séchées servaient de combustible, les amandes nourrissaient bébés, poules et cochons. Les amandes mûres permettaient de confectionner friandises et autres chutneys, on fabriquait de superbes paniers ou tapis avec les feuilles et des balais avec leurs tiges. Enfin, les amandes râpées donnaient une crème qui allégeait les plats de riz et relevait les recettes à base de poisson et de bananes.

Une noix en béton
Gros plan sur une corde en coir sur un marché de Goa, en Inde. Le coir est une fibre robuste que l'on extrait de l'enveloppe fibreuse qui entoure la noix de coco.

Lorsqu'on découpe une noix de coco, il s'en échappe un liquide qui ressemble à de l'eau et qu'on appelle « eau de coco ». Stérile, ce véritable élixir était consommé lorsqu'un tsunami avait infecté les puits d'eau potable. Pendant la Seconde Guerre mondiale, il fut même utilisé en solution intraveineuse pour les soldats blessés. Recueilli dans un récipient de feuilles de cocotier tressées, il peut être fermenté en une boisson alcoolisée qui, au début de sa fermentation, servira de levure à la fabrication du pain. Après distillation, on obtient un alcool semblable à l'arak (alcool de jus de datte fermenté). L'eau de coco stérile permettait aussi de nettoyer les plaies. De jeunes feuilles de cocotier étaient par ailleurs posées en cataplasme sur les plaies pour faire cesser leur saignement.

Les cocotiers s'exportent depuis longtemps vers les quatre coins de la planète. Les missionnaires en avaient apporté en Guyane et les Portugais en Guinée. Au XVIe siècle, on en a planté sur toute la côte est de l'Amérique tropicale. Les noix de coco flottant, leur propagation par dispersion les avait déjà envoyées un peu partout dans le monde avec l'aide des courants du Pacifique. Quelles sont en fait les origines de cet arbre ? Les plus anciens noms du cocotier étant en sanscrit, on pourrait penser que le berceau de l'espèce se trouve en Inde. On a en fait retrouvé les fossiles d'un minuscule cocotier sur une île située au nord de la Nouvelle-Zélande où il serait apparu il y a cinq mille ans.

Pénurie de savon

✦

Autrefois fabriqués avec des graisses animales ou du suif, les savons sont aujourd'hui élaborés à partir d'huile de noix de coco ou de palmier africain. Les demandes en huile d'éléis de Guinée ne font que croître, ce qui pose des problèmes d'approvisionnement. L'huile de palme représente à peu près la moitié du commerce des huiles comestibles.

Pour répondre à la demande, les palmeraies ont remplacé les forêts de Malaisie, d'Indonésie et de Papouasie, et menacent celles de Thaïlande, du Cambodge, d'Inde, des Philippines et d'Amérique latine. Une des solutions serait de limiter la production d'huile de palme aux plantations n'ayant pas remplacé les forêts tropicales.

Café
Coffea arabica

Habitat naturel : Éthiopie (ancienne Abyssinie).

Type : arbre à feuilles persistantes.

Taille : jusqu'à 10 m.

+ **Comestible**
+ Curative
+ **Commerce**
+ Industrie

Le café a eu un impact considérable sur l'histoire. Sans le café, les bars à café n'existeraient pas. Et sans les bars à café, il n'y aurait peut-être pas eu de Boston Tea Party, ni Harry Potter, ni *latte* !

Louanges

« Mais comme le café est goûteux ! » s'enthousiasmait le compositeur Jean-Sébastien Bach. « Encore plus merveilleux qu'un millier de baisers, et plus doux qu'un verre de muscadet. » On était dans les années 1730, et Bach venait de terminer sa *Cantate du café* (*Schweigt stille, plaudert nicht* ou « Tenez-vous tranquille et cessez de bavarder »). Il allait inaugurer son œuvre au café *Zimmerman*, où un autre compositeur, Georg Philipp Telemann, avait établi le « Collegium Musicum de Bach ».

La *Cantate du café* n'était pas la seule ode artistique au savoureux breuvage. En 1650, tous les étudiants britanniques aux aspirations littéraires se devaient de passer du temps dans les premiers cafés d'Oxford. Il ne fallut d'ailleurs pas longtemps pour que le haut fonctionnaire de l'amirauté (et écrivain) anglais, Samuel Pepys, en devienne un membre assidu, accompagné de ses amis, comme le poète John Dryden. À Paris, au début du XXe siècle, Jean-Paul Sartre passa d'innombrables heures créatives à *La Coupole*. Un peu plus tard, c'est au *Caffe Mediterraneum*, ou *Med*, de Berkeley, en Californie, que le poète et fondateur de la Beat Generation Allen Ginsberg rédigea *Howl*. Pour la petite histoire, le *latte* aurait été inventé au *Med* (un latte n'est autre qu'un café au lait). Dans les années 1990, une mère célibataire vivant d'allocations, J. K. Rowling, écrivait son *Harry Potter à l'école des sorciers* à l'*Elephant House*, un café d'Édimbourg, en Écosse.

50 plantes qui ont changé le cours de l'Histoire

DE L'OR NOIR

L'histoire du café ne commence pas en Europe, mais bien plus loin, en Éthiopie. Le café est l'or noir de ce pays, un des berceaux d'*Homo sapiens*. Au XXe siècle, l'Éthiopie est devenue l'une des nations les plus pauvres de la Terre, en partie à cause du café. Le café représentant plus de 60 % des exportations éthiopiennes, la moindre fluctuation de la demande (et donc de son prix d'achat) peut engendrer une crise économique.

L'Éthiopie est le plus ancien foyer musulman d'Afrique, tout en étant le premier pays chrétien. Selon la légende, ce sont des moines qui auraient « découvert » le café. Alors qu'un des moines, Kaldi, gardait des chèvres, l'une d'entre elles se serait échappée. Parti à sa recherche, le moine l'aurait retrouvée en train de se régaler de « cerises » rouges, que Linné nomma *Coffea arabica* en 1753. Après avoir à son tour goûté les cerises, il s'était mis à danser de joie et en avait même offert autour de lui. La caféine l'avait mis dans un tel état de bien-être, qu'il avait décidé de rapporter les fameuses cerises rouges à ses amis. C'est ainsi que les moines se lancèrent dans la culture de cet arbre.

Coffea arabica est la variété la plus vendue. Elle représente plus de 70 % de la production mondiale. Si *Coffea liberica* et *Coffea dewevrei* restent anecdotiques, son concurrent direct est le robusta (*Coffea canephora*). Il existe bien sûr de nombreuses autres variétés, comme le célèbre Blue Mountain de Jamaïque, le Mundo Novo brésilien, ou encore le San Ramón nain. Dans tous les cas, le caféier produit un fruit ou une « cerise » à deux noyaux, contenant chacun un grain de café. Il faut savoir que la graine devient stérile si on lui ôte son enveloppe externe.

Les Arabes connaissaient bien cette particularité qu'ils ont systématiquement exploitée lorsqu'ils négociaient leurs grains de café au Soudan et au Yémen, ou les exportaient depuis le port yéménite de Mocha. Marco Polo (voir encadré) aurait fait découvrir le café à sa Venise natale. En 1615, les Vénitiens présentèrent à l'« Ancien Continent » la nouvelle boisson caféinée qui allait rivaliser avec le chocolat des Espagnols (*via* les Amériques) et le

MARCO POLO
♦

Entre 1271 et 1275, l'explorateur vénitien Marco Polo suivit les routes de la soie et arpenta une grande partie de la Mongolie. Sur le chemin du retour, entre 1292 et 1295, il passa par Sumatra, au sud de l'Inde. On dit qu'il aurait fait connaître le café aux Occidentaux. C'est en tout cas un des premiers Européens à avoir rapporté du bois rouge brésilien, du gingembre, des noix de muscade, du sagou, du galanga et du curcuma.

UN EXPLORATEUR INTRÉPIDE
Cette miniature apparaissait déjà dans *Les Voyages de Marco Polo*, ouvrage publié du vivant de l'explorateur. Il aurait été le premier à rapporter du café à Venise.

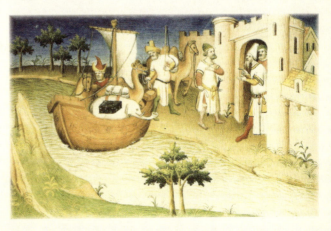

> Dès que le café pénètre dans l'organisme,
> les idées se mettent en marche comme les bataillons
> d'une grande armée.
>
> *Honoré de Balzac*, Traité des excitants modernes, *1839*

PLAISIR MATINAL
Dès le XVIIe siècle, les familles bourgeoises françaises se régalaient de café – comme sur cette toile de 1739, *Le Déjeuner*, de François Boucher.

thé des Chinois. Les Hollandais furent les premiers à importer un caféier. Dès 1616, les jardiniers néerlandais, décidément pleins de ressources, cultivaient et reproduisaient les arbres dans leurs nouvelles serres (un *ambulacrum* chauffé était déjà opérationnel dans les jardins botaniques de Leiden en 1599). Tout au long du XVIIe siècle, ils exportèrent leurs spécimens vers l'Asie, à Malabar (Inde) et à Batavia (Java). Java (actuelle Indonésie) allait devenir l'un des plus gros exportateurs de café et offrir aux Hollandais la suprématie du commerce de café.

Les Français voulaient aussi prendre part au négoce et, en 1720, un officier de la marine française, Gabriel Mathieu de Clieu, fit route vers la Martinique avec un plant de caféier. Il protégea jalousement sa plante des tempêtes, des pirates et même d'un passager fou qui l'avait attaqué. Lorsque l'eau potable vint à manquer, il partagea même sa maigre ration avec le petit arbuste. L'arbre survécut au voyage et fut cérémonieusement planté sous la protection d'une haie d'aubépines. Les arbres issus de ce spécimen furent à la base de l'industrie caféière martiniquaise. Le caféier s'exportait donc et gagna très rapidement les Antilles, l'Amérique centrale et du Sud, ainsi que le Sri Lanka.

La mode des cafés joua bien sûr un rôle majeur dans l'expansion des plantations de caféiers. Selon l'historien Thomas Macaulay (qui décrivait les cafés comme d'« importantes institutions politiques »), « le tout premier café aurait été imaginé par un marchand turc, devenu adepte du café chez les Mahométans, dont c'était le breuvage préféré ». En 1683, un premier café ouvrit ses portes à Venise, suivi en 1720 par le légendaire *Caffè Florian* de la place Saint-Marc, qui comptait Casanova parmi ses clients (c'était le seul café de l'époque à accepter les femmes) et qui, deux siècles plus tard, continue de servir son traditionnel *caffè corretto*.

Si le café était effectivement un lieu de créativité artistique (encore qu'un commentateur londonien trouvait l'endroit répugnant, « puant le tabac, pire que du soufre »), c'était aussi là que les affaires se faisaient. En 1688, le café *Edward Lloyd* dans la rue Lombard de Londres était devenu le repaire des armateurs. C'est d'ailleurs dans ce café que fut créée la compagnie d'assurance de transport, Lloyd's of London. La bourse de Londres, elle, surgit du café *Jonathan Miles*, toujours dans la rue Lombard. À New York, c'est dans un petit café de Wall Street que l'économiste et premier secrétaire au trésor américain, Alexander Hamilton, conçut ses plans pour une banque nationale. Il aurait mieux fait de rester dans son café, car, en 1804, il périt dans un duel face au vice-président Aaron Burr pour une sombre affaire d'injures. Hamilton aurait sciemment raté son tir. La Boston Tea Party de 1773 (voir Thé, p. 26) fut planifiée au café de la ville, le *Green Dragon*, et la déclaration d'Indépendance américaine fut pour la première fois prononcée en public au café *Merchants* de Philadelphie. Boire du café (et non du thé « anglais ») était en fait devenu un acte patriotique.

Ça crée des liens ! Trois hommes en pleine conversation dans un café d'Alger (Algérie), à la fin du XIXe siècle. Prendre un café est devenu une activité sociale dans toutes les cultures de la planète.

Depuis, la consommation de café s'est envolée, asservissant les économies des pays du tiers-monde aux fluctuations du cours du café (en 2000, l'effondrement du prix du café supprima des milliers d'emplois). Le caféier se cultive dans la quasi-totalité des pays situés entre les tropiques du Cancer et du Capricorne. En zone équatoriale, l'arbre est capable de porter à la fois des cerises mûres et des bourgeons, un peu comme l'oranger, ce qui impose une cueillette manuelle méticuleuse. Exporté vers les pays riches, le café fit la fortune des industriels et la pauvreté des producteurs. Au milieu du XXe siècle, à la suite de ce constat, des organisations qui avaient développé des liens avec les communautés autochtones lancèrent le concept de « commerce équitable ». Alarmées face aux disparités entre les riches négociants et les quelque 25 millions d'agriculteurs, elles eurent l'idée de s'approvisionner directement auprès des producteurs et de leur faire partager les profits. Dans les années 1990, le concept gagna les États-Unis et, en 2009, malgré des rumeurs d'accords de dupes, *Starbucks* est devenu le plus gros acheteur de café issu du commerce équitable. Ce fut un grand pas pour les adeptes de ce concept né aux Pays-Bas, la première nation à avoir importé un caféier d'Afrique.

L'embarras du choix

♦

« L'expresso est à l'Italie ce que le champagne est à la France », avait déclaré Charles Maurice de Talleyrand, affichant au passage sa préférence pour le café serré.

Le cappuccino, un expresso additionné de lait chaud, est arrivé plus tard, comme le « petit crème » ou le « noisette » français. Au début des années 1990, le *latte* (expresso recouvert de lait bouillant) et le moka (mélange de café, de lait et de chocolat) ont pris d'assaut les États-Unis, avant de se propager en Europe quelques années plus tard.

N'oublions pas le café turc qui a toujours eu le vent en poupe et qui se boit, comme le veut le dicton, « noir comme l'enfer, fort comme la mort, et doux comme l'amour ».

Coriandre
Coriandrum sativum

Habitat naturel : de l'Europe méditerranéenne et l'Afrique du Nord à l'Asie du Sud-Ouest.

Type : plante annuelle aromatique.

Taille : environ 60 cm.

- ✦ **Comestible**
- ✦ **Curative**
- ✦ **Commerce**
- ✦ Industrie

Sans la coriandre, la gastronomie indienne serait bien orpheline. L'Inde a toujours été considérée comme le pays des épices – « l'Inde aux mille épices », écrivait le poète William Cowper (*Charity*, 1782). La coriandre n'est pourtant pas originaire d'Asie, mais de Méditerranée. Elle fut exportée plus tard vers le continent asiatique. Il est bon de rappeler que la coriandre – connue pour ses propriétés carminatives (antiflatulences) – est à la fois une herbe et une épice.

Histoires de cuisine

Cette plante herbacée de haute taille est très commune. Elle pousse à l'état sauvage un peu partout et on la retrouve aussi bien au bord des autoroutes du Minnesota que sur le sentier d'un petit village chypriote. Si vous commandez une salade en Égypte, on vous la servira décorée de jeunes pousses vertes de coriandre – un délice pour certains, un sacrilège pour d'autres. On retrouve aussi la coriandre en feuilles dans les soupes péruviennes. Dans les rues de Mumbai (anciennement Bombay), les vendeurs de curry proposent un plat très parfumé et aromatisé aux graines de coriandre (en français, les feuilles et les graines de *Coriandrum sativum* portent le même nom). Au Moyen Âge, les femmes qui avaient du mal à avoir un enfant attachaient onze à trente graines de coriandre sur la face interne de leur cuisse gauche. Comment cette herbe sauvage méditerranéenne a-t-elle eu un impact aussi considérable sur la cuisine et la médecine ?

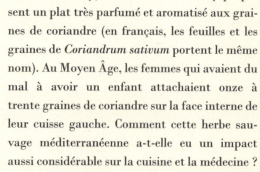

Importée d'Inde comme le curcuma, véritable purificateur et très utile pour conserver la viande, la coriandre appartient à la famille des ombellifères, ces plantes à graines aromatiques. Parmi les cousins de la coriandre, on retrouve le carvi (*Carum carvi*), le cumin

Libérés du joug égyptien, les enfants d'Israël retournaient chez eux et, pendant leur traversée du désert, ont mangé la manne, semblable à des graines de coriandre.
Nombres 11, la Bible

(*Cuminum cyminum*), l'aneth (*Anethum graveolens*) et le fenouil (*Foeniculum vulgare*). Même si ces plantes n'ont pas fait tomber de têtes ni déclencher de guerre, elles ont toutes joué un rôle dans l'histoire de la gastronomie.

En Europe, les graines de carvi servaient traditionnellement à relever les pâtisseries, les pains, les fromages et les soupes. Elles donnent au *kummel*, une liqueur allemande, sa saveur distinctive. Quant au cumin, outre son rôle dans la préparation du curry indien, il était utilisé en phytothérapie comme stimulant et sédatif. Indissociable des cornichons, l'aneth était très efficace pour ce que Culpeper appelait pudiquement les « vents ». Enfin, le fenouil, après avoir aromatisé soupes et autres sauces, révéla des huiles si bénéfiques qu'il fut ajouté au *British Pharmaceutical Codex* de 1907 (guide de référence de la pharmacopée britannique), puis utilisé dans les pâtisseries, confiseries, condiments, conserves, boissons et liqueurs.

La coriandre restait une énigme. Tout comme le carvi, l'aneth et le fenouil, elle avait des propriétés digestives. Cultivé en Chine depuis au moins trois mille ans, le persil chinois, comme on l'appelle parfois, était réputé pour prolonger l'espérance de vie. Les Grecs l'avaient nommé *koriandron* en référence à la punaise (*koris*) – en raison de l'odeur fétide de ses feuilles – et appréciaient ses vertus médicinales autant que les Romains qui l'utilisaient dans des décoctions pour conserver la viande. La coriandre est originaire des maquis méditerranéens. C'est l'Empire romain qui l'introduisit en Europe du Nord. Elle ne tarda pas à y être adoptée, notamment par les moines français qui l'ajoutèrent à leur chartreuse et leur bénédictine, des boissons facilitant la digestion. Les marchands romains, dans leurs tractations avec les négociants des routes de la soie (voir Mûrier blanc, p. 130) ou lors de leurs voyages sur l'océan Indien, firent connaître la coriandre en Inde, où elle est devenue un ingrédient culinaire indispensable.

L'ÉPICE DE LA VIE
Peinture murale d'une chambre mortuaire représentant différents aliments, en 1400 avant J.-C. Dans l'Antiquité, les Égyptiens utilisaient la coriandre pour parfumer leurs pains.

UNE GRAINE POLYVALENTE
En Inde, les graines de coriandre sont bouillies dans l'eau. Cette décoction sert de remède traditionnel contre le rhume.

ÉPICE OU HERBE ?

Autrefois, les herbes et les épices jouaient un rôle plus important que celui de simples aromates. Considérées comme les symboles de puissances surnaturelles, elles servaient la magie comme la médecine (deux disciplines siamoises à l'époque). Elles faisaient par ailleurs l'objet de nombreuses études. Culpeper avait conclu que l'aneth et le carvi étaient « dominés par Mercure ». Le fenouil, lui, « sous l'influence de Mercure et de la Vierge, n'était pas en bons termes avec les Poissons ».

Safran
Crocus sativus

Habitat naturel : Asie Mineure.
Type : plante à cormus.
Taille : 15 cm.

Au Moyen Âge, le safran était un luxe sans égal. Colorant indispensable en cuisine et en teinturerie, il semblait porter malheur à tous ceux qui le cultivaient. C'est peut-être pour cela qu'il reste l'épice la plus chère du monde.

L'HERBE DU LION

Crocus sativus est une jolie plante à cormus qui déploie quelques feuilles vertes après l'éclosion de sa fleur, parfaitement symétrique. Le safran joue un rôle à part, que ce soit dans la pharmacopée chinoise, dans la teinture d'étoffes, ou encore dans la préparation du riz. L'attribut physique qui le caractérise est minuscule. Dans son *Herbier complet*, en 1653, Nicholas Culpeper évoque ainsi le crocus : « Les fleurs [...] sont constituées de six longues feuilles mauves arrondies, qui renferment en leur cœur trois étamines d'une éclatante couleur jaune-rouge ; ces étamines, une fois récoltées et soigneusement séchées dans un séchoir à safran, sont modelées en petits blocs carrés. C'est le safran que l'on trouve en boutique. »

- **COMESTIBLE**
- CURATIVE
- **COMMERCE**
- INDUSTRIE

Une plante qui fleurit est une plante qui se prépare à la reproduction. Dotée à la fois d'organes mâles et femelles, la fleur doit attirer son pollinisateur – un insecte ou un oiseau. Ce pollinisateur va prélever le pollen de l'anthère de l'étamine (organe masculin) d'une plante et fertiliser l'organe féminin, ou pistil, constitué du stigmate, du style (une tige) et de l'ovaire, d'une autre plante. La cueillette de *Crocus sativus* interrompt ce processus. Les stigmates orangés sont prélevés à la main, puis séchés, avant d'être vendus tels quels ou en poudre. Chaque fleur ne comptant que trois stigmates, la quantité de fleurs nécessaires pour obtenir un peu de produit fini est énorme : il faut cent cinquante mille fleurs de crocus pour obtenir 1 kilo de safran.

« Le safran est une plante du soleil et du lion, et donc, pas étonnant qu'il soit si bénéfique pour le cœur », raisonnait Culpeper, qui conseillait une prise de dix graines à la fois, mais pas davantage. Il ne comprenait pas comment certains médecins osaient prescrire des doses « d'un scrupule à un scrupule et demi » (un scrupule équivalait à vingt grains, ou 1,296 gramme). Les patients risquaient l'overdose

Les fleurs de safran fleurissent en septembre ; mais les feuilles n'apparaissent pas avant le printemps.
Nicholas Culpeper, Herbier complet, *1653*

de safran, caractérisée par « un rire compulsif et immodéré, qui se terminait par la mort ».

Utilisé raisonnablement, le safran, aigre-doux et relevé, peut favoriser la digestion, diminuer la tension, soulager la menstruation et stimuler la circulation sanguine. On retrouve aussi le safran dans certaines spécialités culinaires : en Espagne, dans la *paella* et la *zarzuela* (un ragoût de poisson), en Italie, dans le *risotto*, et en France, dans la bouillabaisse. Le safran parfume aussi pâtisseries et liqueurs et, au temps des Romains, on l'utilisait pour chasser les mauvaises odeurs de l'air ambiant. Partout où il apparaissait, il provoquait une catastrophe. Alexandre le Grand qui aurait pris des bains de safran pour panser ses blessures mourut peu de temps après de la malaria. Les habitants de l'île grecque de Théra (actuelle Santorin) connurent la prospérité grâce au safran jusqu'à ce qu'une terrible éruption volcanique, en 1630 avant J.-C., recouvrît l'île de cendres (on a retrouvé de superbes mosaïques représentant la cueillette du safran). Des Suisses de Bâle qui vivaient également du safran dans les années 1100 virent soudainement toutes leurs cultures périr. Des cultivateurs de safran de Nuremberg (Allemagne), de l'est de l'Angleterre, ou encore de Pennsylvanie (États-Unis) connurent le même sort… Le safran de Pennsylvanie s'échangeait contre de l'or jusqu'à ce que les Anglais imposent un embargo pendant la guerre de 1812. L'Angleterre n'était pas en reste. « Le safran abonde dans le Cambridgeshire, et entre Saffron Walden et Cambridge », avait rapporté Culpeper. Là-bas non plus, le safran ne résista pas et les agriculteurs préférèrent se tourner vers la culture de nouvelles espèces venues d'Amérique, comme le maïs et la pomme de terre. Le safran ne portait vraiment pas chance…

Trois mille cinq cents ans après sa première culture, l'épice la plus chère du monde se cultive au Cachemire, en Espagne et en Afghanistan, pays où on propose aux agriculteurs une autre solution que la culture de l'opium.

RÉCOLTE DE SAFRAN
Ces peintures murales, qui représentent la cueillette d'étamines de crocus, datent de 1600 avant J.-C. Elles ont été découvertes dans les ruines d'Akrotiri, une colonie grecque de l'âge du bronze, proche de Santorin.

REMÈDES DE GRAND-MÈRE
◆

Culpeper décrivait l'hermodactyle, un remède populaire au XVIIe siècle, comme « ni plus ni moins, des racines de safran séché ». Au XVIIe siècle, plusieurs guérisseurs, parmi lesquels William Blancke, « un fanatique puritain et religieux », furent poursuivis en Angleterre pour l'avoir prescrit. Selon le comité chargé de l'affaire Blancke, le « médecin-chirurgien-barbier originaire des Pays-Bas… s'était une fois de plus référé à J.-C. (Jésus-Christ) » pendant son interrogatoire et avait admis avoir administré des « pilules d'hermodactyle (jugées) "grotesques" par le comité ». Blancke avait rétorqué que ses accusateurs avaient déjà prescrit « des remèdes encore plus grotesques que le sien ».

Papyrus
Cyperus papyrus

Habitat naturel : Égypte, Éthiopie et Afrique tropicale.

Type : herbe marécageuse.

Taille : 2-3 m, mais peut atteindre 4,5 m.

- Comestible
- Curative
- Commerce
- **Industrie**

Le papyrus permettait déjà de consigner les faits historiques en 3000 avant J.-C., époque où il fut pour la première fois sorti des berges boueuses du delta du Nil. Le premier papier fut fabriqué en papyrus et, même si elle est ensuite tombée en désuétude, cette plante égyptienne n'a peut-être pas dit son dernier mot et pourrait jouer un rôle important au XXIe siècle.

Promenez vos doigts sur cette page et sentez la texture du papier. Le papier, ce sont des arbres qui ont traversé la planète avant d'être fragmentés, dépulpés, blanchis, transformés en feuilles avant d'alimenter photocopieuses et imprimantes. Les pages de cet ouvrage sont le fruit de cinq mille ans de développement… Plante originaire des rivières éthiopiennes, le papyrus pullulait dans le delta du Nil, jusqu'à ce que la sécheresse du XIe siècle ne l'affecte sérieusement. Les Égyptiens commencèrent à écrire sur du papyrus, il y a environ quatre mille ans.

Le long chemin du papier

Même si le papyrus a été remplacé par le parchemin – des peaux d'animaux séchées, puis pressées à plat –, il a toujours été apprécié pour sa légèreté et sa flexibilité. En l'an 800, plus personne ne l'utilisait, sauf peut-être les scribes du Vatican pour consigner les bulles papales. À cette époque, la technique papetière chinoise était bien établie. L'invention du procédé reviendrait à Cai Lun : des cadres en bambou tapissés d'une fine épaisseur de mailles étaient trempés dans des cuves remplies de pulpe de papier, puis pressés à plat pour les faire sécher. Il avait conçu sa méthode en 105. En 751, la technique était parvenue au monde arabe. Les Arabes ont affiné le procédé, en utilisant des étoffes comme support. À leur

Usages pratiques
Jusqu'à une époque récente, *Cyperus papyrus* abondait dans le delta du Nil (Égypte), où on l'utilisait pour différentes applications : bateaux, sandales et vannerie.

> Lorsque nous étudions une plante, nous devons prendre en compte sa morphologie, son attitude dans un environnement donné, son mode de régénération et tout le fil de sa vie.
> *Théophraste, 371-287 avant J.-C.*

tour, ils firent connaître le papier à l'Espagne lorsqu'ils l'envahirent au XIe siècle. Alors que les Arabes étaient repoussés vers l'Afrique du Nord, Christophe Colomb, lui, partait pour les Amériques, où il découvrit que les Aztèques et les Toltèques produisaient déjà leur papier à partir d'écorce d'arbre. En 2000, on continuait d'ailleurs à fabriquer du papier artisanal dans l'État mexicain du Puebla. À l'instar du papyrus, l'ingrédient clé du papier de bois était la cellulose. Cette substance rigide présente dans les parois cellulaires des plantes leur assure résistance et malléabilité. On pense d'ailleurs que Cai Lun s'inspira des guêpes, qui mâchent la cellulose des plantes pour construire leur nid. La référence aux guêpiers du chercheur français, René de Réaumur, ne fait, elle, aucun doute. En 1719, il avait conclu qu'on pouvait remplacer les étoffes par du bois, si on parvenait à imiter les guêpes et à trouver une méthode pour le broyer. En 1843, un certain Saxon Keller trouva le moyen de moudre de la pulpe de bois et, douze ans plus tard, Mellier Watt déposa le brevet d'une pulpe chimique.

Dans les années 1960, journalistes et écrivains comptaient sur leurs machines à écrire pour composer leurs travaux. Une fois leurs idées converties en caractères, leur prose était emprisonnée sur des pages qui passaient aux presses à encre avant d'être imprimées grâce à de gros rouleaux d'imprimerie. Cinquante ans plus tard, l'avènement de l'informatique et du numérique a transformé l'industrie, rendant incertain l'avenir des journaux, des magazines et des livres.

Paradoxalement, la multiplication des courriels a fait bondir de 40 % la consommation de papier dans certains pays. Un Américain imprime en moyenne l'équivalent de neuf pins adultes par an. L'Indonésie, qui possède la deuxième plus riche biodiversité du monde, a vu disparaître 75 % de ses forêts, principalement à des fins papetières. Deux solutions viables sont envisageables : la première, renforcer le recyclage du papier ; la seconde, fabriquer du papier à partir de ressources locales. En mélangeant du papier recyclé à des matériaux autres que du bois, on peut déjà produire du papier renouvelable et relâcher la pression sur les forêts. Il est aussi possible de fabriquer du papier à partir de certaines plantes : bambou, chanvre, maïs, paille de riz et papyrus bien sûr.

PULPE DE PAPYRUS

Le « papier » de papyrus était fabriqué à partir de la pulpe de *Cyperus papyrus*. On étalait de longues bandelettes de pulpe côte à côte, puis on les recouvrait d'autres bandelettes perpendiculairement. Ces deux épaisseurs étaient soigneusement pressées jusqu'à ce qu'elles forment une feuille d'un seul tenant, qu'il ne restait plus qu'à polir.

ÉCOLE DE PENSÉE

✦

Théophraste vivait à Eressos sur l'île grecque de Lesbos entre 371 et 287 avant J.-C. Ce philosophe grec était un auteur prolifique, même si peu de ses ouvrages ont traversé les siècles. On trouve tout de même encore ses *Recherches sur les plantes*, travaux qui lui valurent le titre de « père de la botanique ». Il est notamment l'auteur de ces mots : « La mort arrive quand on commence à peine à vivre ! »

Digitale
Digitalis purpurea

Habitat naturel :
Europe de l'Ouest.

Type : bisannuelle avec des fleurs mauves ou blanches.

Taille : jusqu'à 2 m.

+ Comestible
+ **Curative**
+ Commerce
+ Industrie

Le médecin du XVIIIe siècle qui a découvert les propriétés médicinales de la digitale a rendu un fier service à l'humanité, car cette plante constitue l'un des remèdes cardiaques les plus précieux. Les vertus de *Digitalis purpurea* étaient connues depuis des siècles mais, à une époque marquée par la sorcellerie, il valait mieux les taire…

Foxes glofa

Une étrange plaque orne les murs d'une église de Birmingham (Angleterre). Décorée d'une sculpture sur pierre représentant ce qu'on appelait *foxes glofa*, elle relate la tragédie d'un médecin local, Will Withering, mort à 58 ans. Pendant une quarantaine d'années, Withering, né en 1741, avait dû se battre contre deux maladies : l'hydropisie (sorte d'œdème) et la tuberculose. Il était venu à bout de la première grâce à la digitale, mais s'était incliné face à la seconde, qui l'avait emporté en 1799. Bien évidemment, Will Withering n'avait pas vraiment découvert la digitale, mais il avait fait la jonction entre la médecine classique et la phytothérapie, après avoir rencontré un patient qu'une mixture végétale avait guéri de l'hydropisie. Après analyse, il avait découvert la présence de digitale dans ce remède miracle. Pendant dix ans, il a concentré ses efforts sur la plante et a pu ainsi établir son rôle dans le traitement de l'hydropisie.

Withering avait alors été nommé médecin au General Hospital de Birmingham par Erasmus Darwin, le grand-père du célèbre Charles ! À cette époque, l'hydropisie faisait des ravages partout dans le monde. Les symptômes étaient spectaculaires : le corps gonflait, les poumons étaient parfois si engorgés que le patient asphyxiait. Les médecins essayaient alors de le purger. On raconte que le comte d'Oxford aurait été « purgé deux ou trois fois » et aurait avalé un remède à base de « serin et d'eau, additionné d'un jaune d'œuf fraîchement pondu ». Quant à ses aliments, « ils étaient […] cuisinés avec abondance d'ail et de raifort », et ce traitement aurait « pleinement réussi ». Mais la plupart du temps, les patients trépassaient !

Amère, épicée et sèche, la digitale est dotée de certaines propriétés purifiantes ; mais elle n'a aucune utilité et n'a pas sa place dans la médecine.
John Gerard, Herbier, *1597*

LA FLEUR DES SORCIÈRES

Avant Will Withering, aucun médecin n'aurait osé proposer la digitale comme remède. Le botaniste anglais John Gerard avait rejeté « ce que certains appellent *Gantes nostre dame* [le gant de notre dame] ». De nombreux botanistes l'auraient bien contredit, mais ils craignaient d'être accusés de sorcellerie. Alors les médecins se contentaient de prescrire à leurs patients du bon air, de l'exercice, du repos et le moins d'émotions fortes possibles, comme l'anxiété… ou le plaisir. Les petites gens faisaient davantage confiance aux remèdes populaires et connaissaient bien leur herbier. Par exemple, ils traitaient les vers avec des plantes vermifuges comme l'armoise, ou prescrivaient salades, potages et autres tisanes (infusions d'herbes séchées) pour tel ou tel mal. Jusqu'au XVe siècle, ils mettaient à jour leurs connaissances grâce au bouche à oreille, car la *lingua medica*, autrement dit la langue de la médecine, était le latin, qui plongeait le commun des mortels dans la plus totale ignorance.

À mesure que les textes latins furent traduits, le peuple apprit d'autres astuces. Par exemple, une décoction de panais sauvage favorisait le transit intestinal. En lisant *Gardeners Labyrinth* (1577) [Le Labyrinthe du jardinier] de Thomas Hill, ils découvrirent d'autres « secrets » : « Le panais soigne les maux vénériens, procure l'urine, assagit le colérique et soulage les règles des femmes ; il profite aux mélancoliques, améliore le sang, empêche l'accumulation d'eau, guérit les points de côté et les morsures des bêtes venimeuses, et calme les ulcères. Donc, cette racine est très bénéfique. » Les gens du peuple savaient déjà que « docteur digitale » était très puissant, très efficace et capable de tuer comme de guérir ! À petite dose, la digitale pouvait en effet soigner mais, en cas de mauvais fonctionnement rénal, comme elle ne pouvait pas être éliminée par l'organisme, elle s'y accumulait et devenait alors létale.

Maude Grieve, dans son *Modern Herbal* [Herbier moderne] (publié en 1931), décrivait la digitale comme une plante très efficace contre les troubles cardiovasculaires et rénaux, mais aussi contre les hémorragies internes, les inflammations, le delirium tremens, l'épilepsie, les manies et autres maladies. Elle aurait pu ajouter quelques vertus horticoles, très utiles aux jardiniers : la digitale semble protéger les autres plantes alentours des maladies, améliore la conservation des pommes de terre et des tomates, et, en fleurs coupées, prolonge la vie des autres fleurs du vase !

WILL WITHERING
Gravure du botaniste anglais, inspirée d'une toile d'un peintre suédois, Carl Frederik von Breda. Withering découvrit les propriétés médicinales de la digitale grâce à un herboriste du Shropshire (Angleterre).

DES GANTS DE FLEURS

✦

Quelles sont les origines du nom « digitale » ? Il vient du latin *digitus*, qui signifie « doigt », en référence à la forme de ses fleurs. Les Anglais ont des termes plus imagés pour la décrire : gant du renard, cloches des sorcières, doigt ensanglanté… En allemand, on l'appelle *Fingerhut* (dé à coudre). Pour expliquer la référence au renard en anglais, Geoffrey Grigson, dans le *Dictionnaire des noms de plantes anglais*, publié en 1973, suggérait que comme les digitales poussent souvent sur un sol foulé par les renards, l'association semblait naturelle.

Igname

Dioscorea spp.

Habitat naturel : Asie du Sud-Est, îles du Pacifique, Afrique et Amérique du Sud.

Type : plante vivace grimpante et tropicale.

Taille : variable. *Dioscorea elephantipes* peut atteindre 318 kg !

◆ Comestible
◆ Curative
◆ Commerce
◆ Industrie

Il existe environ six cents variétés d'ignames, réparties dans les îles du Pacifique, en Afrique, en Asie et en Amérique. Sa racine – ou rhizome – comestible nourrit depuis longtemps de nombreuses personnes partout dans le monde. Victime de son succès, l'igname a toutefois contribué au déclin de la production et de la consommation d'autres aliments locaux. Certaines espèces sont si toxiques qu'on les utilise pour empoisonner les pointes de flèche.

Mi-figue, mi-raisin

L'igname est un aliment de base pour plus de 100 millions d'habitants des régions tropicales humides et subhumides. D'une consistance farineuse et d'une saveur fade, les ignames sont riches en hydrates de carbone et en divers minéraux et vitamines, même si elles ne contiennent que peu de protéines. Elles renferment aussi une substance toxique, la dioscorine, qui est détruite lorsque les ignames sont bouillies, cuites au four, rôties ou frites. En Afrique de l'Ouest, les ignames sont pelées, bouillies, puis concassées et servent de farce à des raviolis, les *foo foo*. Aux Philippines, on les utilise pour confectionner confiseries et autres gelées. En Guyane, elles entrent dans la composition de la bière, la *kala*. En cas de famine, les variétés toxiques, comme *Dioscorea hispida* et *Dioscorea dumertorum*, sont parfois consommées. Il faut attendre au moins une semaine avant que la quantité de poison diminue et que l'igname puisse être consommée sans danger, la poule de la maison joue souvent le cobaye pour la maisonnée. Certaines espèces entrent dans la composition d'insecticides et *Dioscorea piscatorum* est utilisée en Malaisie comme appât de pêche ou poison à flèches. L'igname a été baptisée en l'honneur de Dioscoride, auteur de *De Materia Medica*, écrit au Ier siècle de notre ère. La pharmacopée moderne utilise les stéroïdes produits par l'igname – les sapogénines – et certaines espèces entrent dans la composition de pilules contraceptives, de cortisone et de traitements contre l'asthme et l'arthrite.

L'igname n'a pas modifié le régime alimentaire de régions comme l'Afrique. Associée à l'importation de denrées raffinées et à l'apparition d'aliments riches en protéines, comme le maïs ou le soja, elle a néanmoins contribué au problème que rencontre l'Afrique : la pauvreté nutritionnelle. Contrairement aux pays développés, les pays en voie de développement ont faim. Les pays industrialisés exploitent les terres des nations pauvres comme leurs propres vergers ou jardins : il faut dire que la main-d'œuvre y est bon marché, le climat favorable et les prix fonciers accessibles. Or, les cultures épuisent les sols, génèrent de la pollution et assèchent les réserves en eau. La main-d'œuvre et les terres dédiées aux cultures étrangères empêchent les familles de cultiver des aliments locaux, comme le dolique à œil noir (légumineuse), la calebasse (courge) ou encore l'« épinard » de Malabar. Estampillés dédaigneusement « nourriture du pauvre », ces aliments, riches en micronutriments, permettraient des repas plus savoureux et nutritionnellement plus sains.

Poids lourd !
Dioscorea elephantipes, une variété d'igname, a été baptisée « patte d'éléphant », car sa tige produit de grosses plaques, qui rappellent une patte d'éléphant.

On trouve environ sept mille espèces de plantes comestibles dans le monde. De nombreuses familles africaines ne subsistent pourtant, au mieux, qu'avec deux plantes : une céréale, comme le millet, et une tubéreuse, comme l'igname. Or, ces aliments sont dangereux pour la santé. D'après l'UNICEF, en 2007, l'espérance de vie d'un Suisse moyen était de 80 ans, et celle d'un Nigérian de 47. D'autres facteurs expliquent ce chiffre alarmant – instabilité politique, corruption endémique ou guerres civiles –, mais l'abandon des traditions agricoles et culinaires n'a fait qu'accentuer le phénomène. Pour preuve, la nouvelle alimentation riche en hydrates de carbone et pauvre en protéines est responsable de l'envolée de pathologies comme l'arthrite et le diabète, et de la perte de l'immunité naturelle face au parasite intestinal, *Giardia lamblia*, avec des conséquences dramatiques.

Il fut une époque où l'humanité cultivait au moins trois mille espèces de plantes comestibles. Aujourd'hui, la majorité de la planète se contente d'une petite vingtaine.

Tony Winch, Growing Food: A Guide to Food Production, *2006*

Tout est dans le nom

En Inde, l'igname s'appelle *aloo*, du sanscrit *âlu*, terme associé à toute racine comestible et nutritive. En Europe, tout est parti du mot « yam ». Il y a bien longtemps, en Espagne, des esclaves africains ont été surpris en train de déterrer les fameuses tubéreuses pour leur dîner. On leur a demandé ce que c'était, mais ils ont mal compris et ont répondu qu'ils mangeaient. Ils ont donc utilisé le terme guinéen, *nyami*, qui signifie « manger ». En espagnol, le mot s'est transformé en *ñame* ; en portugais, en *inhame* et en français, en igname. Pour certains, « yam » fait également référence à toute racine mangée par les « autochtones ». Pour compliquer le tout, aux États-Unis, « yam » signifie « igname », mais aussi « patate douce » (*Ipomoea batatas*), qui n'a absolument rien à voir !

Cardamome
Elettaria cardamomum

Habitat naturel : Inde.

Type : plante herbacée à rhizome, avec des feuilles pointues.

Taille : 60 cm.

+ **Comestible**
+ **Curative**
+ Commerce
+ Industrie

Si la cardamome est aujourd'hui une épice majeure de la cuisine indienne, elle est plutôt anecdotique partout ailleurs. Cette plante exotique compte pourtant parmi les plus aromatiques et fut un temps baptisée « reine des épices », pour la différencier du poivre noir, le « roi des épices ».

La reine des épices

Dans l'hymne reproduit ci-contre, l'évêque victorien de Calcutta fait référence à un paradis vierge de toute civilisation. Qu'on ne s'y trompe pas, il s'agit en fait d'une diatribe contre les autochtones et leur culte pour les idoles : « Gâchés sont les dons du Seigneur/ Pourtant si généreusement offerts ;/ Le païen, dans son aveuglement/ S'agenouille devant du bois et de la pierre. » Quoi qu'il en soit, le bon évêque a profité d'une des meilleures épices indiennes ou sri-lankaises : la cardamome. Ingrédient commun dans la cuisine indienne, on la retrouvait dans des conserves, des currys et des desserts. Elle s'est même frayé un chemin jusqu'en Finlande, dans le pain « pulla », au Moyen-Orient dans le café et chez les Grecs et les Romains dans leurs parfums. Si la cardamome n'a pas vraiment fait l'histoire, elle a été couronnée « reine des épices » en Inde, son pays d'origine. Hôte des monts éponymes des Cardamomes, des forêts des moussons et des Ghâts occidentaux du Kerala, la cardamome soutenait l'économie de cette région de l'Inde. La petite ou « authentique » cardamome était nommée *chotta elaichi*, pour la distinguer de la plus grosse : *bara elaichi*.

La cueillette des fruits de cette plante demandait un certain doigté. La cardamome était cultivée à partir de ses graines ou par division. La nouvelle plante donnait de petites capsules pleines de graines au bout de deux à

Grains de paradis
♦

Également connue sous le nom de « cardamome verte » ou « cardamome aromatique », *Elettaria cardamomum* est plus prisée que d'autres espèces de cardamome, comme *Afromomum melegueta*. Cultivée sur la côte ouest de l'Afrique, les graines au goût très prononcé sont de couleur rouge orangé. Dès le XIIIe siècle, la cardamome était exportée en Afrique et en Europe, et couramment utilisée pour fortifier la bière ou relever les vins.

**Quelle brise aromatique
Souffle plaisamment sur l'île de Ceylan !
Mais si tout charme l'être,
Les hommes sont bien vils !**
Reginald Herber, évêque de Calcutta,
Greenland's Icy Mountains, *1819*

trois ans. Plus les graines de cardamome restaient longtemps dans leur capsule, plus l'essence aromatique qui en était extraite durait. On coupait soigneusement ces capsules avant qu'elles n'arrivent à maturité, puis on les faisait sécher lentement, afin de préserver leurs arômes. La meilleure « fournée » de cardamome était destinée aux cours royales : la coutume voulait qu'on offre les cardamomes dans un coffret travaillé à la main, en argent ou en or. On présentait la boîte dans la paume et le bénéficiaire la saisissait entre le pouce et le majeur. Lorsque les Indiens sont devenus adeptes de la nicotine, les orfèvres préparaient pour leurs nababs des cardamomes vertes recouvertes de feuilles d'argent préalablement trempées dans de l'eau de rose mélangée à du tabac. La cardamome était aussi un élément clé dans la médecine ayurvédique, où elle servait à traiter les troubles bronchopulmonaires ou digestifs. Lorsque les cardamomes ont gagné la Méditerranée, les Grecs et les Romains utilisaient l'épice pour rafraîchir leur haleine, aromatiser leurs parfums et, peut-être, séduire (la cardamome aurait des vertus aphrodisiaques).

La première trace de la cardamome date d'il y a mille trois cents ans, dans la médecine chinoise. Dès le IIe siècle, des marchands arabes exportaient l'épice de Chine par voie terrestre. Au XVIe siècle, les navigateurs ont pris le relais. L'explorateur portugais Duarte Barbosa, beau-frère de Magellan, qui avait été le premier à faire le tour du monde à bord de la *Vittoria*, avait décrit la plante en 1524. En Europe, on appréciait la cardamome pour ses propriétés adoucissantes et relaxantes. Grâce à sa saveur proche de celle de l'eucalyptus, les apothicaires la prescrivaient pour les problèmes digestifs ou les coliques enfantines. La cardamome était indéniablement un élément de base de la pharmacopée médiévale.

Jusqu'au XIXe siècle, seuls les agriculteurs anglais cultivaient la cardamome dans leurs plantations de café. On n'en trouvait donc qu'en Inde ou à Ceylan. Même si les chercheurs occidentaux reconnaissaient ses vertus, ils peinaient à catégoriser la cardamome. Pendant un temps, elle a porté le nom latin, *Matonia*, en hommage au docteur William Maton, qui l'avait assidûment étudiée. En 1811, la cardamome a été rebaptisée *Elettaria cardamomum*.

UN REMÈDE NATUREL
Les capsules de cardamome sont utilisées dans toute l'Asie du Sud pour traiter un grand nombre de maux, notamment les infections respiratoires et les troubles digestifs.

FRUIT DE CARDAMOME
Le fruit jaune-vert d'*Elettaria cardamomum* contient des grains noirs et peut mesurer jusqu'à 2,5 centimètres de long.

Coca
Erythroxylum coca

Habitat naturel : les Andes.

Type : arbuste de mi-ombre.

Taille : jusqu'à 1,8 m, en culture.

- ✦ COMESTIBLE
- ✦ CURATIVE
- ✦ COMMERCE
- ✦ INDUSTRIE

Consommées sans effets nocifs pendant plusieurs siècles en Amérique du Sud, les feuilles d'*Erythroxylum coca* ont posé un problème lorsqu'elles ont été utilisées contre les Indiens. D'une façon générale, cette plante a fait l'objet de toutes les convoitises dès qu'on a su extraire la cocaïne de ses feuilles.

L'EFFET COCA

Cela fait au moins deux mille ans que les connaisseurs cueillent les feuilles vert clair de la coca, cet arbuste originaire des Andes sud-américaines. Il faut dire que, contrairement aux autres plantes de cette région, *Erythroxylum coca* est très rentable. Si les produits issus des feuilles sont illégaux dans le monde occidental, la plante elle-même a assuré la survie (et les salaires) des autochtones.

Les feuilles d'*Erythroxylum coca* ont un effet « magique » sur ceux qui les mâchent. Après une dizaine de minutes, ils se sentent en effet plein d'énergie ! Tout revigorés, ils imaginent alors être capables de tout affronter. Emplis de bien-être, les consommateurs voient tomber toutes leurs inhibitions. Ils sont presque « intoxiqués » de plaisir. Le terme est bien choisi, car les feuilles d'*Erythroxylum coca* contiennent des alcaloïdes (substance toxique et thérapeutique) responsables de l'élévation de dopamine dans le cerveau (voir encadré). Les conquistadors espagnols avaient noté leurs effets dès le XVIe siècle, lorsqu'ils rencontrèrent les Indiens d'Amérique du Sud – qu'ils n'allaient pas tarder à réduire en esclavage… Un certain psychiatre viennois, Sigmund Freud, n'était pas non plus insensible à la substance – il cessera sa consommation après l'overdose d'un de ses confrères. Les esclavagistes donnaient des feuilles de coca à leurs esclaves, afin de réduire les coûts et augmenter la production. Plus anecdotique, Hermann Göring en consommait régulièrement pour ne pas grossir – sans succès. L'inventeur d'un célèbre soda en incorpora par ailleurs dans sa recette initiale… Au début

UNE ADDICTION SÉLECTIVE
✦

Des drogues comme la cocaïne et l'héroïne procurent une sorte de « flash », car elles libèrent de la dopamine dans le cerveau. La dopamine crée un sentiment de plaisir éphémère. La simple anticipation d'une dose de drogue, comme la cocaïne, peut libérer de la dopamine. Chez un toxicomane, cet état est alors ressenti comme un manque si fort qu'il est prêt à tout pour avoir sa « dose ». Reste maintenant à expliquer pourquoi la « théorie de l'addiction à la dopamine » concerne certains individus et pas d'autres.

COULEUR COCA
Sèches, les feuilles de coca prennent une teinte vert sombre sur l'endroit et gris foncé sur l'envers.

Coca 71

CHASQUIS

♦

Pour gouverner un empire, il faut des moyens de communication efficaces. L'empire inca l'a démontré avec ses *chasquis*, des coursiers chargés de porter des messages urgents d'un endroit à un autre. Les *chasquis* ne pouvaient s'acquitter de cette tâche sans les feuilles de coca. Les distances andines n'étaient d'ailleurs pas exprimées en kilomètres, mais en *cocadas*, autrement dit, en quantité de feuilles de coca nécessaire pour effectuer le trajet. C'est en effet grâce à la coca que les hommes pouvaient porter leur charge, parfois sur plus de 30 kilomètres sur des terrains escarpés, avec en tout et pour tout un bol de bouillie dans l'estomac…

Messager inca
Les *chasquis* traversaient l'Amérique du Sud pour apporter des messages à leurs souverains incas. On retrouvait souvent des feuilles de coca dans le *qipi* qu'ils portaient sur le dos.

des années 1990, on a découvert que 31 % des victimes d'homicides à New York avaient des traces de cocaïne dans le sang…

Qu'ont ces feuilles de si particulier ? Pour les Incas, qui vivaient à Cuzco, une ville située à plus de 3 600 mètres au-dessus du niveau de la mer, mâcher des feuilles de coca représentait une véritable bouffée d'oxygène : les *chasquis* (voir encadré), qui ne se séparaient jamais de leur précieuse poche en laine de vigogne, ou *churpa*, remplie de feuilles de coca, pouvaient ainsi travailler à des altitudes qui auraient laissé quiconque à bout de souffle. Les feuilles de coca étaient toutefois surtout utilisées lors de cérémonies religieuses ou à des fins médicales (la coca est un puissant anesthésique). En tout cas, c'était ainsi avant l'invasion espagnole et l'arrivée de missionnaires. À la fin du XVIe siècle, l'Église catholique avait placé un prêtre dans chaque campement d'esclaves des Andes. Les missionnaires zélés, forts de leurs convictions religieuses, n'avaient pas tardé à sevrer leurs ouailles de leur addiction diabolique. Leur mission fut contrecarrée par un autre groupe d'Espagnols : les marchands d'esclaves. Au XVIIe siècle, l'Amérique latine était un véritable eldorado, et c'est sans le moindre scrupule que les Espagnols exploitaient les autochtones, les forçant à travailler dans les mines d'argent, comme celles de Potosi (Bolivie). Hommes, femmes et enfants acceptaient de travailler dans ces mines, car les Espagnols leur fournissaient en échange des feuilles de coca. À l'exception des *chasquis*, les ouvriers indiens n'avaient que très rarement consommé de la coca ; or, ils ne purent peu à peu plus s'en passer… On imagine avec quels ravages… En 1620, on estime que plus d'un million et demi de mineurs avaient péri dans les mines.

L'addiction

Sans surprise, au XIXe siècle, les négriers des États américains du Sud ajoutaient sans vergogne des feuilles de coca aux repas carencés qu'ils donnaient à leurs esclaves. La feuille de coca se frayait ainsi un chemin dans la vie quotidienne de chacun, notamment par le biais de médecins, qu'ils soient honnêtes ou crapuleux. Les feuilles de coca sont toujours utilisées en médecine. Deux chercheurs ont mis en avant les propriétés anesthésiantes de la coca, notamment dans les chirurgies ophtalmologiques et dentaires : un Allemand, Friedrich Gaedcke, réussit à isoler l'alcaloïde actif en 1855 ; trois ans plus tard, Albert Niemann publia une étude sur cette substance qu'il baptisa « cocaïne ». On allait bientôt constater les effets « extraordinaires » qu'elle produisait sur ses consommateurs...

UN NARCOTIQUE NATUREL
Les plantations de coca, comme celle-ci, en Bolivie, n'approvisionnent pas seulement les usines de cocaïne. Les feuilles d'*Erythroxylum coca* sont également utilisées pour confectionner un thé très populaire, le *mate de coca*, qui est bu dans toute l'Amérique du Sud.

Au XXᵉ siècle, la cocaïne (aussi appelée « coke », « poudre », « Charlie », « schnouffe », « chems » ou « coco ») était la drogue préférée de centaines de milliers de cocaïnomanes mondains, parmi lesquels Sigmund Freud. Lorsque Freud eut vent d'une expérimentation à la cocaïne sur l'armée bavaroise (les soldats drogués mangeaient moins mais restaient tout aussi efficaces), il s'est mis à en prendre lui-même pendant trois ans. Il en aurait d'ailleurs prescrit à certains de ses patients. Il ne « décrocha » qu'à la mort d'un de ses confrères. Ses expériences ont peut-être influencé la conception de plusieurs médicaments au principe actif de cocaïne.

Dans les années 1960, un fabricant de sirop antitussif avait remarqué une envolée spectaculaire des ventes en plein été, période pourtant peu propice aux coups de froid. En fait, les sirops contenaient, en dosage conforme à la loi, des substances opiacées, dont les jeunes gens se régalaient dans les festivals rock. Au début du XXᵉ siècle, on avait déjà observé une tendance similaire : un certain nombre de « spécialités médicinales » – remèdes initialement réservés aux inflammations des muqueuses et aux rhumes (quoique parfois estampillés « aphrodisiaques ») – s'arrachaient comme des petits pains. Les préparations étaient en fait un mélange de quinine (voir Quinquina, p. 42) et de cocaïne. C'est aussi à cette période qu'un pharmacien d'Atlanta, John Pemberton, avait tenté de reproduire une boisson incroyablement populaire : le vin Mariani, sorte de marinade de feuilles de coca. Inventée par un Corse, Angelo Mariani, la boisson s'obtenait en faisant infuser des feuilles de coca dans un bon vin rouge pendant six mois. Devant le succès considérable rencontré par le breuvage, Pemberton avait à son tour imaginé son « vin tonique français ». Lorsque Atlanta prohiba l'alcool, Pemberton s'adapta et élabora une boisson non alcoolisée à base d'un certain nombre d'ingrédients, dont de l'essence de feuilles de coca et de

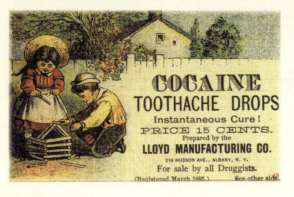

Remède de confort
Grâce à ses propriétés analgésiantes, la feuille de coca entre dans la composition de nombreux médicaments, notamment contre les maux de dents.

la caféine issue de la noix de kola (voir encadré ci-contre).

Son Coca-Cola, comme il baptisa cette nouvelle boisson, allait rencontrer plus de succès que ses méthodes commerciales. Il céda en effet pour 2 300 dollars le breuvage et le nom à un homme d'affaires, Asa Candler, qui allait créer la plus grosse compagnie de boissons du monde et une des marques les plus célèbres. Candler est mort richissime en 1929. Le soda, le premier à avoir été consommé dans l'espace, est aujourd'hui présent dans plus de deux cents pays, mais ne contient plus aucune trace des opiacées qui avaient participé à sa création. Il referme toutefois (et en grande quantité) un ingrédient encore plus irrésistible : le sucre (voir Canne à sucre, p. 166).

La guerre et le coca

Toutes les drogues, même d'origine végétale, posent inévitablement un problème. C'est le cas de la cocaïne comme du tabac, de l'héroïne ou encore de l'alcool. Dans la première moitié du XXe siècle, la baisse des prix incita une foule grandissante à consommer de la cocaïne. Les autorités eurent alors tendance à faire l'amalgame entre la cocaïne et l'héroïne. Si les deux substances contiennent des opiacées, des études ont montré que la cocaïne ne serait pas aussi addictive que l'héroïne (voir Pavot à opium, p. 148). Quoi qu'il en soit, jusqu'à la Seconde Guerre mondiale, les consommateurs réguliers n'étaient pas vraiment inquiétés. À Berlin, on consommait de la cocaïne sans vergogne dans les boîtes de nuit les plus huppés du moment. Pendant la guerre, si le régime nazi se complaisait dans l'usage de stupéfiants en tout genre, les hauts gradés, comme Göring, célèbre cocaïnomane, se faisaient toutefois plus discrets. Toujours pendant la guerre, les amphétamines, en libre circulation, faisaient concurrence à la cocaïne.

À la fin de la guerre et de la distribution « libre » d'amphétamines, le marché de la cocaïne connut un nouvel essor, encouragé par les mutations sociales et, surtout, par les voyages aériens, qui facilitaient grandement le trafic. Des cartels criminels ne tardèrent pas à s'organiser autour de la production et de

Nous devons essayer de mieux comprendre la confusion, les désillusions et le désespoir qui poussent les gens, et surtout les jeunes, à tomber dans les stupéfiants et les drogues dangereuses.
Extrait du discours sur les stupéfiants du président américain Richard Nixon, 1971

la distribution de cocaïne… La frontière entre les États-Unis et le Mexique était particulièrement vulnérable. Jusque récemment, la cocaïne se reniflait à la paille ou avec un billet roulé. Avec l'arrivée d'une cocaïne cristallisée, qui peut être fumée, le marché s'est encore renforcé. Baptisée « crack », cette nouvelle drogue a ouvert un chapitre encore plus sinistre de l'histoire de la cocaïne. Le « crack » (en référence aux craquements émis par les cristaux lorsqu'ils brûlent dans la pipe) était bon marché et facile à se procurer. « Grâce » à lui, la cocaïne est devenue la drogue la plus consommée après le cannabis en Amérique – triste titre de gloire…

Les solutions semblaient simples : traiter les addictions et détruire les sources à l'étranger. Les Indiens d'Amérique du Sud, qui avaient déjà payé cher l'avidité des Espagnols pour les mines d'argent, étaient de nouveau contraints de subir les conséquences d'un problème propre aux nations riches. Le prix de la cocaïne raffinée, vendue au gramme, fluctue. En 1985, Henry Hobhouse, dans son ouvrage *Seeds of Change*, estimait qu'un hectare d'arbustes de coca fournissait environ 15 kilos de cocaïne pure, soit 2,5 millions de dollars (1,8 million d'euros). Bien entendu, les agriculteurs péruviens ne touchaient qu'une infime fraction de cette manne. Cependant, leurs trois récoltes annuelles leur permettaient de vivre, et les feuilles de coca de travailler, en dépit d'une alimentation carencée. Au début du XXIe siècle, les États-Unis ont aidé la Colombie à détruire les cultures « illicites » de coca et de pavot situées dans la région rurale de Putumayo, en aspergeant du glyphosate et autres herbicides en granules. Des voix se sont pourtant élevées, dénonçant l'usage de ces substances. Utiliser des herbicides sur les précieuses forêts équatoriales était aussi irresponsable que déverser des défoliants sur les forêts asiatiques pendant la guerre du Vietnam (à l'époque les États-Unis souhaitaient ainsi priver l'ennemi de nourriture et d'abri). Certains ont même déclaré que l'opération équivalait à « dynamiter le Taj Mahal » en raison du désastre qu'elle pourrait produire sur la végétation. Pis encore, la « fumigation » des forêts allait non seulement détruire des cultures parfaitement légales, mais aussi la riche biodiversité de l'Amazonie. Les études effectuées après l'opération n'ont fait état d'aucun effet secondaire. Les problèmes liés aux petites feuilles d'*Erythroxylum coca* semblent insolubles…

UNE TASSE DE KOLA

Cela fait des siècles que les Africains de l'Ouest mâchent de la noix de kola. On retrouve aussi la noix de kola dans les cérémonies religieuses des Yorubas, au Nigeria. Originaires d'Afrique, deux espèces – *Cola acuminata* et *Cola nitida* – sont cultivées pour un usage commercial dans toutes les régions tropicales, car leurs noix contiennent environ 2 % de caféine ainsi que d'autres alcaloïdes, comme la théobromine ou le kolanin, un stimulant cardiaque. À une époque, le kola rivalisait avec le thé et le café et aurait pu leur ravir leurs adeptes.

Eucalyptus
Eucalyptus spp.

Habitat naturel : principalement l'Australie.

Type : du petit arbuste au très grand arbre.

Taille : de 10 à 60 m.

- **Comestible**
- **Curative**
- **Commerce**
- **Industrie**

Au XIXᵉ siècle, l'arbre emblématique de l'Australie était aussi le préféré des cheminots et des jardiniers. L'eucalyptus proliférait le long des voies ferrées, fournissant un combustible bon marché pour les trains à vapeur. En tant qu'arbre d'ornement, il avait fière allure dans les jardins. On racontait aussi qu'il guérissait la « fièvre des marais » (la malaria). Il n'est donc pas étonnant qu'il soit devenu le feuillu le plus cultivé au monde ! Pourquoi, un siècle plus tard, des manifestants s'en prennent-ils à lui, détruisant des plantations entières, de la Thaïlande à l'Espagne ?

L'ARBRE À GOMME

À l'arrivée des premiers colons en Australie, plus de sept cents espèces d'eucalyptus se développaient le long des côtes du plus petit continent. Pendant un siècle, les nouveaux venus se sont escrimés à en abattre et brûler un maximum, afin de récupérer le terrain pour leur bétail. À en croire Joseph Banks, un des premiers collectionneurs de plantes à avoir embarqué sur le navire du capitaine Cook, le HM *Bark Endeavour*, l'eucalyptus était une merveille. Le 1ᵉʳ mai 1770, alors que Cook cartographiait la côte est de l'Australie, Banks, accompagné du botaniste suédois Daniel Carlsson Solander, découvrit une zone que Cook nommerait plus tard « Botany Bay » (Baie botanique).

Banks était allé voir de plus près ces majestueux arbres, leur étrange écorce argentée et leurs feuilles en fer de lance qui murmuraient dans la brise marine. C'est un magistrat français, passionné de botanique, Charles Louis L'Héritier de Brutelle (1746-1800), qui baptisa l'espèce *Eucalyptus obliqua* (appelée *stringybark* – écorce filandreuse – par les autochtones). Le terme choisi par L'Héritier signifiait « bien couvert », en référence à la façon qu'a l'arbre de protéger ses fleurs.

**Nous avons ramé et ramé sur des eaux si bleues, et,
Pareils à une plume, nous flottions
Dans un canoë en gommier.**
Chanson folklorique australienne

Banks, Solander et L'Héritier étaient enthousiasmés par cet arbre : il était exotique, poussait plus vite et plus haut que tout autre arbre qu'ils connaissaient et ses feuilles, une fois frottées, libéraient un singulier parfum médicinal. Si on leur avait dit que deux siècles plus tard, les spécimens prélevés en Australie se seraient répandus sur toute la planète et compteraient pour 40 % des forêts tropicales du monde (soit 42 millions d'hectares), ils n'auraient pas été plus surpris que cela.

Amoureux des plantes
Outre l'eucalyptus, Joseph Banks (1743-1820) a aussi introduit en Occident l'acacia, le mimosa et le genre *Banksia* (plantes de la famille des Proeaceae).

De l'or vert

Les eucalyptus comptent parmi les plus grands feuillus, l'eucalyptus royal (*Eucalyptus regnans*), originaire du sud de Victoria et de la Tasmanie, est le plus grand de tous. Il ne reste malheureusement que quelques spécimens de ces géants – certains mesurant plus de 140 mètres –, en raison de son abattage systématique au XIXe siècle. « Le gouvernement a initié la plantation de chênes-lièges, de sapins, de cèdres rouges et d'autres espèces pour remplacer les arbres détruits – dont la plupart ne présentaient aucun intérêt pour le commerce ni le bâtiment », avait expliqué un « chef de chantier » dans le *Cassell's Family Magazine* dans les années 1890. L'initiative n'était pas des plus judicieuses, car l'eucalyptus s'est révélé d'un intérêt extraordinaire.

Les résines de l'écorce produisent ce qu'on appelle du kino, sorte de tannins astringents utilisés dans les bains de bouche et les sirops pour la gorge. Les feuilles fournissent des huiles employées dans les antiseptiques, baumes, diurétiques et désinfectants. Les huiles volatiles ou essentielles entrent dans la composition des compléments vitaminiques – elles aident l'organisme à assimiler la vitamine C –, ainsi que des parfums, apportant une note relevée et citronnée. Les fleurs font office de goûteux pâturage pour les abeilles (la réputation du miel d'eucalyptus n'est plus à faire), et les huiles parfument les cigarettes au menthol. Enfin, lorsqu'on a su extraire la cellulose d'eucalyptus (le bois réduit en

Un arbre de feu

♦

Le koala vit des eucalyptus, dont il consomme près de 1 kilo de feuilles chaque soir. Le petit mammifère a appris à vivre avec cette source de nourriture incertaine. Les arbres sont en effet souvent victimes d'incendies. Ils se régénèrent toutefois rapidement grâce aux fourmis moissonneuses qui se nourrissent de différentes graines. Au cours de l'incendie, l'arbre relâche un surplus de graines que les fourmis emportent à l'abri dans leur réserve souterraine. Les graines y germent, profitant du sol frais et cendré. Certains eucalyptus survivent aux feux de forêt grâce à un système radiculaire qui leur permet de développer de nouvelles pousses juste après l'incendie.

copeaux est bouilli avec des substances chimiques ; une fois les fibres du bois libérées, elles sont émulsifiées en pulpe), les applications de l'eucalyptus se sont multipliées : sous-vêtements, uniformes ignifuges, papier toilette, cartons… Il a même servi en imprimerie. L'édition du 27 mai 1956 du quotidien brésilien *O Estado de São Paulo* a entièrement été imprimé sur de la fibre d'eucalyptus.

L'arbre du sultan

♦

Tipu Sultan, le souverain de Mysore, dans l'État du Karnataka, était féru de jardinage. Dès qu'il entendit parler de l'eucalyptus, en 1790, il en commanda des graines qu'il fit planter dans les jardins de son palais de Nandi, près de Bangalore. Le sultan ne vit malheureusement jamais ces arbres, car il fut tué dans un combat contre les Britanniques en 1799. Ce fut donc les nouveaux souverains qui supervisèrent les plantations d'eucalyptus. Après avoir essayé le gommier bleu (*Eucalyptus globulus*) dans les plantations des Nilgiri de Madras et à Ooty, les Anglais l'adoptèrent pour compenser la déforestation des *sholas*, les forêts locales.

Le prince des eucalyptus

Selon le baron Sir Ferdinand von Müller, un botaniste, le gommier bleu (*Eucalyptus globulus*), emblème floral de la Tasmanie, est l'eucalyptus le plus prisé. « Rien n'égale ses propriétés ni la qualité de ses huiles », déclara Müller dans son *Descriptive Atlas of the Eucalypts of Australia – Eucalyptographia* [Atlas des eucalyptus australiens] en 1884. Cinquante ans après que le premier gouverneur d'Australie, Arthur Phillip, envoya une bouteille d'huile essentielle à Joseph Banks, Müller se lança dans une campagne en faveur de l'eucalyptus et de ses bienfaits. Sir Ferdinand von Müller (il reçut son « von » du roi de Württemberg qui le promut baron pour ses études sur les eucalyptus et son « Sir » des Anglais qui l'anoblirent) était indubitablement le plus fervent défenseur de l'arbre. C'est d'ailleurs lui qui persuada le Britannique Joseph Bosisto de breveter son procédé d'extraction d'huile d'eucalyptus. Bosisto commercialisa ensuite son huile dans toute l'Europe et l'Amérique, où l'huile d'eucalyptus de Bosisto devint un article de la vie courante.

Müller avait également envoyé des graines d'eucalyptus en France, en Inde, en Afrique du Sud et en Amérique latine, ainsi qu'au botaniste américain William Saunders. Son présent horticole à l'archevêque de Melbourne, J.A. Gould, en 1869, eut des conséquences inattendues. L'eucalyptus était supposé « guérir » la malaria. Gould avait envoyé ses graines à des moines trappistes français qui bataillaient contre la malaria, ou « fièvre des marais », à Tre Fontane (Rome). Les moines avaient déployé tous leurs efforts pour préparer le terrain aux futurs eucalyptus – désherbage, assèchement des marécages… Quand les eucalyptus purent enfin être plantés et se développer, la fièvre des marais avait disparu. On conclut plus tard que la maladie n'avait pas été décimée par les eucalyptus, mais par l'assèchement des marécages. Les trappistes exploitèrent toutefois l'arbre en en faisant une liqueur : l'Eucalittino. Les bienfaits du gommier australien semblaient infinis. Le bois d'eucalyptus servait à construire des maisons, des charrues et des ponts. Il aurait même soulagé temporairement des patients atteints de gangrène ou de maladies vénériennes. Une chose reste certaine, l'eucalyptus purifiait l'air.

Toutes ces promesses – certaines plus réelles que d'autres – conduisirent à une transformation du paysage forestier américain. Appâtés par les profits rapides, de nombreux investisseurs firent planter des milliers d'eucalyptus. Si bien que le gommier australien n'a cessé de se développer en Amérique du Sud et notamment au Brésil. Grâce aux efforts de l'ingénieur agronome Edmundo Navarro de Andrade, mort en 1941, de grandes forêts d'eucalyptus virent ainsi le jour le long des voies ferrées. Au milieu du XXe siècle, plus de 5,5 millions d'hectares de terrain furent reboisés pour moitié avec des eucalyptus. Située en grande partie à la même latitude que le Brésil, l'Inde (voir encadré ci-contre) ne fut pas en reste et favorisa la plantation d'eucalyptus au détriment d'espèces locales. On a commencé à trouver que les eucalyptus prenaient un peu trop de place dans le paysage. Les plantations stériles d'eucalyptus n'offraient par ailleurs pas de refuges viables pour la faune sauvage. Les eucalyptus provoquaient également une dangereuse érosion des sols et se montraient si friands en eau qu'ils furent désignés responsables de l'assèchement des réserves en eau potable. À la suite des problèmes de biodiversité et de la faible rentabilité des plantations d'eucalyptus – avec des conséquences directes sur l'économie locale –, le mécontentement se transforma en actes… C'est ainsi que, dans les années 1990, des agriculteurs de Bangkok, d'Inde et d'Espagne saccagèrent de jeunes plantations d'eucalyptus, en protestation contre la monoculture forestière.

Après avoir été porté aux nues et avoir transformé les paysages et l'industrie, l'eucalyptus se voyait cloué au pilori. À cause de sa déforestation, Haïti est devenu l'un des pays les plus pauvres du monde. Après avoir perdu plus de 95 % de ses forêts, l'économie éthiopienne est moribonde. Il y a enfin de sérieuses inquiétudes écologiques en Thaïlande, qui a vu disparaître la moitié de ses arbres au cours des vingt dernières années. L'eucalyptus pourrait aider à reboiser rapidement ces pays.

UNE PEINTURE NATURELLE
L'écorce de l'eucalyptus arc-en-ciel (*Eucalyptus deglupta*) se détache par lambeaux tout au long de l'année, dévoilant une surface vert clair. La couleur de cette jeune écorce mue, passant par des tons bleus, orangés puis bordeaux foncé.

Fougère
Phylum: Filicinophyta

Habitat naturel : la Pangée aujourd'hui disparue.

Type : fougère.

Taille : jusqu'à 9 m.

+ Comestible
+ Curative
+ **Commerce**
+ Industrie

Les fougères comptent parmi les plus anciennes plantes du monde. Mortes, elles peuvent servir de combustibles et ont été ainsi largement utilisées pendant la révolution industrielle.

LES SUPERPLANTES

L'humanité remonte à environ quatre millions d'années. C'est à cette époque que l'homme s'est démarqué des autres primates. Cela paraît loin, mais pas tant que cela comparativement à l'évolution des fougères terrestres. La fougère a vu le jour il y a trois cent trente-cinq millions d'années ! Elle est apparue au carbonifère, qui a succédé aux ères cambrienne, ordovicienne, silurienne et dévonienne, et a duré soixante millions d'années. Bien avant l'arrivée des dinosaures, la Terre était constituée d'un unique « supercontinent » : la Pangée (du grec « toutes les terres »). L'équateur traversait alors les terres actuelles du Groenland, de Terre-Neuve et du nord de l'Angleterre. La Pangée était plate, marécageuse et sujette à d'importantes inondations dues à la fonte des glaciers de l'hémisphère Sud. Vers la fin du carbonifère, le gigantisme prévalait. Les marécages étaient colonisés par des monstres amphibiens, particulièrement friands de boue et qui traînaient leur carcasse de 4,6 mètres dans la vase. On découvrit des empreintes de leur panse et de leurs pattes quelque deux cent quatre-vingt-dix millions d'années plus tard. On voyait aussi des libellules géantes, dotées d'ailes de 46 centimètres, survoler des mille-pattes de 1,8 mètre de long qui déambulaient sous des arbres monumentaux, *Lepidodendron*, *Sigillaria* ou les ancêtres de la prêle (*Equisetum*), qui atteignaient tout de même plus de 18 mètres de haut. Quant aux fougères, il n'était pas rare qu'elles mesurent plus de 9 mètres.

Leurs feuilles pennées et leurs frondes se nourrissaient des rayons du soleil et emmagasinaient la lumière jusqu'à ce qu'elles soient mangées ou meurent et se décomposent en compost. Les fougères se sont peu à peu retrouvées enterrées sous des sédiments boueux. Elles ont alors constitué une épaisseur de tourbe, puis, au cours de plusieurs millénaires, ont été comprimées en une strate riche en carbone, débordant d'un combustible noir très concentré : la houille.

L'homme ne savait pas comment exploiter cette source d'énergie que les fougères et d'autres plantes avaient stockée dans le sol. Il exploitait en effet plus volontiers la surface de la Terre que ses entrailles. Même si une tribu galloise de l'âge du bronze avait découvert comment allumer ses bûchers funéraires avec du charbon, il a fallu attendre les Romains pour qu'on s'intéresse réellement aux mines.

Installés en Europe du Nord, les Romains avaient effectivement utilisé le charbon, entre autres combustibles, pour chauffer leurs thermes et leurs hypocaustes (chauffage par le sol). Il y eut ensuite une pause de onze siècles entre la fin de l'Empire romain et le début de l'exploitation minière médiévale, dans le comté de Durham, au nord-est de l'Angleterre. Dès le XVIIIe siècle, ce qu'on appelait l'« or noir » était devenu très recherché.

En 1724, Daniel Defoe avait publié le premier volume de son *A Tour Thro' the Whole Island of Great Britain* [Tour de la Grande-Bretagne] et s'émerveillait des « monts prodigieux, ou devrais-je dire montagnes de houille qui sortent des carrières. Et comme ces carrières sont nombreuses ». Avec l'avènement de l'industrie minière en Angleterre, en Allemagne, en Pologne et en Belgique, on assista à une forte migration rurale, car les mines étaient friandes de main-d'œuvre. En Écosse, entre le XVIIe siècle et le début du XVIIIe, des familles furent asservies et contraintes de travailler dans les mines. Ces familles vivaient avec une épée de Damoclès au-dessus de la tête : chaque jour, les ouvriers risquaient de mourir à cause d'un incendie, d'une inondation ou par asphyxie. Considérés comme des parias, ils avaient créé leur propre communauté, soudés dans leur résilience et leur fierté face aux conditions de travail

UN COMBUSTIBLE SALE
À mesure que l'on se rend compte (bien lentement) que le changement climatique n'est pas un mythe, plusieurs voix s'élèvent pour demander le démantèlement complet des centrales au charbon.

DES ACTIONS LOCALES

♦

Tandis que les grandes puissances tiennent des conférences sur le réchauffement climatique et tentent de trouver des solutions, certains pays ont déjà commencé à changer de cap. La petite ville allemande de Fribourg a aménagé plus de panneaux solaires photovoltaïques sur ses toits que toute la Grande-Bretagne. La Chine, elle, a installé plus de systèmes à basse consommation que toute autre nation, même si elle s'obstine à construire de nouvelles centrales thermiques au charbon.

LA SANTÉ EN DANGER
Après son installation à Londres à la fin de la guerre d'Indépendance américaine, Benjamin Thomson (1753-1814) est devenu un ardent pourfendeur de la pollution générée par les cheminées domestiques.

inhumaines. Dans *Coal: A Human History*, Barbara Freese nous apprend que les catastrophes minières étaient si fréquentes, qu'en 1767, le journal britannique *Newcastle Journal* avait cessé de les reporter. « On nous a demandé de ne plus prêter attention à ce genre de choses », avait déclaré le correspondant du quotidien – certainement à la satisfaction des propriétaires de mines...

À toute vapeur !

Au milieu du IIe millénaire, certains devinrent riches et célèbres grâce aux fougères fossilisées, comme James Watt, connu pour son perfectionnement du moteur à vapeur dans les années 1780, et George Stephenson, constructeur des premières locomotives à vapeur. Le charbon connut également ses petites vedettes, comme le comte Rumford. Né en 1753, Benjamin Thompson (son nom à l'époque) grandit dans une famille de loyalistes britanniques, à Woburn, dans le Massachusetts. À 19 ans, il épousa une femme très riche, de vingt ans son aînée. Quatre ans plus tard, à la veille de la déclaration d'Indépendance, il l'abandonna et s'enfuit en Angleterre. On disait alors qu'il était un espion à la solde des Anglais et qu'il avait joué un rôle actif dans l'entraînement et le commandement de milices locales. Une fois en Grande-Bretagne, il fut anobli pour ses travaux scientifiques. Il s'installa ensuite en Bavière où, après avoir réformé l'armée et conçu des hospices pour les pauvres, il reçut le titre de comte. Pour la petite histoire, il espionnait très certainement la cour de Bavière pour le compte de l'Angleterre... Il adopta le nom de Rumford en « hommage » à la ville du New Hampshire où il avait abandonné son épouse ! Il rentra finalement à Londres avec une mission : guérir le monde des fumées de cheminées.

LONDRES OBSCUR
La toile de Claude Monet, *Trouée de soleil dans le brouillard* (1904), offre une image oppressante d'un Londres asphyxié par la pollution.

« Tout le monde sait que les fumées des cheminées sont catastrophiques », avait-il écrit, avertissant que « ces courants d'air glacial qui arrivent d'un côté et les fumées chaudes qui s'en échappent de l'autre... ne peuvent que nuire à la santé ». Il était convaincu que les fumées avaient des effets très nocifs sur les constitutions les plus faibles : « J'en suis persuadé, ces fumées occasionnent la mort de milliers de personnes dans ce pays ! » Le comte Rumford conçut alors une cheminée sans fumée, encore commercialisée plus d'un siècle après sa mort, en 1814. Malgré les louanges du président Franklin Roosevelt, qui le considérait comme l'un des plus grands esprits américains, Rumford reste le héros oublié de nos intérieurs modernes.

LE CAS LONDONIEN

À l'époque victorienne, Londres dépendait complètement du charbon et, en hiver, se retrouvait sous un épais nuage de fumée. Ce qui a fait écrire à Charles Dickens dans *La Maison d'âpre-vent* (1852) que « Londres était un cas à part ». À l'instar d'autres capitales, comme Paris et New York, Londres a dégagé son ciel en imposant une législation sur l'air. Le problème ne fut pas pour autant résolu. En 1969, le public, interdit, découvrait des photographies de notre planète prises depuis l'espace. La Terre paraissait incroyablement propre, et si bleue ! Effectivement, mais cette beauté dissimulait un problème qui allait prendre de l'ampleur d'année en année… La combustion d'énergies fossiles et la libération de méthane se sont liées et détruisent la couche d'ozone stratosphérique, qui protège notre planète des rayons du Soleil. En 2000, on a estimé que l'équivalent de deux millions d'années de fougères et d'arbres fossilisés étaient consommées chaque année. Un défenseur de l'environnement, Herbert Girardet, a décrit le phénomène comme « une orgie consumériste qui saccage la planète ». Et des citoyens qui, un siècle plus tôt, auraient construit des barricades pour obtenir le droit d'avoir un chauffage au charbon ont grossi le cœur de protestation contre la destruction des fougères fossilisées. Des appels des quatre coins de la planète ont retenti, exigeant la fin de l'exploitation « linéaire » de la Terre : plutôt que piller le charbon de la nature, le brûler, puis le rejeter en déchets, nous devrions nous inspirer des cycles de la nature et transformer nos déchets en combustibles pour les générations futures (voir encadré).

> ### SEPT GÉNÉRATIONS
> ♦
> D'après le rapport Brundtland des Nations unies, publié en 1987, le développement durable est un « développement qui prend en compte les besoins présents, sans compromettre ceux des futures générations ». De quelles « futures générations » est-il question ? Nos petits-enfants ? Les petits-enfants de nos petits-enfants ? En se fondant sur les anciennes civilisations et leurs prévisions, Herbert Girardet (voir à gauche) opte pour sept générations.

Le charbon est un climat portatif. Il transporte la chaleur des tropiques jusqu'au Labrador et au cercle polaire ; et il peut se transporter partout où on en a besoin. Watt et Stephenson ont murmuré leur secret à l'oreille de l'humanité : une demi-once de charbon peut tirer deux tonnes par mile. Le charbon transporte le charbon, par rail ou par mer, et rend le Canada aussi chaud que Calcutta. Toute la puissance industrielle au service du confort !
Ralph Waldo Emerson, La Conduite de la vie, *1860*

Soja
Glycine max

Habitat naturel : Asie du Sud-Ouest, mais d'abord cultivée en Grèce.

Type : plante herbacée annuelle et oléagineuse.

Taille : jusqu'à 2 m.

+ **COMESTIBLE**
+ CURATIVE
+ **COMMERCE**
+ INDUSTRIE

Comment passer du statut de légume confidentiel chinois et japonais à celui d'aliment protéiné de base des végétariens ? Posons la question au soja qui, en trois millénaires, est devenu l'un des plus importants aliments de la planète ! En Argentine, le deuxième plus grand pays d'Amérique latine, une variété génétiquement modifiée du soja semblait prometteuse et même capable de sauver l'économie locale ! Le soja est peut-être très vieux, mais il est toujours dans l'air du temps…

LA SAINTE CULTURE

« Enfant de la grue blanche », « gros bijou » ou « sourcil fleuri » : autant de noms poétiques que les chinois donnaient à la plante de soja. Les graines, certainement en raison de leurs supposées vertus digestives, ont hérité de sobriquets plus triviaux, comme « esprit blanc du vent », en référence aux bruits qu'elles provoquent… Quoi qu'il en soit, le soja, ou *dadou* (« graine remarquable »), riche en protéines et en calcium, est cultivé en Chine et au Japon au moins depuis la dynastie Zhou, qui s'est achevée en 770 avant J.-C. Graine de l'Antiquité, ses origines remontent à plus de trois mille ans. Le soja fait partie des cinq « cultures sacrées » de l'Asie, avec le riz, le blé, l'orge et le millet, et remplace depuis viande et lait.

La plante, qui peut atteindre 2 mètres de haut, produit des gousses garnies de graines, qui, comme ses feuilles et sa tige, sont couvertes de poils fins. Les couleurs des graines, elles, varient selon la variété de la plante (il en existe plus d'un millier !) : blanc, jaune, gris, brun, voire noir ou rouge.

Ce légume est un incontournable des gastronomies chinoise, japonaise, coréenne et malaisienne. On utilise les graines fraîches, germées, fermentées ou séchées. On peut aussi les manger entières, cosse comprise, à l'image des Japonais et de leur *edamame*. Si on écrase la graine et qu'on la mélange à de l'eau pure, on obtient une sorte de « lait » végétalien. Il est aussi possible de torréfier la graine (la débarrasser de son enveloppe), puis de la moudre. On obtient alors une farine à pâtisserie et un additif pour « gonfler » certains produits, comme les crèmes glacées. Enfin, les graines germées produisent ce que l'aristocratie considérait comme de la « nourriture à coolie », mais que d'autres appréciaient pour leurs qualités nutritionnelles.

Certaines variétés huilaient déjà les roues de l'industrie bien avant que les horticulteurs n'offrent à la plante le statut d'oléagineuse et non de simple légumineuse. Les applications de l'huile de soja sont d'ailleurs légion : peintures, plastiques, cosmétiques… Les bouddhistes remplaçaient déjà la viande par du caillé de soja il y a plus d'un millier d'années. Les Japonais, eux, cultivaient la plante pour fabriquer du *shoyu* – condiment liquide obtenu à partir de la fermentation de graines de soja cuites à la vapeur et de blé torréfié –, un « fromage » végétalien, le *daizu* ou *tofu*, et le *miso*, une pâte à tartiner fermentée.

Des graines démoniaques
Sur cette estampe japonaise du XVIIIe siècle, on lance du soja pour éloigner les esprits maléfiques. Cette pratique s'inscrivait dans le cadre du festival annuel du soja.

Malentendus de missionnaires

À leur arrivée au Japon, dans les années 1700, les missionnaires hollandais ont beaucoup apprécié le *shoyu*, en pensant que ce mot désignait l'ensemble de la plante de soja. Lorsqu'ils ont expédié des échantillons de soja en Europe, ils ont donc naturellement appelé la plante « shoyu » ou « soya ». Le nom lui est resté en Occident, d'autant que c'est justement là que le soja allait faire des miracles ! Une plante alimentaire transformée en « marchandise » n'est-elle pas la promesse de juteux profits ? Incapable de s'acclimater aux gelées, le soja n'a toutefois pas rencontré le succès escompté en Europe du Nord, alors qu'il a prospéré en Amérique. On peut extraire des graines de soja environ 20 % d'huile et 40 % de protéines. Dès les années 1920, le soja s'est frayé un chemin dans la composition de toute une série de produits agroalimentaires, du pain aux hamburgers, en passant par les aliments pour bébé ou pour chien. Le soja a surtout transformé les fermes d'élevage en machines à viande. L'appétit insatiable du monde industrialisé pour la viande a été satisfait au-delà de toute espérance, car le soja nourrissait le bétail et les poules en batterie.

Dans les années 1950, des chercheurs agronomes ont commencé à percer les codes génétiques de plusieurs plantes. Chaque cellule végétale contient des gènes qui déterminent la croissance et le rendement de

La fête des rois

✦

Aussi nutritif que le blé, le soja compte parmi l'un des groupes alimentaires les plus importants de la planète. La caroube méditerranéenne, utilisée dans le chocolat espagnol, servait aussi de « carat » aux orfèvres. Le *jack bean* américain, le *lablab* tropical, la fève préhistorique, sans oublier le haricot sec, ou le haricot vert, tous sont originaires d'Amérique latine. Haricots et fèves sont auréolés de mythes et de traditions comme en témoigne l'épiphanie. Celui qui trouve la fève dans la succulente galette des rois obtient la couronne et devient roi (même sans sceptre ni château) !

> Que puis-je apprendre des haricots
> ou leur enseigner ?
> Je les chéris, je les sarcle, le matin et le soir,
> je garde un œil sur eux. Voici mon travail.
>
> Henry David Thoreau, Walden, *1854*

UN IMPACT ÉCOLOGIQUE
La multiplication des plantations de soja en Amérique du Sud inquiète sérieusement les scientifiques chargés de l'environnement, notamment en raison de leur impact sur les forêts d'Amazonie.

la plante. Une fois ces codes génétiques maîtrisés, les chercheurs peuvent alors modifier le patrimoine génétique de la plante. La modification génétique, ou OGM, a ainsi permis à la science de transférer des gènes d'une plante à l'autre. Les cultures d'OGM ont vu le jour dans les années 1980 et, à en croire les généticiens, promettaient de mettre un terme à la faim dans le monde. Leurs détracteurs, eux, considéraient les OGM comme des « aliments à la Frankenstein », qualifiant les ingénieurs agronomes de « déments ». Quoi qu'il en soit, les premières tomates OGM destinées au commerce sont apparues en 1994. Et, en 2005, vingt et un pays (essentiellement les États-Unis, le Brésil, le Canada et l'Argentine) cultivaient des OGM de maïs, coton, colza, courge, papaye et soja.

LES OGM

L'Argentine a fait la une des journaux en 1982 en lançant une offensive sur l'archipel des Malouines pour y asseoir sa souveraineté. Cette campagne militaire désastreuse (649 Argentins y ont laissé la vie) n'était pourtant pas le principal souci du pays. Au nord des prairies glacées de Patagonie s'étend une région de pâturages tempérés, les *pampas* (mot quechua signifiant « plaine »). Ces pampas abritent les plus riches terres arables du monde. Au XIXe siècle, les pampas ont subi des changements irréversibles, en raison de l'avidité internationale pour le bœuf et le blé. Avec l'arrivée massive d'immigrants, les chemins de fer se sont développés et les pampas ont vu défiler d'innombrables trains réfrigérés, remplis à ras bord de viande argentine destinée à l'exportation. En outre, la population a explosé, passant d'un petit million en 1850, à 8 millions en 1914. La Grande Dépression qui a suivi la guerre a fait plonger les exportations de viande. Les militaires qui s'étaient emparés du pouvoir ont été remplacés en 1946 par le « président du peuple », Juan Domingo Perón, mais il en fallait plus pour arrêter le déclin économique provoqué par la crise de la viande. À la fin du XXe siècle, l'économie argentine était moribonde ; la faillite guettait, et la monnaie avait été spectaculairement dévaluée.

Or, le soja OGM promettait de sauver le pays. À partir de 1997, la moitié des pampas, soit 11 millions d'hectares, ont été consacrées à la culture de soja génétiquement modifié. Cette décision a eu un impact bénéfique immédiat : l'arrêt de l'érosion des sols causée par le labourage – les graines de soja peuvent être plantées directement. Si la production augmentait bien (on estime une croissance de 75 % entre 1997 et 2002), d'autres problèmes sont apparus. Le chômage rural s'est multiplié en raison du dépôt de bilan de petites fermes, mises en faillite par les grosses industries agroalimentaires spécialisées dans le soja. Le soja, génétiquement programmé pour résister aux herbicides destinés aux autres plantes, a donné naissance à des mauvaises herbes particulièrement vigoureuses, ainsi qu'à des plants de soja impurs. Ces plants de soja devaient alors être traités avec un herbicide spécifique. Le Brésil produisait davantage de soja non modifié, et les agriculteurs ont résisté de toutes leurs forces aux OGM, avant d'être contraints de s'y mettre en 2002. Certains affirment que le soja brésilien avait déjà subi des modifications génétiques, car des graines OGM avaient été importées de sa voisine, l'Argentine. Alors que la demande en soja ne ralentit pas, les écologistes craignent une expansion des cultures vers les régions équatoriales et le *cerrado* (sorte de savane) brésilien.

Certains se sont retournés vers l'Asie, berceau du soja, et se sont intéressés aux travaux d'un petit agriculteur japonais, Masanobu Fukuoka. Chercheur agronome, Fukuoka avait passé la moitié de sa vie à cultiver des champignons en laboratoire et était convaincu que pour prendre soin de la planète, les agriculteurs devaient prendre soin de leur sol. Une seule solution : l'aider à s'autosuffire sans intervenir, autrement dit, sans compost, sans engrais chimiques, sans désherbage au sarcloir ni aux herbicides et sans dépendance aux produits chimiques. Masanobu Fukuoka a mis en pratique ses théories lorsqu'il a repris la petite exploitation familiale sur l'île de Shikoku. Il était persuadé qu'avec ce programme rigoureux, le soja redeviendrait l'une des cinq « cultures sacrées ».

CULTURES OGM
Aux États-Unis, près de 85 % des cultures de soja sont génétiquement modifiées. Depuis la première récolte de soja OGM, la graine a subi d'autres modifications pour augmenter par exemple son intérêt nutritionnel.

LE BÉTAIL EN FOLIE

✦

Une crise alimentaire d'envergure nous menace. Avec l'augmentation des revenus en Asie, la demande en viande a progressé. Il faut cependant savoir que 1 kilo de bœuf nécessite 7 kilos de céréales, et 1 kilo de volaille, 3 kilos. À cette cadence, il n'y a plus de place pour cultiver les céréales. Les avis divergent pour éviter cette crise alimentaire. Certains préconisent le développement d'exploitations gigantesques et des cultures OGM comme le soja, alors que d'autres voient notre salut dans les petites fermes, la biodiversité et l'application de méthodes comme celle de Fukuoka.

Coton
Gossypium hirsutum

Habitat naturel : Chine, Inde, Pakistan, Afrique et Amérique du Nord.

Type : annuelle à tige courte.

Taille : 1,12-1,27 m.

✦ COMESTIBLE
✦ CURATIVE
✦ COMMERCE
✦ INDUSTRIE

Décrire le rôle du coton dans l'histoire, c'est comme essayer de mettre à nu tous les constituants d'une robe de coton bleue. Une fois la teinture, le fil, la fibre, la graine et la capsule mis en évidence, le roi coton révèle l'envers des coutures : pilier de la traite des esclaves, premier domino à tomber lors de la guerre de Sécession et catalyseur de la révolution industrielle.

DU CHEWING-GUM À LA DYNAMITE

Comparé à ses rivaux, la laine et le lin, le coton est frais et chic. C'était d'ailleurs la matière de prédilection avant l'arrivée du Nylon. Les récoltes de coton ont malheureusement coûté plus en misère humaine qu'aucun autre matériau. Les décorateurs d'intérieur privilégient souvent le coton à tout autre tissu. Ce qui est curieux pour ce matériau qui a vu le jour il y a trois mille ans ! À l'état sauvage, le coton est une plante vivace ligneuse. Récolte mécanique oblige, le coton commercial, lui, est cultivé sous forme de plante annuelle courte. Le genre *Gossypium* regroupe trente-neuf variétés de coton, dont le plus populaire est *Gossypium hirsutum*, appelé parfois « coton mexicain ». Il constitue d'ailleurs environ 90 % de la production mondiale.

Le coton est l'une des cultures non alimentaires les plus importantes du monde. Le fil de coton est omniprésent dans tous les produits à base de textile – vêtements bien sûr, mais aussi, pansements, couches, étoffes ou papier. La graine de coton trouve sa place dans le savon, la margarine et l'huile de cuisine. On retrouve même le linter (fibres qui adhèrent à la graine de coton après l'égrenage) dans les cosmétiques, les enveloppes de saucisses, la dynamite et les plastiques. Enfin, la crème glacée, les propulseurs de certains feux d'artifice, sans oublier le fléau des trottoirs urbains, le chewing-gum, contiennent tous de la cellulose de coton. Bien avant que les barons du coton n'exploitent ses propriétés industrielles, le coton n'avait qu'une seule vocation : le textile.

Tu dois te pencher, te tourner, ramasser une balle de coton,
Te pencher, te tourner, ramasser une balle par jour.
Chanson d'esclave

Préparation

Pour transformer une plante en tissu, il faut d'abord réduire cette plante en longs et fins fragments pour pouvoir les tresser ou les tisser ensemble. Qu'on bâtisse un toit en feuilles de bambou ou qu'on fabrique un tapis en sisal, le principe est le même. Dans le cas de la soie (voir Mûrier blanc, p. 130), on ouvre le cocon du ver à soie pour en tirer un fil. Pour le lin, la plante est cueillie (et non coupée), séchée, puis « moisie » – on plonge la plante dans l'eau et on la laisse se putréfier jusqu'à ce que les fibres soient exposées (méthode pour le moins nauséabonde…). Une fois séparées, peignées, torsadées et blanchies au soleil, les fibres de lin étaient humidifiées, puis tissées (ou filées directement sèches). Le résultat était un fil lourd et robuste. Il était relativement simple de transformer la laine en fil : le mouton était tondu, la toison lavée, puis la laine cardée (peignée) et filée en bobines par un fileur. Pour fabriquer du fil de coton, le procédé était plus ou moins identique, mais durait deux fois plus longtemps.

Coton commercial
Gossypium hirsutum
a été cultivé pour produire différentes variétés.
Le coton à longues fibres, ou « *long staple upland* », est le plus résistant et le plus utilisé commercialement.

Les fleurs jaunes, crème ou roses du coton ressemblent à celles du somptueux hibiscus ou de la délicate rose trémière. Aujourd'hui, qui associerait l'image de draps de coton séchant à l'air à celle, plus sordide, des conditions de travail inhumaines imposées aux ouvriers des manufactures de coton ? Transformer un champ de coton en un drap de coton était absolument éreintant.

Tout commence par la tête du coton, avec sa capsule blanche et duveteuse qui émerge de la fleur, prête à libérer ses graines. Il fallait cueillir ces capsules et les entasser dans une besace. Le peintre américain Winslow Homer a immortalisé le procédé sur une toile de 1876, *The Cotton Pickers* [Les Cueilleuses de coton], qui mettait en scène deux superbes esclaves noires, à l'air absent, en train de remplir leur panier de capsules, perdues dans un champ de coton. Les capsules étaient alors égrenées sur une planche de clous afin de séparer la graine des poils longs et soyeux qui forment la soie (et le futur fil). Une fois débarrassée de ses impuretés, la soie était cardée

Chute des prix

♦

Lorsque la Seconde Guerre mondiale éclata en Europe, les collants pour femmes, surtout en soie, comptaient parmi les articles les plus prisés du marché noir. À la fin de la guerre, les collants en Nylon étaient devenus incontournables. En vingt ans, le prix des collants en Nylon, ainsi que ceux de tous les vêtements synthétiques, avait connu une chute phénoménale. On n'avait pas vu pareille chute de prix depuis celle du coton, au XIXe siècle.

(peignée) pour redresser les fibres, prêtes à être filées. Le fil obtenu pouvait ensuite être tissé.

La rencontre du vieux continent européen avec le nouveau monde américain, la maîtrise des marins portugais et espagnols sur l'océan Atlantique et leurs explorations américaines, et l'échange de plantes qui s'est ensuivi, ont contribué à changer le cours de l'histoire. On transformait toutefois déjà à petite échelle le coton en tissu des deux côtés de l'Atlantique. D'ailleurs, on fabriquait du coton à partir de plantes sauvages au Pérou et au Pakistan. La méthode de préparation du coton se serait étendue du Pakistan à la Chine, au Japon, à la Corée, puis vers l'Europe, où elle a atteint l'Espagne au VIIIe siècle. Six siècles plus tard, en arrivant au Mexique, l'explorateur espagnol Hernán Cortés avait constaté que les Aztèques disposaient depuis longtemps de leur propre industrie cotonnière. Les Indiens du Yucatán avaient même offert à Cortés une robe de cérémonie en coton incrustée d'or – peu avant que ses soldats ne commencent à leur tirer dessus…

Des filatures diaboliques

Le coton est resté une matière relativement coûteuse au cours des deux siècles suivants. Au XVIIIe siècle, les Européennes à la pointe de la mode affectionnaient les délicates robes de coton qu'elles faisaient venir d'Inde. Seules les privilégiées pouvaient bien sûr s'offrir un tel luxe. Un siècle plus tard, le prix du coton allait se faire plus raisonnable tandis que sa production allait décupler : l'industrialisation du coton était en marche ! La production de masse venait de débuter dans ce que le poète anglais William Blake appelait « les sombres filatures sataniques ». L'Angleterre était en effet devenue leader dans la confection d'étoffes et tissait des milliers de ballots de coton importé d'Inde, du Surinam et de Guyane (signe que l'industrialisation n'était pas partout la bienvenue). Richard Arkwright, un industriel qui n'hésitait pas à s'emparer des idées des autres, avait construit plusieurs filatures, chacune présentée comme une merveille technologique. Les fabriques de coton étaient vulnérables aux incendies et beaucoup sont ainsi parties en fumée. Chaque nouvelle filature promettait aux tisseurs de coton une place dans l'usine. Un apprenti originaire de Nottingham, Ned Ludd, avait mené des révoltes contre des hommes comme Arkwright, mettant le feu aux fila-

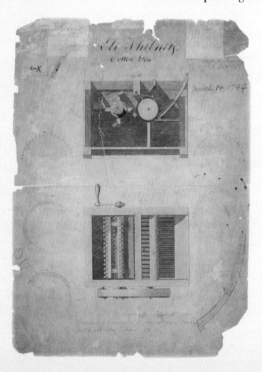

Capitaine d'industrie
Ce métier à filer a été conçu par l'ingénieur américain Eli Whitney Jr. en 1794. Grâce à son invention, Whitney est considéré comme l'un des acteurs majeurs de la révolution industrielle.

COTTON COUNTRY
Aquarelle de la filature britannique McConnel & Company à Manchester, en 1913. En raison de son importante concentration de filatures de coton, Manchester avait hérité du surnom de « cottonopolis ».

tures ou « sabotant les machines » (à prendre au sens littéral puisque les contestataires laissaient tomber des sabots de bois dans les machines, provoquant les dégâts qu'on imagine). Ces rébellions avaient pris le nom de « Luddites », en référence à notre meneur.

Autant de coups d'épée dans l'eau... Dans les années 1760, un autre Britannique, James Hargreaves, inventa une ingénieuse machine à filer qui pouvait être actionnée par une seule personne, tout en filant plusieurs fils simultanément. Pas en reste, Arkwright avait élaboré sa « Water-Frame », un métier à filer hydraulique. Un peu plus tard, Samuel Crompton perfectionna encore le procédé, en inventant une machine capable de filer un millier de fils à la fois. Pendant ce temps, en Amérique, Ely Whitney avait breveté un engin qui allait considérablement réduire la main-d'œuvre requise pour extraire les graines de coton. Les profits issus de la production cotonnière apportèrent indubitablement de l'eau au moulin de la révolution industrielle. La Bourse de Londres ne s'est-elle pas par ailleurs initialement appuyée sur les deniers générés par le roi coton ?

Aux États-Unis, les champs de coton avaient pris un essor considérable à Jamestown, en Virginie, mais aussi à la Barbade et dans les îles Exumas, aux Bahamas. Plus la demande en coton progressait, plus les concepteurs rivalisaient d'ingéniosité pour perfectionner les machines, et plus les cultures de coton prenaient de l'ampleur. L'Angleterre a vu débarquer sa première balle de coton américain en 1784, à Liverpool. Pendant que les autorités s'interrogeaient sur sa légitimité, le

CHANT DE COTON
✦
Remontez la bobine,
Remontez la bobine ;
Tirez, tirez,
Clap clap clap.

Ces comptines étaient encore chantées dans les maternelles britanniques, bien après la révolution industrielle – preuve de l'importance de cette période en Angleterre. De l'autre côté de l'Atlantique, la révolution industrielle avait eu un impact plus profond sur la musique populaire des XXe et XXIe siècles, notamment grâce aux chansons de jazz et de blues, comme *The Boll Weevil*.

PROFIT À COURT TERME
L'essor économique du coton s'est en grande partie appuyé sur l'esclavage. Lorsque le commerce des esclaves a commencé à s'essouffler, la production de coton a donc suivi la même tendance.

coton pourrissait sous la pluie. En 1861, l'Amérique exportait plus de quatre millions de balles par an en Grande-Bretagne ! Le coton était en train de tuer le sol. Les terres de Géorgie étant sérieusement affectées par la culture intensive du coton, les cultivateurs se sont tournés vers l'ouest, et notamment la Louisiane, l'Arkansas et le Texas, puis, dans les années 1880, le nord du Mississippi. Ces régions appartenaient aux Amérindiens, qui n'ont pas fait le poids face au lobby du coton… Ils ont donc été spoliés et contraints à l'exil.

Essor et chute de l'esclavage

Le coton étant devenu la plus importante exportation américaine, l'esclavagisme a connu une envolée spectaculaire. En 1855, environ une personne sur deux en Amérique latine était un esclave noir africain. On estime que 3,2 millions d'entre eux travaillaient dans les cultures de coton, de tabac ou de canne à sucre. Ils formaient une « sous-caste » et la base d'une pyramide économique instable. On retrouvait au-dessus d'eux les contremaîtres et les propriétaires des plantations, puis les investisseurs et les actionnaires de banques nord-américaines et britanniques qui avaient prêté de l'argent pour acheter encore plus de terrain et d'esclaves. Lorsque le système s'est effondré, seuls ces derniers s'en sont sortis.

Dopée par les nouveaux médias, l'opinion publique a finalement pris partie contre l'esclavage, provoquant un véritable krach. En 1855, le Sud des États-Unis produisait presque 900 millions de kilos de coton (contre 47 millions cinquante ans plus tôt). Industrialisé, le Nord préférait exporter des produits finis que de la matière première vers l'Angleterre. La frontière géographique entre le Nord et le Sud des États-Unis avait pris une tournure socio-économique, avec d'un côté l'industrie et la manutention et, de l'autre, l'agriculture et les esclaves. « Le coton est roi », avait déclaré le sénateur de Caroline du Sud, James Henry Hammond, en parlant d'économie. Si le coton était véritablement un roi, alors ses sujets, les esclaves, se mouraient à ses pieds…

> **Lorsqu'un nouveau venu, destiné à [cueillir le coton], est envoyé pour la première fois au champ, il est sévèrement fouetté, puis formaté pour cueillir le maximum de coton. […] Et il n'a droit à aucune pause jusqu'à ce qu'il fasse trop sombre pour y voir.**
> *Solomon Northup*, Douze années d'esclavage, *1853*

En avril 1861, les soldats confédérés du Sud, hostiles aux positions antiesclavagistes de Lincoln, s'en prirent aux forces de l'Union. C'est ainsi que commença la guerre de Sécession. Lincoln, qui allait être assassiné quatre ans plus tard par un sympathisant du Sud, avait appelé des volontaires. Pendant ce temps, les sept États de la Confédération avaient été rejoints par quatre États du Sud. Le décor était planté pour une guerre civile des plus sanglantes. Les États-Unis ont archivé toute leur histoire – aucune autre nation n'était assez jeune pour conserver tous les détails de son passé. Elle n'a pas dérogé à la règle pour sa propre guerre civile, et d'innombrables documents relatent le destin des 600 000 victimes de ce conflit.

Malgré les premières victoires des Sudistes, comme celle de « Stonewall » Jackson, les États industrialisés du Nord disposaient d'une puissance de frappe et d'une technologie supérieures. Après un blocus des ports du Sud, qui asphyxia les exportations de coton, le Nord sortit victorieux du conflit. À la reddition du commandant des Confédérés, Robert E. Lee, en avril 1865, le Congrès libéra tous les esclaves. La production de coton se tourna alors vers d'autres contrées, notamment la Chine et l'Afrique de l'Ouest, où le coton était cultivé depuis le XIXe siècle. L'Afrique de l'Ouest allait ainsi devenir le quatrième plus gros exportateur de coton du monde. L'économie du Sud des États-Unis avait été dévastée, car, même si les anciens esclaves avaient récupéré des parcelles de terrain, ils étaient trop pauvres pour les exploiter. La mécanisation et les pesticides chimiques sauvèrent finalement l'industrie cotonnière américaine de la ruine. L'esclavage allait toutefois laisser des traces indélébiles dans le pays.

L'ANTHONOME DU COTONNIER

Si le coton est une matière naturelle, sa culture nécessite plus de substances chimiques qu'aucune autre. Aujourd'hui, le coton représente moins de 3 % des cultures mondiales tout en consommant près d'un quart des pesticides ! Les pesticides permettent de contrôler l'un des plus gros fléaux, l'anthonome du cotonnier. Ce coléoptère parasite les champs de coton américains depuis les années 1890. En trente ans, ce nuisible avait pris des proportions endémiques et coûtait 300 millions de dollars par an.

Tournesol
Helianthus annuus

Habitat naturel : sud-ouest des États-Unis et Amérique centrale.

Type : annuelle.

Taille : 2,4-4,6 m.

✦ **Comestible**
✦ Curative
✦ **Commerce**
✦ **Industrie**

Le tournesol a d'abord été cultivé par les Amérindiens, puis exporté en Europe, hybridé en Russie, avant de revenir aux États-Unis, rapportés par des fermiers mennonites (chrétiens protestants) fuyant les pogroms. Pendant que le tournesol devenait l'une des principales sources d'huile sans cholestérol, un artiste, interné dans un asile français, en peignait, modifiant à jamais le paysage artistique mondial.

Le présent d'or de Staline

Les peuples amérindiens furent les premiers à cultiver le tournesol. Les graines du « grand soleil » comptaient parmi les aliments saisonniers les plus importants des Amérindiens qui, il y a deux ou trois millénaires, moulaient les grains pour en faire une farine. Ils considéraient la tête charnue du tournesol comme un légume. Célèbres pour leurs peintures corporelles, leurs étoffes et leurs poteries colorées, les Indiens Hopi avaient appris à extraire des teintures (bleu, noir, mauve et rouge) des graines de tournesol. Ils utilisaient aussi la feuille fibreuse, ainsi que la tige pour tisser textiles et paniers.

Les médecins indiens avaient par ailleurs découvert les propriétés médicinales de la plante et utilisaient le tournesol en onguent cicatrisant pour les coupures et autres blessures, et même pour traiter les piqûres d'insectes et les morsures de serpent. On comprend pourquoi les Aztèques vouaient un véritable culte au tournesol.

En 1510, des graines de tournesol américaines ont été exportées en Espagne et, à la fin du XVIIe siècle, en Russie. Empereur de Russie entre 1682 et 1725, Pierre le Grand a été l'architecte de l'État russe émergeant. À l'âge de 25 ans, il avait visité l'Allemagne, la Hollande, l'Angleterre et Vienne, où il avait glané toutes sortes d'informations et d'idées dans différents domaines, de la construction de bateaux à l'agriculture. C'est d'ailleurs lui qui aurait ajouté des graines de tournesol aux cargaisons d'échantillons qu'il avait envoyées à Moscou. Peu de temps après, les paysans russes se délectaient de graines de tournesol grillées et salées et pilaient la plante pour en extraire son huile. Il faudra attendre quatre-vingts ans avant que les Russes apprécient pleinement le potentiel commercial de ce petit présent d'or. Quoi qu'il en soit, au XIXe siècle, des champs d'héliotropes (voir encadré) ponctuaient de jolies touches jaunes les immenses prairies de blé. Dès les années 1930, Joseph Staline avait demandé aux chercheurs agronomes de perfectionner la plante. Vingt ans plus tard, les Russes ont ainsi pu cultiver des tournesols géants de plus de 30 centimètres de diamètre, desquels on pouvait extraire jusqu'à 50 % d'huile. Si, à la fin du XXe siècle, l'Argentine est devenue un acteur majeur dans la culture du tournesol, les nations de l'ex-URSS ont continué à dominer la production mondiale, aux côtés de la Chine et de l'Amérique.

Trésor caché
La grosse tête du tournesol abrite une multitude d'inflorescences. C'est en dessous que se trouvent les fleurons porteurs de graines.

La tête de tournesol se compose de deux types de fleurs : des fleurs extérieures jaunes (parfois rouges) et des fleurs centrales noires (qui vont se transformer en coussinets de graines oléagineuses pauvres en acides gras saturés). La présence de ces petites inflorescences place donc la cinquantaine d'espèces *Helianthus* dans la famille des composées/astéracées (marguerites) qui comprend elle-même vingt-trois mille à trente-deux mille espèces. Même si la robuste tige et les feuilles ovales ont leur utilité (par exemple dans l'alimentation pour oiseaux ou la pâtisserie), c'est de la fleur, nourrie par le soleil, dont on extrait l'huile. L'huile de tournesol est ensuite utilisée dans la margarine, les sauces, les fritures, et même les savons et les vernis.

Les tourteaux résiduels, ainsi que les tiges et les feuilles de la plante, sont réservés à la nourriture du bétail et de la volaille, tandis que les matériaux fibreux sont destinés au papier. Un inventeur a découvert que la tige possède une gravité plus faible que celle du liège et a donc utilisé le tournesol pour confectionner des ceintures de sauvetage et autres bouées. Les rescapés du naufrage du *Titanic* en 1912 peuvent remercier leur bonne étoile, mais aussi le tournesol !

Génie et tragédie

Vingt-quatre ans plus tôt, alors que le tournesol continuait à être exploité à des fins commerciales, un artiste,

L'HÉLIOTHROPE DE LA CONFUSION

✦

Le nom italien du tournesol, *girasole* (en anglais, *sunflower*, « fleur du soleil »), se réfère à l'héliotropisme de la plante. Elle suit en effet le soleil de la tête pour en être inondée. Le terme *girasole* a certainement induit un malentendu sur un autre membre de la famille, l'artichaut de Jérusalem (ou topinambour) (*Helianthus tuberosus*), qui n'est ni un artichaut, ni originaire du Moyen-Orient. Pour les colons américains, le topinambour avait un peu le goût de l'artichaut et « Jérusalem » est simplement une déformation de *girasole*.

ART MODERNE
La toile de Van Gogh, *Vase avec quinze tournesols* (1888), fait partie d'une série de tableaux à la gloire des tournesols que le peintre affectionnait tant.

> **Tu dois savoir que la pivoine appartient à Jeannin, la rose trémière à Quost, mais que le tournesol reste à moi.**
> *Vincent Van Gogh, dans une lettre de 1889*

aux prises avec une dépression chronique, avait jeté son dévolu sur un vase de tournesols. Il avait écrit à son frère Théo : « Je m'y adonne corps et âme, et je peins avec le même enthousiasme qu'un Marseillais devant une bouillabaisse. Ce qui ne devrait pas te surprendre lorsque tu sauras que je suis en train de peindre des tournesols. » Il avait prévu de produire une douzaine de toiles en bleu et jaune, puis de les accrocher dans la Maison jaune d'Arles – demeure de son ami, Paul Gauguin. Vincent Van Gogh avait travaillé sur ces tableaux avec d'épais pinceaux, dans un style empâté, qui ont donné aux fleurs une structure tridimensionnelle. Les fleurs semblaient d'ailleurs presque sortir de la toile ! « J'y travaille chaque matin, dès l'aube, car les fleurs se fanent si vite », se plaignait Van Gogh, à propos de ses toiles, qui allaient passer à la postérité. Van Gogh souffrait depuis longtemps de dépression chronique. Juste avant de se donner la mort, il s'était querellé avec Gauguin : armé d'une lame de rasoir, il s'était jeté sur lui en pleine rue ! Gauguin avait réussi à le tenir en respect, et Van Gogh s'était alors enfui, s'automutilant, en se coupant un morceau d'oreille. Il existe une autre version de l'affaire : les deux hommes se seraient battus et, dans la bagarre, Van Gogh aurait été blessé.

L'artiste est né en 1853, à Groot-Zundert, en Hollande. Son père était pasteur dans l'Église réformée hollandaise, et le peintre est resté toute sa vie un protestant convaincu. Pendant un temps, Van Gogh songea à ouvrir une galerie d'art, comme son oncle avant lui. Il s'était même retrouvé derrière le comptoir de la galerie Goupil à La Haye en 1869, puis à Londres en 1873, et Paris, mais il avait perdu son poste en 1876. Il avait également perdu un poste d'enseignant suppléant en Angleterre et un autre à Dordrecht, aux Pays-Bas. C'est à cette époque qu'il avait commencé à fréquenter un groupe d'artistes parisiens, dont Henri de Toulouse-Lautrec. En 1885, Van Gogh découvrit les eaux-fortes japonaises. Ces « japonaiseries » lui avaient beaucoup plu et l'avaient incité, à l'instar de Monet (voir Bambou, p. 18), à réévaluer sa direction artistique et abandonner tous les « bruns [...] bitume et bistre », ainsi qu'il l'avait écrit dans une autre lettre à son frère Théo. Trois ans plus tard, il partit pour Arles, dans le sud de la France : « Même si ce séjour dans le Sud est plus coûteux, je me dis : j'aime la peinture japonaise, je ressens son influence, comme tous les impressionnistes, du reste ; alors pourquoi ne pas aller au Japon, ou plus exactement l'équivalent du Japon, c'est-à-dire le Sud ? » expliquait-il à Théo. La migration vers le sud ensoleillé avait soulagé sa dépression lors de ses derniers étés, alors qu'il s'attachait à capturer l'essence de ses tournesols bien-aimés. « Je travaille à présent sur la quatrième toile de tournesols. Cette quatrième toile représente un bouquet de quatorze fleurs – un effet très singulier. » Avec l'arrivée de l'hiver, la dépression avait repris le dessus. « J'ai toujours l'impression d'être un voyageur en partance. À la fin de ma carrière, j'aurai eu tout faux : je m'apercevrai que l'art, et même tout le reste, n'est finalement qu'illusion », avait-il écrit dans une de ses dernières lettres à Théo.

Le 27 juillet, Vincent Van Gogh s'est tiré une balle dans la poitrine. Il est mort deux jours plus tard, chez lui, près de ses toiles aux tournesols. Un siècle plus tard, son *Vase avec quinze tournesols* a été adjugé chez Sotheby's, à Londres, pour 40 millions de dollars (29 millions d'euros).

Tartine de tournesol

+

Il existe toutes sortes de margarines. Ces ersatz de beurre ont été inventés en 1869 par un chimiste français, spécialisé dans l'agroalimentaire, Hippolyte Mège-Mouriés. Il baptisa son invention en s'inspirant du mot grec *margaron* qui signifie « perle », en référence aux « perles d'huile » produites au cours du processus de fabrication. Aujourd'hui, on trouve aussi des margarines à base d'huile de soja, de palme, de colza, de noix de coco, de cacahuète, d'olive, de maïs et de coton. Toutes ces margarines estampillées « naturelles » sont cependant colorées par l'adjonction d'autres plantes, comme de la carotte, des fleurs de calendula, ou encore du rocou, un arbuste tropical américain, *Bixa orellana*.

Une culture commerciale
Au palmarès des huiles les plus populaires, le tournesol arrive en quatrième position (derrière le soja, la palme et le colza). L'Argentine, la Russie et l'Ukraine sont les trois plus gros producteurs.

Caoutchouc
Hevea brasiliensis

Habitat naturel : Amérique du Sud.

Type : arbre des forêts tropicales.

Taille : jusqu'à 42 m.

+ COMESTIBLE
+ CURATIVE
+ **COMMERCE**
+ **INDUSTRIE**

Les années 1970 ont vu apparaître le sida, qui emporta 20 millions de personnes entre 1981 et 2003 (laissant 12 millions d'enfants orphelins) en Afrique subsaharienne. En 2008, le sida a fait 1,4 million de victimes supplémentaires. Pour le combattre, les professionnels de santé ont eu recours à un matériau autrefois utilisé par les Mayas et les Aztèques : le « cahuchu ». Les préservatifs en caoutchouc – ou latex – à des fins prophylactiques et contraceptifs n'ont cessé de se démocratiser.

JEU DE BALLON

Si les préservatifs en latex n'existaient pas dans les anciennes civilisations d'Amérique du Sud, « l'arbre qui pleure » était connu et très utilisé. Les gens enduisaient leurs plantes de pied de la substance collante qui en coulait pour les garder au sec et les protéger des mycoses. Les Mayas récoltaient la résine laiteuse et la moulaient dans une sphère. Ils jouaient avec cette balle artisanale, la faisant rebondir ou la lançant à travers un anneau de pierre sculpté. Personne ne sait exactement quand les Amérindiens ont découvert le caoutchouc mais, à l'arrivée des Espagnols en 1500, ils incisaient déjà l'écorce de l'arbre sauvage pour en récolter la sève

dans des gourdes séchées. Les Indiens utilisaient aussi une balle d'argile souple qu'ils attachaient à l'extrémité d'un bâton, avant de la plonger dans une cuve de latex. La sève collectée sur l'argile était ensuite doucement chauffée jusqu'au durcissement du latex. Le moule en argile était alors lavé pour obtenir une balle de caoutchouc creuse.

Le mot autochtone « cahuchu » a servi de base aux noms d'autres cultures, comme en français, *caoutchouc*. En anglais, *rubber* (« caoutchouc », mais aussi « gomme ») vient d'une autre source : le docteur Joseph Priestley. Il avait découvert que les boules de latex effaçaient les marques de crayon à papier. Il suffisait de *rubber* (« frotter ») pour que

> **J'ai découvert la substance idéale pour effacer les marques laissées par un crayon à mine de plomb.**
> *Docteur Joseph Priestley (1733-1804)*

les marques de crayon disparaissent. Dès les années 1770, les petits cubes de « caoutchouc indien » servaient de gommes à effacer. Peu de temps après, des plaques de caoutchouc ont été commercialisées et utilisées comme étoffes imperméables. Elles présentaient un inconvénient de taille : le caoutchouc se relâchait et devenait moite avec la chaleur. Il n'avait d'ailleurs pas les faveurs des cochers et des postillons. En tout cas, jusqu'à ce que Charles Macintosh invente un ingénieux « sandwich » de tissu et de caoutchouc. Macintosh est mort en 1843 après avoir breveté sa découverte et donné son nom aux imperméables anglais, qui ont changé la vie de toute une génération de cochers londoniens.

La robe de latex de M. Merriman

L'histoire d'*Hevea brasiliensis*, ou Pará, non comestible, est marquée par de singuliers personnages comme Macintosh, mais aussi comme Charles Marie de la Condamine, qui a écrit le premier article scientifique sur le latex en 1775. Condamine s'est brouillé avec ses collègues durant une expédition au Pérou. N'ayant pas les moyens de rentrer en France, il s'est embarqué pour la première expédition scientifique amazonienne et a fait plusieurs découvertes – le quinquina contre la malaria, la pêche aux flèches empoisonnées et l'emploi du latex – qu'il a rapportées en France.

Deux Américains, Thomas Hancock et Charles Goodyear, ont également marqué leur époque. Ils ont eu l'idée de faire subir au latex naturel un traitement mêlant soufre, oxyde de plomb et chaleur. Comme toute matière végétale, au fil du temps, le caoutchouc se putréfie. Goodyear et Hancock ont découvert comment le transformer en un matériau plus flexible et durable. Ce processus a été baptisé « vulcanisation » en référence à Vulcain, le dieu romain qui forgeait des traits de foudre pour son père, Jupiter, à l'ombre de l'Etna. Grâce à la vulcanisation, de nouvelles applications ont vu le jour. Comme pour le plastique un siècle plus tard, usines, laboratoires et petits ateliers ont poussé comme des champignons, tandis que les industriels faisaient confiance au latex pour garnir leurs comptes en banque. Publié pour la première fois en 1874, le magazine *Cassell's Family* a mentionné une robe gonflable en latex inventée par un Américain. Cette « bouée de sauvetage destinée à tous ceux qui voguent sur les mers [...] a été testée en Angleterre par le capitaine Paul Boyton. [Elle est] principalement confectionnée [avec] du latex indien » et dispose d'une rame et d'un sac tractable rempli de provisions pour dix jours. Une hache est incluse,

> ## Les jardins de Kew
> ♦
> En 1759, un jardin botanique a vu le jour au sud de Londres, initié par William Aiton, qui avait fait ses classes au Physic Garden de Chelsea. L'arrivée à Kew de Joseph Banks, en tant que conseiller, dans les années 1770, a coïncidé avec un regain d'intérêt pour les collections horticoles. Après une phase de déclin, Kew avait repris sa place de chef de file des sciences botaniques à l'arrivée de son nouvel administrateur, Sir William Hooker, en 1841. Sous sa houlette, Kew est devenu l'un des plus importants jardins botaniques du monde.

Vulcanisation
Charles Goodyear et Thomas Hancock ont inventé un procédé qui rend le caoutchouc naturel plus souple et plus durable.

LA SAIGNÉE DU LATEX
La sève du caoutchouc se récolte en pratiquant une « saignée ». On incise l'écorce de l'arbre et on recueille dans un récipient le liquide visqueux qui s'en échappe.

« au cas où on aurait à se protéger contre des monstres marins féroces ou trop curieux. Personne n'aimerait faire naufrage [...] mais si le pire devait arriver, on aimerait tous disposer de cette nouvelle robe ». Ce ne sont pas les combinaisons de sauvetage qui ont déclenché la ruée vers le latex, mais l'automobile. Des milliers de personnes se sont pressées au premier Salon de l'automobile britannique, à Londres, en 1903, où ils ont pu admirer les voitures flambant neuves, montées sur des pneus en caoutchouc.

La ruée vers l'or blanc venait de commencer. Les agriculteurs brésiliens abandonnaient leurs exploitations pour aller « saigner » le « cahuchu » sauvage. Les arbres des bords des rivières étaient exploités – et les indigènes plus encore. Les barons du caoutchouc s'étaient approprié sans scrupule ces bordures fluviales et en tiraient des profits considérables. Les autochtones étaient asservis, expulsés ou assassinés. Les femmes étaient obligées de se prostituer et les hommes subissaient des mutilations les empêchant de procréer. Lorsque cette situation a été connue, de nouvelles sources de latex – avec des environnements plus humains – ont été recherchées.

PRÊT À ROULER
✦
Les premiers pneus en caoutchouc ont été montés en 1867. En 1888, un ingénieur écossais, John Dunlop, breveta le pneu de bicyclette. À partir de là, les pneus sont devenus indissociables du caoutchouc. Le latex possède des propriétés uniques : extrêmement robuste, il supporte les altitudes élevées et les températures négatives. Les pneus des avions peuvent être rechapés jusqu'à huit fois. Les frères André et Édouard Michelin ont eux imaginé des pneumatiques destinés aux wagons de train.

ET LE LATEX COLONISA LE MONDE

Il existe au moins deux mille plantes capables de produire du latex. En Union soviétique, le caoutchouc local était le pissenlit, dont on tirait du latex, jusqu'à ce que les chercheurs lui découvrent un substitut, le Sovpren. Le figuier banyan de Malaisie, *Ficus elastica*, exploité depuis le début du XIXe siècle, donnait aussi de bons résultats, mais il était difficile à cultiver.

Face à la demande croissante, les producteurs abattaient toujours plus d'arbres. Les ressources naturelles s'amoindrissaient et de gros efforts ont été déployés pour sauver le caoutchouc – ou tout au moins l'apprivoiser pour en tirer le maximum de profits. Clements Markham avait sollicité Sir Joseph Hooker, directeur des jardins de Kew, en Angleterre, pour qu'il dépêche un émissaire au Brésil, et récupère quelques graines du précieux caoutchouc. Markham avait déjà fait venir d'Amérique du quinquina et du cacaotier. *Hevea* n'était pas très bon voyageur : les spécimens rapportés en Angleterre mouraient en chemin et les graines ne germaient pas. Henry Wickham, un planteur britannique installé à Manaus (Brésil), une des plaques tournantes du caoutchouc, avait changé la donne en 1876. Wickham se plaisait à raconter qu'il avait sorti clandestinement ses graines brésiliennes, à la barbe des producteurs de caoutchouc. Étant donné qu'il avait exporté soixante-dix mille graines, chargées à bord d'un navire, la transaction avait dû être plus officielle qu'il ne le laissait entendre... Même si moins de 5 % de ces graines ont germé, elles ont suffi à produire trois mille semis d'*Hevea* – les premiers à être cultivés à l'étranger. Le caoutchouc avait quitté son berceau !

Les semis de Kew ont été expédiés dans des caisses de Ward (voir Ananas, p. 14) aux jardins botaniques de Peradeniya, près de Kandy (Ceylan, actuel Sri Lanka), où deux mille spécimens ont été plantés. D'autres ont été envoyés à l'Hortus Botanicus Bogoriensis hollandais de Java (Indonésie), ainsi qu'aux jardins botaniques de Singapour. C'est à Singapour, qu'un des hommes de Hooker, originaire de Kew, Henry James Murton, avait découvert un procédé de sélection et propagation, sans avoir recours à la germination. Son successeur, Henry Nicholas Ridley, avait, lui, résolu le problème des saignées rencontré avec les *Hevea* importés – la saignée des arbres pour récolter le latex semblait les condamner à une mort prématu-

GRAINES DE CONTREBANDE
Les jeunes arbres issus des graines exportées en cachette du Brésil (et qui ont germé aux jardins botaniques de Kew, en Angleterre) ont permis d'établir la première plantation d'*Hevea* en Asie.

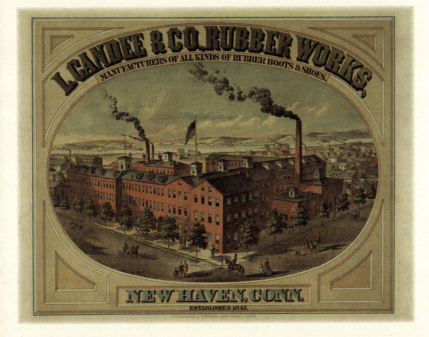

USINE DE LATEX
Face à la demande exponentielle de latex (on comptait en 1910 déjà plus de 2,5 millions de pneus sur les routes), l'industrialisation de la production de caoutchouc est devenue une nécessité.

Caoutchouc 101

Latex d'occasion
Pendant la Seconde Guerre mondiale, toutes les nations belligérantes incitaient leurs citoyens à céder des articles en caoutchouc pour participer à l'effort de guerre.

Covoiturage
Cette affiche d'après-guerre invite à économiser le caoutchouc – présage du covoiturage actuel, lancé pour lutter contre le réchauffement climatique.

rée. Henry Thwaites, le botaniste de Peradeniya qui avait introduit les semis de quinquina, avait fait de même avec ceux de caoutchouc. Thwaites ayant produit les arbres et Ridley ayant résolu les problèmes de saignée, la balle était dans le camp des planteurs.

À cette époque, aucun colon n'aurait pu imaginer qu'un véhicule à roues de caoutchouc allait remplacer les charrettes. En 1910, on comptait 2,5 millions de pneus sur les routes. Quatre-vingts ans plus tard, alors que les trois quarts de la production mondiale de latex étaient destinés à leur confection, on dénombrerait 860 millions de pneus ! Le caoutchouc était utilisé sur les avions supersoniques, mais aussi sur les sols ignifuges des usines de feux d'artifice et pour la contraception. Le caoutchouc est élastique, imperméable aux gaz, résistant aux courants électriques et aux frottements sur les surfaces humides. Le latex jouait un tel rôle stratégique, que pendant les deux guerres mondiales, les nations qui en manquaient avaient déployé des efforts considérables pour lui trouver des substituts. Si l'Allemagne avait inventé le « Buna » (un caoutchouc synthétique) pendant la Seconde Guerre mondiale, les États-Unis, eux, avaient incité leurs concitoyens à participer à l'effort de guerre en donnant leurs caoutchoucs usagés. « L'Amérique a besoin de vos caoutchoucs ! » pouvait-on lire sur un panneau, où il était précisé qu'un masque à gaz nécessitait 500 grammes de latex et un bombardier, plus de 800 kilos !

Au tournant du XXe siècle, la consommation galopante de pétrole, principale source de substituts caoutchouteux, suscitait de grandes inquiétudes. La pénurie annoncée de pétrole pressent un regain d'intérêt pour le latex naturel.

Au début du XXe siècle, les planteurs de Malaisie et de Ceylan ont été marqués par les mycoses pathogènes qui avaient décimé leurs plantations de café (voir Café, p. 54). Nombreux sont ceux qui hésitaient à se lancer dans une nouvelle culture. Henry Nicholas Ridley avait tenté de persuader les propriétaires blancs d'investir dans le caoutchouc, en vain. En revanche, un planteur chinois, Tan Chay Yan, a cru au latex et en a planté 1,6 hectare à

Bukit Bintang (Malaisie), en 1896. Les nouvelles plantations ont lancé l'industrie malaise du caoutchouc, au détriment des forêts et de la biodiversité. Tan Chay Yan a entraîné d'autres planteurs sur sa voie, et la production mondiale de latex a déserté le Brésil au profit de l'Asie du Sud-Est.

Il existe un autre rebondissement dans l'histoire du caoutchouc. Devant le succès des plantations d'*Hevea brasiliensis*, les cultivateurs brésiliens ont tenté, eux aussi, l'aventure. Malheureusement, l'arbre refusait de prendre, victime de mycoses. Les champignons pathogènes étaient endémiques au Brésil, mais il est intéressant de constater que dans la nature, leur impact était beaucoup moins important.

Fordlandia

Dans un élan philanthropique, les industriels conçoivent de nouvelles communautés supposées profiter aux ouvriers, mais surtout aux instigateurs du projet. John Cadbury avait tenté l'expérience avec Bournville (voir Cacao, p. 184) ; le quaker irlandais John Richardson avait construit des habitations « idéales » pour ses ouvriers des filatures de lin de Bessbrook (Irlande du Nord) ; et Titus Salt avait imaginé un village destiné à ses ouvriers dans le nord de l'Angleterre, poussant la vanité jusqu'à le baptiser de son propre nom.

Le projet de Ford, Fordlandia, visait moins à améliorer le sort des ouvriers qu'à battre les Anglais à leur propre jeu. Lorsqu'il a découvert que les États-Unis importaient les trois quarts de leur caoutchouc et que les Européens contrôlaient le commerce asiatique, dictant donc les prix du marché, le magnat de l'automobile, Henry Ford, avait décidé d'investir dans une nouvelle plantation de caoutchouc à Boa Vista, dans la vallée du fleuve Tapajos (Brésil). Ford avait loué plus de 1 million d'hectares et avait renommé la plantation « Fordlandia ». Il avait également remplacé la forêt par une ville typiquement américaine et suffisamment de caoutchoucs pour répondre aux besoins annuels de deux millions d'automobiles. Entre 1928 et 1945, la compagnie Ford a investi 20 millions de dollars (14,7 millions d'euros) dans Fordlandia et un second projet voisin Belterra. La population de Fordlandia comptait 7 000 âmes, dont 2 000 ouvriers. Tous se plaignaient du style de vie américain qui leur avait été imposé (repas américains gratuits, cours de square-dancing...). Une fois de plus, c'est la mycose qui a eu raison du projet visionnaire de Ford. Et les deux plantations ont finalement été abandonnées.

Mort pour du caoutchouc

✦

En 1988, un « saigneur » de caoutchouc brésilien de 44 ans a été assassiné à Xapuri. Le meurtre n'était pas commun, à l'instar de sa victime, Chico Mendes. Mendes se battait pour sauver ses forêts et les défendait contre les bûcherons et les éleveurs. Dans les années 1960, le marché du latex avait connu une crise et les cultivateurs avaient vendu leurs exploitations aux éleveurs, dont les animaux et les cultures fourragères déboisaient le territoire. Les campagnes de Mendes en faveur de l'environnement, au Brésil et en Inde, ont conduit à la création d'au moins vingt réserves.

Orge
Hordeum vulgare

Habitat naturel : partout.

Type : céréale.

Taille : 1 m.

+ COMESTIBLE
+ CURATIVE
+ COMMERCE
+ INDUSTRIE

L'orge est l'amie des agriculteurs depuis des millénaires. Essentielle à l'homme et à l'animal, l'orge est une des principales céréales de notre planète. Dans un autre registre, l'orge est également l'ingrédient de base d'un puissant alcool : le whisky. C'est dans ce second rôle que l'orge a connu une histoire bien mouvementée…

L'AVÈNEMENT DE L'ORGE

Les premiers pas de l'agriculture ont été révolutionnaires. Les agriculteurs se concentraient alors dans une région allant de la Turquie à la Méditerranée orientale en passant par la Mésopotamie (du grec *mesos*, « milieu », et *potamos*, « rivière », en référence aux terres fertiles situées entre le Tigre et l'Euphrate), l'Iran et l'Irak. C'est là que se trouvait le berceau de la civilisation.

Personne ne sait qui étaient ces premiers fermiers ni comment ils se sont mis à cultiver des céréales. En tout cas, la transition vers la sédentarité, la culture de blé sauvage et d'orge et, plus tard, les plantations ordonnées sur des sols préparés, avaient permis l'installation de communautés villageoises et de villes prospères. Parmi ces villes, on comptait Çatal Hüyük (Turquie) et Jéricho, plus tard au cœur de querelles territoriales. Les fortifications qui les entourent laissent à penser qu'elles étaient autrefois déjà déchirées par les conflits. On a retrouvé des restes de grains d'orge, datant de sept mille ans avant J.-C., à Jarmo dans le nord de l'Irak, et dans tous les sites archéologiques d'anciennes fermes. L'orge était une céréale vitale, aussi bien pour l'homme que pour son bétail. Naturellement, la culture de l'orge allait se répandre à travers toute l'Europe, l'Asie et l'Afrique du Nord. L'orge, comme le blé, prolongeait l'espérance de vie (autour de 40 ans). La céréale a même redessiné les physionomies, car les gens devaient mastiquer davantage pour avaler la céréale. Les Grecs et les Romains

> Qu'il s'agisse de whisky, ou de scotch,
> Ou encore d'un breuvage plus fort,
> Il n'échoue jamais, même à forte dose,
> À stimuler notre pensée.
>
> *Robert Burns*, The Holy Fair, *1785*

Moisson d'orge
Des scènes comme celles-ci ont peu évolué depuis neuf mille ans, période à laquelle l'orge a été pour la première fois cultivée au Moyen-Orient. La culture de l'orge s'est ensuite répandue dans le monde entier.

préféraient la farine d'orge à celle de blé pour leur pain – c'est pourquoi la déesse Cérès porte une couronne d'orge et non de blé. En raison de sa faible quantité de gluten, l'orge n'était toutefois pas viable pour la boulangerie, et le blé l'a finalement emporté. L'orge possède également des vertus médicinales : les dentistes utilisent notamment un anesthésiant fondé sur une version synthétique d'un alcaloïde d'orge.

Personne n'a joué un rôle aussi important dans le maltage que Sir John Barleycorn. Le maltage consiste à faire germer des grains, puis à sécher les germes. Le « malt » ainsi obtenu est mélangé à de l'eau, brassé avec de la levure, puis mis en tonneau, pour fabriquer de la bière. On peut aussi faire du whisky. « Les Highlanders [d'Écosse] se régalent de whisky, un alcool malté, aussi fort que le genièvre, qu'ils dégustent en petites quantités, et sans le moindre signe d'ébriété », affirmait le romancier Tobias Smollett dans *L'Expédition de Humphry Clinker*. Et d'ajouter que le whisky était « un excellent remède contre les hivers froids, très féroces dans les montagnes. Je me suis même laissé dire qu'on le donnait avec beaucoup de succès aux nourrissons ». Nous étions en 1771. Deux siècles plus tard, le gouvernement écossais a chiffré ce que le whisky coûtait à la société, en termes de criminalité et de santé : 1,125 milliard de livres (1,33 milliard d'euros), soit 900 livres (1 067 euros) par adulte. Que s'était-il donc passé ? Et l'orge était-elle l'unique responsable ?

La plus vieille profession du monde

+

Le premier bâtiment jamais construit était certainement un temple ou une ferme. Étant donné que l'homme a d'abord besoin de nourriture et de chaleur avant de pouvoir s'adonner à un culte, la ferme devait être là en premier. Même si l'agriculture ne détient pas le titre de plus vieille profession du monde, elle pourrait le revendiquer. En cultivant leurs terres, les agriculteurs ont modelé le paysage. Le terme « ferme », du latin *firma* (salaire, loyer), n'est toutefois entré dans le langage parlé qu'au XVIIe siècle.

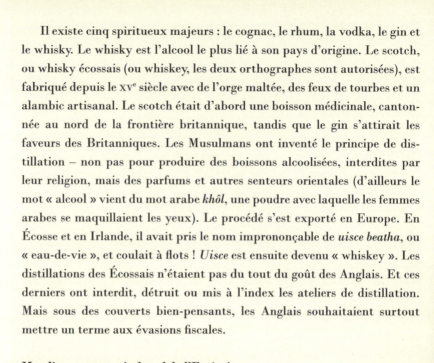

Il existe cinq spiritueux majeurs : le cognac, le rhum, la vodka, le gin et le whisky. Le whisky est l'alcool le plus lié à son pays d'origine. Le scotch, ou whisky écossais (ou whiskey, les deux orthographes sont autorisées), est fabriqué depuis le XVe siècle avec de l'orge maltée, des feux de tourbes et un alambic artisanal. Le scotch était d'abord une boisson médicinale, cantonnée au nord de la frontière britannique, tandis que le gin s'attirait les faveurs des Britanniques. Les Musulmans ont inventé le principe de distillation – non pas pour produire des boissons alcoolisées, interdites par leur religion, mais des parfums et autres senteurs orientales (d'ailleurs le mot « alcool » vient du mot arabe *khôl*, une poudre avec laquelle les femmes arabes se maquillaient les yeux). Le procédé s'est exporté en Europe. En Écosse et en Irlande, il avait pris le nom imprononçable de *uisce beatha*, ou « eau-de-vie », et coulait à flots ! *Uisce* est ensuite devenu « whiskey ». Les distillations des Écossais n'étaient pas du tout du goût des Anglais. Et ces derniers ont interdit, détruit ou mis à l'index les ateliers de distillation. Mais sous des couverts bien-pensants, les Anglais souhaitaient surtout mettre un terme aux évasions fiscales.

LA PROTESTATION DU WHISKY
Le scotch est devenu le symbole du bras de fer politique entre les Écossais et le gouvernement anglais au sujet des taxes, si élégamment dénoncées par le poète Robert Burns.

Maudites sangsues à cheval de l'Excise*,
Qui harcèlent les distilleries pour les taxer !
Les mains en l'air, Lucifer ! Un, deux, trois !
Allez, qu'on arrête ces chiens !
Et qu'on les envoie en enfer
Au nom des pauvres buveurs de whisky !
Au nom des pauvres buveurs de whisky !

Scotch Drink, *1785*
**Service des impôts*

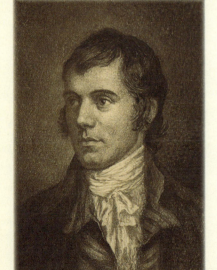

Comme on le voit, le poète écossais, Robert Burns, montrait autant de considération pour les percepteurs que les distillateurs. Ces derniers ont d'ailleurs clandestinement poursuivi leurs activités.

Dans les années 1830, on dénombrait sept cents interpellations liées à la fabrication illégale de whisky en Écosse. Quarante ans plus tard, on n'en a recensé qu'une demi-douzaine. À la même époque, une nouvelle méthode de distillation a vu le jour : la distillation continue. La distillation traditionnelle produisait un whisky de caractère, à la saveur distincte ; la distillation continue se voulait un équivalent mécanisé. Ce nouveau procédé distillait l'alcool de grain, mais sans la moindre interruption. Mélangé à du

whisky malté traditionnel, le breuvage passait alors pour un whisky « authentique ». La charte « qualité » élaborée par une commission royale en 1909 (le meilleur whisky était le « single malt », un whisky élaboré uniquement avec de l'orge maltée, distillé deux fois, et élaboré dans une distillerie écossaise) n'a pas dissuadé les distillateurs licites ou illicites de fabriquer un whisky puissant (alcoolisé à 40 %) depuis n'importe quel grain.

L'Amérique commençait déjà à abandonner son rhum brun traditionnel, à base de mélasse, lorsque les colons anglais et irlandais se sont lancés dans la distillation et le commerce de whiskys confectionnés avec de l'orge et du seigle maltés. Les distillateurs de Bourbon County, dans le Kentucky, produisaient du whisky de maïs pur, particulièrement apprécié des habitants de Pennsylvanie, très mécontents des taxes imposées dans leur État sur les alcools.

Les whiskys au seigle rencontraient un franc succès, mais le plus populaire restait le Kentucky Bourbon, vieilli dans des fûts neufs en chêne préalablement carbonisés (les Écossais utilisaient, eux, des barils dans lesquels avaient macéré d'autres spiritueux). Dans le Tennessee voisin, on préférait un whisky amer, fermenté avec des levures issues d'une fermentation antérieure, puis filtré dans des cuves « adoucissantes », avant d'être versé en fût et y mûrir. (Paradoxalement, dans cet État, il était interdit de vendre de l'alcool, mais pas de le fabriquer…) D'autres pays étaient également tombés sous le charme du whisky à l'orge, comme le Canada, l'Irlande et le Japon. Le Japon a ouvert sa première distillerie en 1923 et produisait un whisky fondé sur le scotch « single malt », avec de l'orge maltée et séchée dans des fours chauffés à la tourbe, pour lui conférer son arôme fumé, si caractéristique. Dans l'Ontario canadien, on a commencé à produire du whisky

WHISKY AMÉRICAIN
Le Tennessee avait imité son voisin, le Kentucky, en se lançant dans la distillation d'alcool. Même si la vente d'alcool était prohibée dans l'État, les détaillants d'alcool, comme celui-ci, dans l'État de Washington, faisaient fortune.

L'AVOINE ET LE SEIGLE

◆

L'avoine (*Avena sativa*) et le seigle (*Secale cereale*) ont été cultivés après le blé et l'orge. Ils ont toutefois joué un rôle important dans l'histoire de nos civilisations. À l'image d'autres plantes, l'avoine et le seigle ont d'abord été acclimatés localement avant d'être cultivés. L'avoine, en plus d'être une céréale cultivable dans les régions froides et humides du globe (elle se développe même après un été court et pluvieux), a également soutenu deux piliers de la révolution agricole : le cheval et le bœuf. Le seigle est plus récent et sa culture remonte à moins de deux mille trois cents ans, mais il occupe une place privilégiée en boulangerie.

Orge 107

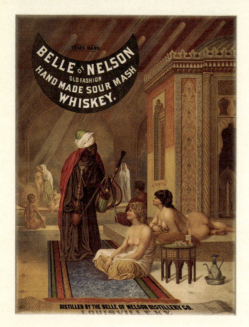

Suspicion
Publicité pour la Belle of Nelson Distillery Co., à Louisville, dans le Kentucky, datant de 1883 environ. La mauvaise influence supposée du whisky est un des facteurs qui ont conduit à la prohibition américaine, en 1920.

dans les années 1900, pour utiliser les importantes productions de céréales ; les fabricants avaient également recours à l'orge, même s'ils lui ajoutaient du seigle et du maïs dans le trempage.

Le whisky irlandais est au moins aussi ancien que le scotch écossais – voire plus vieux encore si l'on en croit les Irlandais, convaincus que le procédé de distillation avait été exporté d'Irlande vers les autres nations – dont la France – par des missionnaires irlandais au Moyen Âge. Les alambics des premières fermes laissent à penser que les spiritueux locaux étaient élaborés avec de l'orge, mais aussi avec toutes sortes de céréales disponibles alentour. Les breuvages vernaculaires abondaient, chacun typique de sa région. Ils étaient cérémonieusement fabriqués après les moissons automnales et, à l'image de l'eau-de-vie française, étaient appréciés avec modération – et cérémonie – comme apéritif ou remontant. Les Irlandais avaient inventé une eau-de-vie tirée de la pomme de terre et baptisée « poteen ». S'il existait bien certains distillateurs peu scrupuleux et négligents (ils travaillaient souvent sur des alambics ambulants de fortune afin d'échapper aux percepteurs des impôts), la plupart des fabricants de poteen (ou *poitín* en français) faisaient un fin travail d'artisan. À l'instar des autres spiritueux régionaux, comme l'eau-de-vie et le whisky, la poteen allait, elle aussi, être vilipendée pour sa dangerosité. Au XIXe siècle, son industrie a subi le même sort que les distilleries indépendantes irlandaises, à savoir la fermeture. En réalité, la prohibition exercée par les Anglais était avant tout une question de gros sous.

La prohibition

Il y avait encore plus répréhensible : asservir les populations indigènes à des spiritueux bon marché. Au Canada, en Amérique et en Australie, les autochtones avaient réellement été empoisonnés par ce que les Américains avaient surnommé « eau de feu ». Au Canada, un prêtre du XVIIe siècle, père Chrétien LeClerq, avait vigoureusement condamné la « lasciveté, l'adultère et l'inceste » de ses ouailles, « tristes conséquences du commerce du cognac ». Le cognac était inférieur aux spiritueux français que les trappeurs nord-américains vendaient aux Indiens – qui, eux, n'avaient jamais distillé d'alcools forts. Même si les gouvernements canadien et américain ont dénoncé et interdit ce commerce, les prohibitionnistes se sont emparés de cet épisode pour leur croisade contre l'alcool du début des années 1900. Leurs récriminations étaient nombreuses : le whisky corrompait les jeunes, du bon grain était gâché alors qu'il aurait pu servir à nourrir les nécessiteux, pis encore, les distillateurs étaient des immigrants allemands. Sous la pression des églises rurales et fondamentalistes, du puissant lobby féministe, et de la profession médicale, le Congrès américain a banni l'alcool en 1920.

La répression des petites distilleries artisanales européennes n'avait aucune mesure avec la prohibition exercée sur le territoire américain. Il a fallu attendre 1933 pour voir son abolition. Comme le dit la chanson, John Barleycorn avait remporté la guerre !

Le petit Sir John et son chapeau melon
Tel un preux chevalier, a été le plus fort ;
Car le chasseur ne peut pas chasser,
Ni même souffler dans sa corne,
Pas plus que le chaudronnier ne peut réparer ses bouilloires et ses marmites,
Sans l'aide d'un petit John Barleycorn.

> ### Plantes invisibles
> ♦
> Les levures sont des champignons. Elles jouent un rôle de catalyseurs dans la fabrication de l'alcool depuis le début des civilisations. Dans certains cas, on les prélevait dans les dépôts des fûts d'un brassage antérieur. Elles étaient aussi utilisées en cosmétique et en remède contre les problèmes cutanés au temps des Romains. Si les levures sont connues et employées depuis plus de deux mille ans, il a fallu attendre les années 1830 pour que des chimistes français et allemands découvrent qu'elles sont composées d'organismes vivants, capables de produire de l'alcool au contact du sucre. Louis Pasteur a d'ailleurs détaillé le processus dans son ouvrage *Études sur la bière* (1876).

Le whisky au malt avait, lui, trouvé un allié de taille : Winston Churchill. Ce dernier avait donné des instructions claires à son ministre de l'Agriculture : « Pas question de réduire la production d'orge destinée au whisky. Le whisky met plusieurs années à se bonifier et représente une exportation précieuse et une source de revenus inestimable. »

Le whisky avait joué un rôle historique pendant la guerre, au moment où Churchill et le président Franklin Roosevelt préparaient l'invasion alliée en Europe. Il existait en effet quelques tensions et un manque de consensus entre les deux hommes, alors qu'ils mettaient au point, en 1944, les derniers détails du débarquement en France. Les forces alliées attendaient le signal pour traverser la Manche, mais plusieurs inconnues subsistaient. Les Allemands avaient-ils eu vent du projet ? Le mauvais temps allait-il compromettre l'opération d'atterrissage ? Au terme de onze heures d'entretien et d'un verre ou deux de whisky, les deux hommes étaient finalement parvenus à un accord. Le débarquement a été un succès, et le reste est de l'histoire…

Houblon
Humulus lupulus

Habitat naturel : Europe du Nord et Moyen-Orient.

Type : liane herbacée vivace.

Taille : jusqu'à 2 m.

+ **COMESTIBLE**
+ **CURATIVE**
+ **COMMERCE**
+ **INDUSTRIE**

Les brasseurs ont toujours su faire bon usage des « mauvaises herbes ». La reine-des-prés (*Filipendula ulmaria*) et la myrte (*Myrica gale*), par exemple, permettaient d'aromatiser et de conserver l'ale, cette bière anglaise à base de malt. Les fruits de l'alisier torminal, encore présents sur certaines enseignes de pubs, permettaient, eux, un brassage depuis l'époque romaine. Une meilleure connaissance du rôle du houblon dans la transformation de l'ale en bière allait contribuer à un plébiscite universel de la boisson dorée.

LE BRASSAGE

Pendant des siècles, le houblon a servi à fabriquer des teintures, du papier ou des cordages. Il a même été employé en médecine dans le traitement des troubles hépatiques et digestifs. Aujourd'hui, 98 % du houblon cultivé est destiné à la brasserie, pour conserver et aromatiser la bière. Proche du cannabis, *Humulus lupulus* est une liane qui sort de terre au printemps et s'enroule rapidement autour du premier support qu'elle rencontre. Le houblon est dioïque (du grec signifiant « deux ménages »), c'est-à-dire qu'il produit des plants mâles et femelles distincts. Le plant femelle produit des chatons qui, à floraison, deviennent des cônes couverts d'une résine odorante. Ces cônes sont récoltés, séchés, puis envoyés à la brasserie.

Dans la nature, le houblon se hisse sur une haie ou un arbuste pour chercher la lumière mais, en culture ou dans un jardin, les plants sont cultivés dans un humus riche et attachés à des tuteurs de fer ou de jute eux-mêmes fixés à un réseau de tuteurs aériens. Ces tuteurs reposent sur de hauts piquets de bois brut – en principe du châtaignier en raison de ses propriétés conservatrices. L'ensemble ressemble alors étrangement à une énorme cage à oiseaux. La culture du houblon prend fin à l'automne. Si aujourd'hui, la récolte du houblon est généralement mécanisée, jusque récemment, elle était effectuée par des travailleurs saisonniers. Profitant d'une rentrée d'argent supplémentaire et

Au sujet du houblon : en raison de son amertume, il empêche la putréfaction des boissons auxquelles il a été adjoint, et elles se conservent ainsi plus longtemps.

Abbesse Hildegarde de Bingen, Physica Sacra, *vers 1150*

LE SÉCHAGE DU HOUBLON
Une fois récolté, le houblon doit être séché en séchoir. Dans certaines régions, notamment dans le sud-est de l'Angleterre, ces séchoirs ressemblent à des tourailles.

du bon air de la campagne, les cueilleurs campaient près des fermes, dans des abris, des tentes ou des caravanes, et étaient rémunérés au rendement. Pendant que les hommes, perchés sur des échasses, coupaient les plants mûrs, leur famille récoltait les cônes de houblon dans des paniers en toile. Le houblon était ensuite séché dans des séchoirs (baptisés « tourailles ») avant d'être expédié, soigneusement rangé dans des sacs de jute ou « poches à houblon », au marché au houblon automnal. Le parfum résineux et entêtant s'emparait alors du marché et des rues avoisinantes, et se retrouve encore dans une pinte d'ale « authentique », c'est-à-dire brassée selon des procédés traditionnels. Comme l'avait écrit William Cobbett dans *Cottage Economy* (1821) : « Le houblon a deux emplois : préserver la bière et lui offrir une saveur plaisante. »

DE L'ALE À LA BIÈRE

La saveur houblonnée apparaît dans les dernières étapes du brassage, lorsque le brasseur ajoute le houblon à la bière. Le houblon joue aussi un rôle au début du brassage, lorsque les humulones naturelles de la plante se transforment en isohumulones, des substances chimiques qui stérilisent la bière et lui confèrent son goût amer. Afin de créer les conditions idéales pour la réaction chimique, le houblon doit être bouilli dans le « moût » du brasseur (un liquide malté) pendant environ une heure et demie. L'identité du brasseur qui a découvert, sans doute par hasard, ce singulier procédé

L'ALE ET LA BIÈRE
✦

Aujourd'hui, en Angleterre, et même en France, lorsqu'on parle d'ale, on pense bière. Or, au XIIe siècle, l'ale se préparait sans houblon, contrairement à la bière qui en contenait. Les Romains, eux, buvaient de la *cervesia*, ou cervoise, mot dérivé, comme la *cerveza* espagnole, d'une ale celte et du gallois *cwrwf*.

UNE PLANTE CONSERVATRICE
L'adjonction de cônes de houblon (*Humulus lupulus*) au brassage de l'ale la transforme en bière et augmente sa durée de conservation.

n'a jamais été révélée, mais, depuis, l'ale a cédé la place à la bière, telle que nous la connaissons actuellement.

Le terme « ale », de l'anglo-saxon *ealu*, était la boisson quotidiennement bue en Europe du Nord. Elle était fabriquée à partir d'orge maltée (grain germé et séché), puis aseptisée et aromatisée avec des épices et des herbes comme la reine des prés et le piment royal.

Une fois bouillie puis fermentée, l'ale était un breuvage sain, à la différence de l'eau souvent frelatée des puits de village. L'ale présentait toutefois un inconvénient de taille : elle ne se conservait pas très bien – surtout par temps chaud, où elle tournait rapidement. Le houblon, qui allait permettre de transformer l'ale, instable, en bière, plus viable, était originaire d'Europe et du Moyen-Orient. Les Égyptiens connaissaient déjà les vertus conservatrices du houblon et le fermentaient pour obtenir une boisson nommée *symthum*. Pourtant, ni les Égyptiens, ni les Sumériens (brasseurs d'ale accomplis), ni les Grecs, ni les Romains n'avaient eu l'idée de faire bouillir le houblon pendant exactement une heure et demie. Même s'ils y avaient pensé, personne n'aurait laissé reposer l'ale suffisamment longtemps pour s'apercevoir de la métamorphose.

Néanmoins, il est très vraisemblable que le héros inconnu du brassage de bière portait une tunique unie à capuche et s'affairait derrière les murs d'un monastère moyenâgeux quelque part en Europe centrale. Le corps ecclésiastique chrétien formait en effet de savants brasseurs, comme en témoigne un plan datant du IX⁰ siècle destiné à un nouveau monastère en Suisse – finalement resté à l'état de projet : on y distingue clairement trois cuisines, chacune dotée de sa propre brasserie attenante. En 736, le houblon a été pour la première fois associé à la bière dans les registres d'un monastère bénédictin de Weihenstephan, près de Munich (Allemagne). Trois siècles plus tard, à l'époque de l'établissement des premières universités à Paris et à Oxford, l'abbesse Hil-

UN PUISSANT BREUVAGE
Vers le milieu du XVI⁰ siècle, les Anglais se délectaient d'une bière brune, très forte. Sa popularité a décliné lorsque les brasseries ont lancé leurs ales plus légères.

LA CUEILLETTE DU HOUBLON
Initialement développée par des moines médiévaux, la culture du houblon s'est généralisée et développée à grande échelle. Et peu à peu, la bière est devenue plus populaire que l'ale traditionnelle.

degarde de Bingen avait relevé les propriétés bienfaisantes de la bière houblonnée dans *Physica Sacra*, écrit vers 1150. Née en 1098, Hildegarde (citée p. 110) est morte en 1179. Elle avait judicieusement ajouté qu'à défaut de houblon, le brasseur pouvait utiliser une poignée de feuilles de frêne comme conservateur.

À l'époque d'Hildegarde, les ordres religieux avaient offert des lettres de noblesse à la brasserie. Cette tradition brassière se perpétue au XXIe siècle, avec les bières fabriquées par les moines trappistes de Belgique et des Pays-Bas. En Angleterre, la maîtresse de maison fabriquait sa propre bière, alors que les moines s'occupaient de la production à grande échelle. Liés aux malteurs – les négociants en grains qui achetaient l'orge aux fermiers puis le faisaient germer et sécher –, les moines brassaient leur *prima*, *secunda* et *tertia melior* (littéralement leurs « premier meilleur », « deuxième meilleur » et « troisième meilleur » brassages). En Europe centrale, la production populaire de bières houblonnées

UN PRÉSENT DU DESTIN

Il existe plusieurs variétés de houblon destinées à la brasserie : Fuggles, Goldings, Pride of Ringwood, ou encore Eroica. « La plante originelle était une graminée anodine, apparue dans le jardin de M. George Stace, demeurant à Horsmonden, dans le Kent, en Angleterre », avait expliqué le professeur agronome John Percival dans son *Brewers' Journal* (Journal du brasseur) en 1902. « Et c'est en l'an 1875 que Richard Fuggle, originaire de Brenchley, en a présenté des spécimens au public. » Aujourd'hui, le houblon Fuggles représente environ 90 % du houblon utilisé pour parfumer et conserver la bière britannique.

avait pris le pas sur celle d'ales traditionnelles, et la demande en houblon connaissait un bel essor. D'ailleurs, cette partie de l'Europe – l'Allemagne en particulier – allait devenir le fief de la culture du houblon.

VICTOIRE DE LA BIÈRE

Le réseau monastique médiéval était un peu l'ancêtre des forums d'Internet. Dernières informations, nouveautés et commérages s'échangeaient grâce aux moines qui voyageaient d'un monastère à l'autre. La nouvelle bière houblonnée n'a pas tardé à se faire connaître aux Pays-Bas voisins – actuelles Belgique et Hollande – et dans le nord de la France. La *bière*, ainsi que la nommait le roi anglais Henry VI au XVe siècle, n'avait pas facilement traversé la Manche qui séparait les buveurs de bière européens des Britanniques, férus d'ale maltée. Le houblon avait beau être répandu en Angleterre, le pays restait circonspect sur son utilisation : n'allait-on pas gâcher de la succulente ale anglaise avec tout ce houblon « étranger » ? Mais rien ne pouvait entraver l'essor inexorable de la bière ; l'est et le sud de l'Angleterre, spécialisés dans la laine, abritaient de nombreux tisserands hollandais, nostalgiques de la bière de leur pays. La bière a donc d'abord été importée d'Europe avant d'être finalement fabriquée en Angleterre.

Le houblon se cultivait dans le Kent dès le début du XVIe siècle, même si, à l'époque de William Shakespeare, la bière houblonnée était bien

L'ale, mon gars, l'ale, c'est ce qu'il faut boire,
Quand on ne veut plus penser à rien.
A.E. Houseman, A Shropshire Lad, *1896*

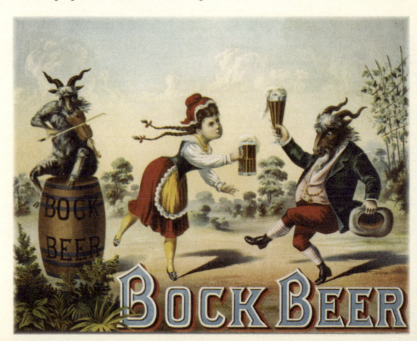

LE FIEF DU HOUBLON
Publicité pour la Bock Beer, vers 1882. Bière puissante, brassée pour des occasions exceptionnelles, la Bocks est née au XIVe siècle, dans une ville du nord de l'Allemagne, Einbeck.

LE PLEIN DE PROVISIONS
Départ de Plymouth en 1620 des Pères pèlerins américains, illustré par le peintre britannique Charles Lucy (1814-1873). Entre autres provisions, le *Mayflower* transportait du houblon, afin que les colons puissent brasser leur propre bière.

moins populaire que l'ale maltée. Les brasseurs d'ale avaient même persuadé de nombreux maires de bannir tout « frelatage » de l'ale avec du houblon, mais ils ne pouvaient plus rien contre le raz-de-marée houblonné. Les armées et les marins se nourrissaient de viande, de pain et de bière. À bord des navires, l'eau potable devenait rapidement saumâtre, les intendants prévoyaient donc toujours suffisamment d'ale ou de bière pour le voyage : environ un gallon (3,8 litres) par homme et par jour. Mais les équipages des vaisseaux de guerre, eux, embarquaient avec des barils d'ale traditionnelle, qui, à leur grand désarroi, tournait au bout de quelques jours. Au cours des XVIe et XVIIe siècles, les armées britanniques n'ont pas cessé d'être en guerre. La bière devint alors un moyen de se procurer des armes. En 1615, Gervase Markham écrivit dans *English Huswife* [Manuel de la ménagère] qu'il « ne s'agissait pas d'ajouter systématiquement du houblon dans l'ale, pour bien la différencier de la bière ». Il recommandait cependant l'adjonction « d'une demi-livre de bon houblon [...] à chaque fût de la meilleure ale ».

Lorsqu'en 1620, les « premiers pionniers », ou « Pères pèlerins », sont partis de Plymouth vers l'Amérique, leur navire, le *Mayflower*, contenait une large provision de bière et de houblon. Dès 1635, les nouveaux colons brassaient leur propre bière.

Trois cent soixante-dix ans plus tard, les Tchèques boivent plus de 156 litres de bière par an, juste devant l'Irlande, l'Allemagne, l'Australie et l'Autriche. Les États-Unis en consomment 81,6 litres par personne et par an, la Chine, 266 litres et la France, seulement 30 litres. La bière est un marché bien plus vaste que ne l'aurait jamais imaginé l'abbesse Hildegarde.

UNE BOISSON RÉCONFORTANTE
Les chopes de bière anglaises, remplies à ras bord du liquide doré et recouvertes d'un soupçon de mousse, se dégustent dans tous les pubs des îles Britanniques.

Indigo
Indigofera tinctoria

Habitat naturel :
Asie du Sud-Est.

Type : arbuste.

Taille : 2 m.

+ COMESTIBLE
+ CURATIVE
+ **COMMERCE**
+ **INDUSTRIE**

L'indigo et son rival, le pastel, ont été les deux fournisseurs de la teinture bleue, jusqu'à ce qu'une armée d'ouvriers vêtus de denim bleu en épuise les ressources naturelles. L'arrivée d'un substitut chimique a invité les Indiens à se libérer du joug britannique et a permis de financer les obus de la Première Guerre mondiale.

BLEU COMME L'INDIGO

Marco Polo (1254-1324) avait noté, en 1298, la présence d'un artisanat singulier et nauséabond près de ce qui est aujourd'hui la ville indienne de Kollam à Kerala : la production d'indigo. Toujours très utilisé aujourd'hui en Afrique de l'Ouest et en Asie, l'indigo (*nil* en hindi) était extrait en immergeant les feuilles de la plante dans l'eau. Une fois fermentées, les feuilles d'*Indigofera tinctoria* produisaient un colorant bleu brillant, l'indigotine. En raison de l'odeur pestilentielle de la fermentation d'indigo (certains procédés faisaient appel à de l'urine), les teinturiers étaient mis à l'index, mais la teinture est restée populaire pendant plus de quatre mille ans.

Les Grecs l'appelaient « teinture bleue de l'Inde » (*indikon*), soulignant l'importance des échanges commerciaux entre l'Orient et l'Occident (l'indigo était rapporté du nord de l'Inde à dos de cheval, suivant la route de la Soie). Pourquoi se donnait-on autant de mal pour rapporter de l'indigo en Europe ? En fait, les couleurs ont un code, du blanc virginal au noir funéraire. Le bleu représentait la richesse et continue de porter ce message pour les Touaregs du Sahara, le « peuple bleu », parés de leur chèche indigo. Le bleu évoque également l'authenticité et rappelle la condition éphémère de l'homme. C'est aussi la couleur apaisante du ciel et de la mer. Certains médecins holistiques s'en servent d'ailleurs pour ralentir le rythme cardiaque et abaisser la tension artérielle.

Le bleu symbolise aussi le travail. En dehors des uniformes militaires européens (les guerres étaient lucratives pour le commerce de l'indigo), l'industrialisation européenne et américaine du XIXe siècle a produit une classe moyenne et une classe ouvrière qui réclamaient des étoffes robustes pour les protéger des étincelles, des déchets, des machines et du sang : tout ce à quoi un ouvrier pouvait être confronté au cours d'une journée de travail. Du docker qui soulevait des bales de coton dans le port de New York au chargeur parisien qui enfournait du charbon sur le Lyon Express, les ouvriers et les ouvrières souhaitaient des vêtements résistants et bon marché. La demande pour les salopettes, les blouses, les combinaisons et, surtout, les jeans culminait. Les jeans étaient si convoités – et le sont toujours puisqu'un Américain moyen en possède au moins sept dans sa garde-robe – qu'ils menaçaient d'épuiser les sources naturelles de teinture. C'est pourquoi les chimistes ont cherché une source synthétique du colorant bleu, cinquante ans avant que le jeans ne devienne l'uniforme des matelots américains, en 1901.

Même si, qualitativement parlant, il n'égalait pas *Indigofera tinctoria*, son rival le plus notable était *Isatis tinctoria*, ou pastel. « Les Anglais, avait observé Jules César, se colorent avec du cristal, qui produit une couleur bleue », référence aux « individus peinturlurés » ou guerriers pictes qui s'enduisaient effectivement de pastel pour mieux effrayer l'ennemi. Les teinturiers français, notamment ceux du pays de Cocagne, ou « pays du pastel », étaient passés maîtres dans l'art de transformer le pastel en colorant bleu, utilisé pour teindre les tenues de travail des ouvriers. Au début du XVIIIe siècle, il existait déjà en Allemagne une teinture chimique, le bleu de Prusse, fabriquée à partir d'alun et d'os d'animaux. En 1856, un jeune Anglais, William Henry Perkin, qui s'était lancé à la recherche d'une version synthétique de la quinine en utilisant du goudron de houille, avait finalement découvert une teinture synthétique, la mauvéine. À cette découverte avait succédé la synthèse de l'indigo par le chimiste allemand Adolf von Baeyer, dans les années 1860, exploit qui lui valut le prix Nobel de chimie en 1905.

Le lancement des substituts industriels sur le marché de l'indigo dans les années 1870 a eu un effet catastrophique sur l'économie indienne. Au début du XXe siècle, la demande pour l'indigo naturel n'avait jamais été aussi faible. Cette situation a ravivé les tensions et incité les Indiens à se rebeller contre le Raj britannique. Ils obtinrent leur indépendance moins de cinquante ans plus tard. L'industrie chimique de teinturerie a continué à se développer en Allemagne. Les profits ainsi générés ont aidé à financer l'entrée en guerre de l'Allemagne en 1914.

Le ciel bleu est sorti de l'ombre, et la rosée
Estivale, offerte par la nuit,
Promet un matin inestimable.

John Keats, Sleep and Poetry, *1884*

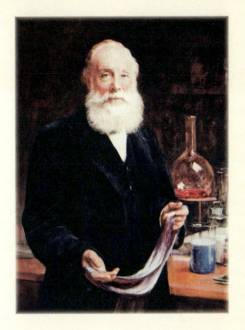

Teintures synthétiques
Sir William Perkin s'est retiré de l'industrie teinturière à l'âge de 36 ans, pour se consacrer à la recherche d'acides organiques.

Les couleurs de la terre

✦

La sœur terrienne de l'indigo est le henné, fabriqué à partir des feuilles de *Lawsonia inermis*. Avant la révolution des colorants chimiques du XIXe siècle, les teinturiers travaillaient avec une palette de plantes. Les Autrichiens utilisaient *Carthamus tinctorius* pour le rouge et le rose ; les Irlandaises cueillaient des lichens et de la mousse, et leurs voisines écossaises des bruyères pour préparer un jaune clair. Les Hollandais ont montré au reste de l'Europe comment cultiver la garance des teinturiers (*Rubia tinctorum*) et en tirer un superbe rouge.

Pois de senteur
Lathyrus odoratus

Habitat naturel :
Europe du Sud.

Type : annuelle grimpante.

Taille : 20 cm.

+ COMESTIBLE
+ CURATIVE
+ COMMERCE
+ INDUSTRIE

Cette fleur sauvage en a entêté plus d'un ! Si dans les années 1850, la popularité du pois de senteur était comparable à celle de la tulipe, il n'a pas marqué l'histoire comme son cousin germain, *Pisum sativum*, le petit pois. Grâce à lui, un moine bavarois a tout de même ouvert la voie à la génétique moderne et à la notion d'ADN.

UNE FLEUR SAUVAGE

Au printemps, les fleurs mauves parfumées de l'authentique pois de senteur sauvage embaument toujours les sentiers et les prairies méditerranéens, notamment ceux de Malte et de Sardaigne. Au XVIIe siècle, c'est en Sicile que le moine franciscain Franciscus Cupani remarqua une étrange variété de fleurs dans le jardin de son monastère de Palerme. Il s'agissait d'une élégante petite fleur bicolore dotée de pétales bordeaux violet et d'« ailes » magenta violet. Il récolta la graine et la replanta l'année suivante, découvrant que la fleur obtenue était identique à l'originale. Ravi, le père Cupani récolta de nouveau la graine et la replanta avec le même résultat. Trois ans plus tard, en 1699, il expédia des graines à un botaniste de l'école de médecine d'Amsterdam, le docteur Caspar Commelin. Les graines passèrent ensuite entre les mains d'un autre expert, le professeur Robert Uvedale, établi dans le Middlesex (Angleterre). Une nouvelle variété, blanche, apparut, suivie, peu après, d'une autre baptisée Painted Lady, rose et blanc.

Le nouveau « doux pois de senteur » commençait à être cultivé : « 15 avril. Ai replanté des maïs jaunes [...] pour remplacer ceux qui ne se sont pas développés. 16 avril. Ai semé, près du Brick Walk,

Voici les pois de senteur, prêts à s'envoler,
Sur la pointe de leurs ailes duveteuses,
Leurs doigts effilés capturant les corpuscules,
Et les éparpillant comme autant de petits anneaux.
John Keats, Endymion, *1818*

des amaranthes queue de renard, des pois Painted Lady, des delphiniums, des lupins jaunes et des doubles coquelicots. » Gilbert White, le pasteur de Selborne dans le Hampshire, mentionne le pois Painted Lady dans cet extrait de son journal datant de 1752.

UN POIS COMESTIBLE
Le pois de senteur n'est pas comestible et peut même être toxique s'il est ingéré en grande quantité. Un autre genre de la famille des fabacées – le petit pois (*Pisum sativum*) – est cultivé à des fins comestibles.

En 1793, très intéressé par cette reine des annuelles, un grainetier londonien de Fleet Street publia la première classification de pois de senteur. On y trouvait cinq variétés : l'originale bicolore violette, la blanche, la Painted Lady rose et blanc, la bordeaux et la rouge. Les horticulteurs cherchaient à faire de nouvelles mutations dans leurs propres jardins, et tentaient même la fertilisation croisée : « Les bourgeons sont pollénisés [*sic*] à la main avec le pollen d'une autre variété, au moyen d'une brosse en poils de chameau, d'une queue de lapin attachée à un manche de bois, ou de pinces pour retenir les étamines », expliquait un manuel de jardinage. L'horticulteur écossais, Henry Eckford, produisit cent quinze variétés de pois de senteur supplémentaires. Après avoir officié dans plusieurs grands domaines (il avait maîtrisé la culture des pélargoniums et des dahlias pour le comte de Radnor), il avait finalement obtenu la reconnaissance qu'il méritait et s'était vu décerner une médaille par l'Académie royale d'horticulture londonienne pour son pois de senteur Bronze Prince. Eckford se mit à son compte et ouvrit sa propre graineterie à Wem, dans le Shropshire (Angleterre), d'où il expédiait ses graines de pois de senteur aux quatre coins de la planète. Ses pois rencontraient notamment un vif succès en Amérique. Le pois de senteur réservait une autre surprise. Vers 1900, un épicier, un jardinier et un particulier découvrirent une nouvelle variété issue de Prima Donna, un des pois de senteur roses d'Eckford. C'est finalement Silas Cole, jardinier à Althorp – domaine historique de la famille Spencer –, qui la baptisa Countess Spencer [comtesse Spencer].

NAISSANCE DE LA GÉNÉTIQUE

Ce que tous ces jardiniers, du père Cupani à Silas Cole, avaient fait avec leurs pois de senteur préférés en les sélectionnant et en les croisant n'était rien d'autre que de la génétique, science encore confidentielle. Le jaune

GRAINES DE VIE

✦

La graine représente le stade ultime de l'évolution de la plante. Protégée par son enveloppe, elle traverse les continents grâce à l'air, la mer, les animaux, ou encore les intestins d'oiseaux, et revient à la vie lorsque les conditions lui sont favorables. Chaque graine est le plant parent de l'embryon et contient donc l'ADN nécessaire pour répliquer le parent.

fut la seule couleur qu'ils ne parvinrent pas à obtenir. La science de la sélection reposait sur les études les plus minutieuses de plantes et d'animaux, et les naturalistes amateurs, comme le révérend Gilbert White, en étaient bien conscients. Dans une lettre adressée en août 1771 à son ami Thomas Pennant, White s'interrogeait : qui était réellement qualifié pour s'acquitter des tâches de ceux qu'il appelait les « faunistes » ?

« Les faunistes, comme vous le remarquez, ont tendance à s'en tenir à de simples descriptions et quelques synonymes », avait-il indiqué. Il avait une explication : « Les recherches sur la vie et les conversations animales sont très complexes, et seuls ceux qui ont l'esprit actif et inquisiteur et résident en Angleterre peuvent s'y atteler. » Et de conclure : « Les systématiques étrangers » ne sont pas très crédibles et « bien trop vagues dans leurs conclusions ».

Dans son commentaire sur l'incapacité des « étrangers » à étudier correctement les plantes, Gilbert White avait oublié un peu vite les contributions d'Andrea Cesalpino. Né en 1519, Cesalpino avait étudié la botanique à l'université de Pise et publié en 1583 un ouvrage intitulé *De Plantis Libri XVI*, qui reprenait ses études sur les plantes et son système de classification fondé sur leurs organes reproducteurs. White allait également voir ses théories s'effondrer grâce au chaste et célibataire moine morave, Johann (plus tard Gregor) Mendel. Mendel avait changé son prénom en 1843, après avoir rejoint le monastère Saint-Thomas, situé en bordure du fleuve Svratka à Brünn, capitale de la Moravie (actuelle Brno en République tchèque). À Saint-Thomas, qui, par certains aspects, ressemblait davantage à une université qu'à un monastère, les moines étaient encouragés à l'érudition, la recherche et l'enseignement. Gregor Mendel s'y était attelé assidûment. Originaire d'un milieu agricole, il était naturellement très intéressé par la sélection animale et végétale – par exemple, comment une génération de poulets peut changer, s'adapter et, avec un peu de chance, produire une pro-

HÉRITAGE GÉNÉTIQUE
Étudiant le petit pois comestible (*Pisum sativum*), Mendel avait constaté que les spécimens purs produisaient des pois avec des traits identiques et constants, tandis que ceux issus des hybrides fluctuaient.

géniture capable de pondre de meilleurs œufs sans changer physiquement.

Mendel avait commencé par travailler sur des souris, mais lorsqu'un évêque, en visite au monastère, s'était offusqué des odeurs nauséabondes qui émanaient des quartiers de Mendel, le moine avait abandonné ses rongeurs au profit, non pas du pois de senteur, mais de son cousin germain, *Pisum sativum*, le petit pois. *Pisum* et *Lathyrus* font partie de la famille des légumineuses et ne diffèrent l'un de l'autre que par les styles et les étamines. *Pisum sativum* se cultivait avec consistance : des pois verts donnaient des pois verts, et des pois jaunes, des jaunes. Peu à peu, Mendel a compris que les traits s'héritaient indépendamment les uns des autres, par paires et de chaque parent. Il présenta ses travaux dans un journal scientifique six ans après la publication, en 1859, de l'ouvrage *De l'origine des espèces au moyen de la sélection naturelle* du naturaliste britannique Charles Darwin. Darwin expliquait que les plantes et les animaux évoluent au fil du temps et que la sélection naturelle concourt à la survie des plus aptes. Son livre avait fait fureur, car il impliquait que l'homme faisait, lui aussi, partie d'une évolution, et n'était donc pas le maître naturel de l'Univers, créé par un Dieu bienveillant. Si les conclusions de Darwin ont déclenché des torrents de mépris et de moqueries – et surtout un débat profond – les travaux de Mendel ont été totalement ignorés. L'éminent botaniste suisse, Carl von Nägeli, avait, à tort, persuadé Mendel que ses conclusions manquaient de consistance et qu'il devait approfondir ses recherches.

Mendel est donc mort en acceptant humblement que ses travaux ne valaient pas grand-chose et qu'il n'aurait donc jamais la reconnaissance tant espérée. La plupart de ses notes ont été détruites, mais un étudiant de Nägeli, le botaniste et généticien allemand, Carl Correns, ainsi que deux autres chercheurs (voir encadré) ont redécouvert les travaux de Mendel après son décès. Ils ont ainsi pu montrer au public toute l'importance des travaux du moine bavarois sur *Pisum sativum*.

GREGOR MENDEL
Ses études n'étant pas prises en considération par les botanistes de l'époque, Mendel est retourné à sa vie monacale, devenant abbé en 1868.

LES HÉROS DE MENDEL
♦
Trois botanistes ont redécouvert les travaux de Gregor Mendel, plus ou moins à la même époque : l'Allemand Carl Correns, l'Autrichien Erich Tschermak von Seysenegg et le Hollandais Hugo Marie de Vries. De Vries travaillait à sa propre théorie sur l'hérédité sans savoir que Gregor Mendel s'y était déjà penché pour les pois. Le Britannique William Bateson fut le premier à parler de « génétique », justement après avoir lu les articles de Mendel et devint un fervent défenseur du travail du moine bavarois.

Lavande
Lavandula spp.

Habitat naturel : Méditerranée, Inde, îles Canaries, Afrique du Nord et Moyen-Orient.

Type : arbrisseau vivace à feuilles persistantes.

Taille : jusqu'à 2 m.

+ COMESTIBLE
+ **CURATIVE**
+ **COMMERCE**
+ **INDUSTRIE**

Plante typique de la Méditerranée, la lavande s'accommode de tout, même des rocailles brûlantes et des sols fins du maquis provençal. Nommée par les Romains d'après le latin *lavare* (« laver »), la lavande est incontournable dans la plupart des jardins. Cette plante s'est par ailleurs révélée un atout en parfumerie.

UNE PLANTE INCENDIAIRE

En coupant les tiges de lavande juste avant leur floraison et en les laissant sécher au soleil, on préserve l'arôme naturel de la plante. Son nom fait référence à une coutume romaine : dans les villas, des bouquets de lavande étaient plongés dans l'eau des bains. En dépit de ses jolis brins et de son arôme envoûtant, la lavande reste dangereuse. Certaines espèces méditerranéennes possèdent une telle concentration d'huiles volatiles qu'elles peuvent se consumer sous l'effet de la chaleur, mettant le feu aux plantes voisines et déclenchant un incendie d'envergure. Il faut attendre un tel feu pour que les graines de ces espèces germent – c'est d'ailleurs la raison pour laquelle les cultivateurs ont imaginé une « eau fumée » pour tromper les graines et les inciter à germer.

Les différents bosquets de lavande du jardin varient selon l'âge. Pour la lavande à couper, il faut privilégier les plantes de moins de quatre ou cinq ans ; mais pour un effet pictural, les buissons les plus âgés feront meilleure impression.
Gertrude Jekyll, Colour Schemes for the Flower Garden, *1914*

Exception faite des racines, l'huile de lavande est présente dans toute la plante. La lavande appartient à la famille de la menthe : les lamiacées. Ses feuilles, longues et fines, ainsi que ses huiles naturelles lui servent de bouclier face aux dangers de la nature : elle survit à la sécheresse estivale et rebute les animaux qui souhaiteraient la dévorer. Son parfum entêtant attire des insectes pollinisateurs. Les abeilles qui ont butiné de la lavande produisent un miel très riche et aromatique.

La réputation de la lavande en tant que plante culinaire et médicinale est connue depuis la parution du premier herbier. La lavande a été employée dans toutes les civilisations, chez les Égyptiens, les Grecs, les Romains et les Arabes, précurseurs de la médecine (et de bien d'autres domaines) dans le bassin méditerranéen depuis le VIIe siècle. Cultivée traditionnellement près du lavoir et utilisée comme nettoyant pour rafraîchir les sols, la lavande était aussi réputée pour ses pro-

priétés insecticides. Au XIIe siècle, l'abbesse allemande, Hildegarde de Bingen, avait remarqué son efficacité pour lutter contre les mouches et les poux de tête. En 77 de notre ère, Dioscoride, auteur de *De Materia Medica*, avait noté ses propriétés cicatrisantes, en particulier sur les brûlures et les plaies. De l'époque romaine aux sanglantes campagnes de la Première Guerre mondiale, la lavande n'a cessé d'être utilisée.

UNE CULTURE GLOBALE
Traditionnellement associée à la Provence, la lavande est aujourd'hui cultivée commercialement aux quatre coins de la planète, comme en Tasmanie australienne ou à Nakafurano (ci-dessus), dans le nord du Japon.

Culpeper avait toutefois adressé une mise en garde dans son *Herbier complet* : « L'huile chimique extraite de la lavande, souvent appelée huile d'aspic [elle était ainsi nommée en Inde], est si violente et si intense qu'il faut l'utiliser avec précaution. » Il rappelait ensuite les vertus médicinales de la lavande, bienfaisante pour « les chutes, l'hydropisie, les crampes, les convulsions, les paralysies, l'apathie et les malaises vagaux », ainsi qu'une douzaine d'autres pathologies. C'est dans l'univers de la parfumerie que la lavande allait jouer un rôle particulièrement important. En 1709, le parfumeur italien Giovanni Maria Farina avait glissé un subtil extrait de lavande dans le parfum qu'il avait baptisé du nom de sa ville d'adoption, Cologne. Son eau de Cologne allait être lancée quelque temps après que quatre pilleurs de tombes, interpellés pour avoir dépossédé plusieurs corps durant une épidémie de peste à Marseille, ont été protégés du fléau grâce à une lotion contenant de la lavande. La préparation, qui contenait aussi du romarin, des clous de girofle et du vinaigre distillé, avait été baptisée « le vinaigre des quatre voleurs ». La famille de Farina commercialise toujours la célèbre eau de Cologne – copiée d'innombrables fois – depuis la ville allemande (son nom reprend le numéro de la rue où se trouve son échoppe : 4711). La parfumerie trouva également refuge en Provence, une région française réputée pour ses champs de lavande.

Les parfums brûlés dans la Grèce et la Rome antiques pour embaumer l'air – le mot latin *perfumare* signifie « fumer à travers » – ont commencé à céder le pas aux parfums synthétiques au milieu du XIXe siècle. Ces derniers n'ont toutefois jamais pu véritablement remplacer l'huile essentielle de lavande.

UN PARFUM DU SUCCÈS

Chacune des vingt-huit espèces de lavande produit des huiles en quantité et en qualité différentes. La difficulté est de produire l'accord parfait. *Lavandula angustifolia*, la « vraie » lavande, ou lavande anglaise, offre le meilleur d'elle-même lorsqu'elle est cultivée à une altitude comprise entre 800 et 1 300 mètres. Cultivée plus bas, *Lavandula latifolia* produit trois fois plus d'huile, mais de moindre qualité. Enfin, l'hybride de *Lavandula angustifolia* et de *Lavandula latifolia*, *Lavandula* x *intermedia* donne davantage d'huile de qualité moindre et se cultive à une altitude plus basse.

Pommier sauvage
Malus pumila

Habitat naturel : Asie centrale : le Caucase, l'Inde himalayenne, le Pakistan et la Chine occidentale.

Type : arbre.

Taille : jusqu'à 7,5 m.

- ✦ **Comestible**
- ✦ Curative
- ✦ **Commerce**
- ✦ Industrie

S'il vaut mieux éviter de croquer *Malus pumila*, l'amer fruit du pommier sauvage, l'espèce a droit à une place de choix au panthéon horticole. Ancêtre de la pomme comestible, le fruit a inspiré Newton et sa théorie sur la loi de la gravitation. On ne sait pas exactement pourquoi la pomme joue un rôle dans tant de mythes et de contes, mais son impact économique, lui, n'est pas une légende.

Un fruit bien étrange

Lorsqu'il y a mille cinq cents ans, un commerçant du marché d'Alma-Ata (Kazakhstan) a proposé pour la première fois à la vente de jeunes pommiers, ses voisins se sont interrogés. En principe, le marché fournissait les habitants locaux et les tribus qui empruntaient la route de la Soie (voir Mûrier blanc, p. 130) en têtes de mouton, poulets vivants, paniers de pommes sauvages, noix ou abricots. Les jeunes arbres rencontrèrent toutefois un vif succès auprès des négociants étrangers de passage avec leur chargement d'épices, de papier, de porcelaine et parfois… d'esclaves. Ces marchands, très endurants, menaient leurs caravanes vers l'est, en Afghanistan, en Inde et en Chine et, vers l'ouest, en Astrakhan, en Turquie et en Europe. Au fil du temps, Alma-Ata avait reçu le surnom de « père des pommes ».

Cette anecdote pourrait expliquer l'expansion spectaculaire du pommier dans le monde entier. La pomme reste néanmoins un fruit mystérieux – il suffit d'écouter ses noms : *aball*, *ubhall*, *afal*, *appel*, *obolys* et *iabloko*. En grec, « pomme » se dit *mailea*, en latin, *malus*, et en basque ancien, *sagara*.

Le nom donné par les Basques à la pomme a interpellé un botaniste suisse, Alphonse de Candolle, auteur de *Géographie botanique raisonnée* (1855). Il a suggéré que la pomme avait des origines celtes. Pendant que Rome s'apprêtait à devenir la « superpuissance » de l'Europe occidentale, les Celtes avaient quitté leurs terres ancestrales d'Europe de l'Est, berceau du pommier sauvage, et se rendaient vers l'Europe de

l'Ouest et du Sud. Les Celtes ont consigné leur histoire dans des poèmes, des contes et des légendes, écrites et orales. La pomme joue justement un rôle dans l'histoire de Merlin, Merddin ou Myrddin. Quelle que soit l'orthographe qu'on lui prête, les légendes de ce magicien ont fait le tour des terres celtiques du pays de Galles, de Bretagne, de Galice, d'Irlande et d'Écosse, et perdurent aujourd'hui.

Nous retrouvons le pommier dans un poème du VIe siècle, « Merddin le Calédonien » :

[...] on avait montré à Merddin, avant qu'il ne vieillisse, et n'atteigne sept scores, de succulents pommiers du même âge, identiques en taille, et qui jaillissaient du sein de la miséricorde. Les arbres étaient gardés par une femme à l'air menaçant.

Une autre légende, intronisant les Celtes comme les premiers producteurs de pommes, remonte à saint Brieuc, qui avait planté des vergers de pommiers en Bretagne avant d'en être expulsé par des guerriers saxons. Le Dwll Gwnedd, un ancien code de lois écossais, avait fixé un prix à la culture du pommier : « [...] deux pence seront ajoutés à chaque saison, jusqu'à ce que [l'arbre] porte ses fruits ; puis l'augmentation sera de trois scores pence, et correspondra donc à la valeur d'un veau. »

La pomme occupait aussi une place de choix dans les mythologies grecque et romaine. Atalante avait été abandonnée dans la montagne et allaitée par un ours. Élevée par des chasseurs, elle était elle-même devenue une chasseuse émérite. La jeune fille rejetait tout prétendant. Ceux qui lui demandaient sa main devaient faire une course avec elle. Lorsqu'elle remportait la course (c'est-à-dire à chaque fois), le jeune homme était mis à mort. Aphrodite eut pitié d'un nouveau prétendant, Mélanion, et lui conseilla de laisser tomber trois pommes d'or pendant la course. Les pommes ont distrait Atalante assez longtemps pour que Mélanion remporte la course... et la main de la jeune fille. On croise également la pomme au cours de la onzième épreuve d'Hercule. Dans le jardin des Hespérides se trouvait un pommier d'or habité par un dragon, chargé d'en proté-

UN FRUIT CELTE

« Le berceau préhistorique [du pommier] s'étendait de la mer Caspienne à toute l'Europe », déclara le botaniste suisse Alphonse de Candolle (1806-1893). Cet universitaire genevois remontait les origines de la pomme aux Celtes et aux Teutons.

LA TRADITION DU *WASSAILING*

✦

Le regroupement des pommiers (et d'autres arbres fruitiers) dans un même endroit – les vergers – est une coutume ancienne, à l'image des traditions qui entourent leur entretien. Par exemple, le jour de l'Épiphanie, on se rassemblait dans le froid et on fusillait (littéralement) le plus gros arbre du verger. Il existait aussi des rites de fertilité, ou *Wassailing*, et qui sont de nouveau en vogue dans les comtés anglais de Hertfordshire, Gloucestershire et Somerset : on accroche des toasts de pain au plus gros arbre (pour attirer les esprits bienveillants du rouge-gorge), on tire dans les branches (pour chasser les mauvais esprits) et on danse en chantant et en buvant du cidre.

Pommier sauvage 125

ger les fruits. Avec l'aide de Nérée, Hercule a découvert le jardin et s'est emparé des pommes. Mais les pommes se sont gâtées sitôt leur départ du jardin et ont dû être restituées pour retrouver leur fraîcheur.

Si les légendes du « fruit doré » et d'Adam et Ève au jardin d'Éden faisaient certainement référence à la grenade (et non à la pomme), c'est bien de pomme dont il s'agissait dans le mystérieux conte celte mis en scène dans l'île d'Avalon. Avalon, ou Annwn, était l'île des pommes et le paradis terrestre des mers occidentales, où le roi Arthur, sur le point de mourir, avait été emmené. La mythologie celte s'était approprié la pomme : la fée Morgane, reine d'Avalon, ne se séparait jamais d'un rameau de pommier, symbole de paix et de prospérité. Parfois décrite comme une sorcière manipulatrice, elle était également la déesse de l'hiver, complément parfait d'Arthur, le dieu de l'été. Mourant, Arthur avait donc été conduit à Avalon (parfois identifié comme Glastonbury dans le Somerset, en Angleterre), dans l'espoir qu'il y panserait ses blessures et retournerait combattre et terrasser les envahisseurs du royaume. Ce ne fut hélas pas le cas.

Lorsque les Normands ont accosté sur les côtes anglaises en 1066, ils ont apporté avec eux de nouvelles variétés de pommiers, de nouvelles techniques de culture et, surtout, le cidre. En plus des vignes et du vin, les Romains avaient déjà introduit les arts de Pomone, la déesse des vergers, en France (à l'époque, la Gaule) et en Angleterre. En raison du climat plus frais, Bacchus, le dieu de la vigne, avait cédé la place à Pomone.

MAGIE ET MYTHOLOGIE
Vénus avec son fils Cupidon et la pomme d'or offerte par Pâris, ou « pomme de discorde ». La pomme est bercée de mythes.

Le cidre était une marchandise taxée. Grâce aux registres d'impôts, on sait que la production de cidre s'était répandue dans le sud de l'Angleterre dès le XIVe siècle. Pendant les six siècles suivants, le cidre était devenu la boisson de prédilection de tous les villages avoisinants. Le cidre n'était pas un moyen d'écouler un surplus de pommes ; au contraire, on cultivait des pommiers pour fabriquer du cidre. Voici le témoignage de Stan Morris, un agriculteur du Shropshire :

La fabrication du cidre prenait une bonne partie de la semaine. Entre octobre et Noël, c'était le moment de faire le cidre. Les chevaux faisaient tourner le pressoir portatif, établi près de la rivière. La rivière était un point stratégique, car il y avait de l'eau ; chaque année, une dizaine ou une douzaine d'exploitants préparaient ainsi leur cidre.

Morris a aussi décrit comment les tonneaux étaient remplis du jus de pomme, breuvage réputé très laxatif, en attendant que les levures naturelles fermentent la boisson.

On voyait comment ça se passait, et on ajoutait un peu d'eau... Nous achetions nos barils à une société qui préparait du rhum et donc, forcément, il en restait toujours un fond dans les fûts ! À la cidrerie, chez nous, nous obtenions environ 120 gallons (456 litres), deux barriques (soit 380 litres) ainsi que deux ou trois tonneaux de 190 ou 228 litres de cidre.

La production annuelle de cidre atteignait jusqu'à 2 820 litres (soit un peu plus de 54 litres par semaine) pour une famille de six personnes et d'une demi-douzaine d'employés. Cela témoigne de l'importance de l'activité cidrière.

La grosse pomme

Au milieu du XVIIIe siècle, la culture des pommes et du cidre s'était répandue aux quatre coins de la planète. Un agriculteur, Thomas Smith, avait quitté l'Angleterre avec son épouse, Maria, et leurs cinq enfants, pour s'installer en Nouvelle-Galles-du-Sud (Australie). Dans leur exploitation de Ryde, ils cultivaient des oranges, des pêches, des nectarines et environ mille espèces différentes de pommes. Après le décès de Maria en 1870, Thomas présenta au Salon de l'agriculture de Castle Hill une variété de pomme qu'il avait développée. Elle allait devenir la célèbre granny smith.

L'Amérique aussi concevait de nouvelles variétés. À l'origine, ce sont des graines de pommiers – et non des arbustes – qui ont été expédiés en Amérique, les variétés nord-américaines ont donc développé leur propre patrimoine génétique. Un certain capitaine Simpson aurait planté la graine d'une pomme qu'il avait dégustée lors de son dîner d'adieu en Angleterre. Cette graine aurait donné

Guillaume Tell et sa pomme

◆

Les histoires de pommes ne sont pas toutes authentiques ! Celle du héros suisse, Guillaume Tell, qui aurait placé une pomme sur la tête de son fils avant de la transpercer avec une flèche est un pur mythe. Que dire de la légende qui entoure Isaac Newton (1642-1727) et sa découverte de la gravitation ? Newton était assis dans le jardin de son manoir à Woolsthorpe et réfléchissait à différentes théories, lorsque soudain, une pomme se serait détachée de son rameau. En tombant, elle lui aurait inspiré la loi sur la gravitation. En dépit d'indices plus ou moins tangibles, rien ne prouve que cela se soit produit.

Une histoire à succès
Initialement cultivée par la famille Smith en Nouvelle-Galles-du-Sud, la granny smith est devenue l'une des pommes les plus populaires du XXe siècle.

JOHNNY
« PÉPIN DE POMME »
Le grainetier et botaniste Johnny Appleseed (« pépin de pomme ») a planté ses pommiers dans les États américains de l'Indiana, l'Illinois et l'Ohio.

naissance aux premiers pommiers cultivés dans l'État de Washington. Pendant ce temps, Henderson Luelling avait, lui, fait route vers l'Iowa avec une cargaison de pommiers. Ralenti par le poids de son chargement, il s'est finalement arrêté dans l'État de Washington. En compagnie d'un autre ressortissant de l'Iowa, William Meek, il a planté d'immenses vergers de pommiers qui ont fait de l'État de Washington le plus important producteur de pommes des États-Unis. Le développement du chemin de fer a ensuite permis l'acheminement de toutes ces pommes à travers le continent.

Luelling et Meek ont été aidés par John Chapman, un singulier personnage, producteur itinérant de pommes. Chapman avait établi des pommeraies dans l'Ohio, l'Indiana et l'Illinois. Il est devenu un héros du folklore américain sous le nom de Johnny Appleseed (*appleseed* signifiant « pépin de pomme »).

Au milieu du XIXe siècle, un fermier quaker, Jesse Hart, a produit, à partir du porte-greffe d'un pommier mort, une pomme rouge vif qu'il a appelée « hawkeye ». Trois ans après la commercialisation de la granny smith en Australie, la hawkeye a été jugée *delicious* (« délicieuse ») par un jury d'experts et mise sur le marché deux ans plus tard. La delicious est ainsi devenue la variété de pomme la plus cultivée au monde.

DES RÉCOLTES ABONDANTES
Un pommier de jardin produit une trentaine de pommes par an ; une variété commerciale, jusqu'à trois cents !

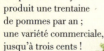

UN MARCHÉ MONDIAL
Les producteurs de pommes américains ont connu un bel essor à la fin de la Seconde Guerre mondiale. Les vergers

**Quelle vie merveilleuse je mène !
De succulentes pommes tombent de partout
Et les délectables grappes de raisin,
Sur mes lèvres, libèrent leur nectar.**
Andrew Marvell, Le Jardin, *1681*

européens avaient en effet été sérieusement endommagés par la guerre, et les États-Unis envoyèrent donc en Europe leurs petites pommes – que les consommateurs américains avaient tendance à bouder. Dans les années 1990, le programme d'expansion agricole chinois a commencé à porter ses fruits. La Chine avait d'abord visé le marché des jus de fruits, mais, dix ans plus tard, elle était également devenue le plus gros exportateur de pommes au monde, surpassant l'Europe, l'Inde et l'Amérique. Les producteurs étrangers se plaignaient du faible coût de la main-d'œuvre chinoise. Ces mêmes producteurs n'hésitaient toutefois pas à faire appel à des ouvriers itinérants pour leurs récoltes (Europe de l'Est pour la France et l'Angleterre, et Amérique du Sud pour les États-Unis). Certains écologistes considèrent que dans un marché bien géré, les agriculteurs devraient engager de la main-d'œuvre locale, payer les impôts également au niveau local et répercuter les coûts sur les consommateurs. Malheureusement, les exploitants savent parfaitement que leurs plus gros clients, c'est-à-dire les supermarchés, s'approvisionneraient ailleurs.

> ### La symbolique du succès
>
> ✦
>
> Qu'est-ce que New York, un géant de l'informatique, les Beatles et le comté anglais de Hertfordshire ont en commun ? Tous ont choisi la pomme comme symbole. En 1962, quatre musiciens de Liverpool, les Beatles, allaient connaître la consécration avec leur titre *Hey Jude*. Singulièrement, l'étiquette centrale de la face A du disque représentait une pomme granny smith et, la face B, la même pomme coupée en deux.

Une campagne de sensibilisation a été lancée pour alerter l'opinion sur les espèces d'arbres en voie de disparition. Une liste des variétés les plus menacées en Asie centrale a même été publiée en 2008. Elle comprenait quarante-quatre arbres sauvages des forêts ancestrales du Kazakhstan, du Kirghizistan, d'Ouzbékistan, du Turkménistan et du Tadjikistan, où 90 % des forêts ont été détruites au cours des cinquante dernières années. Après le démantèlement de l'URSS, le surpâturage, l'exploitation extensive et la déforestation massive menacent des arbres considérés comme les descendants des tout premiers arbres fruitiers. Parmi ces espèces en danger, on retrouve l'abricotier sauvage (*Armeniaca vulgaris*), le noyer royal (*Juglans regia*), ainsi que les variétés de pommiers les plus menacées, *Malus niedzwetzkyana* et *Malus sieversii*, vraisemblables ancêtres des pommiers domestiques.

Paul Gauguin
Le pommier, l'arbre fruitier le plus répandu au monde dans les régions tempérées, a aussi inspiré des peintres comme Paul Gauguin.

Mûrier blanc
Morus alba

Habitat naturel : Chine et Japon.

Type : arbuste ou arbre à feuilles caduques.

Taille : jusqu'à 15 m.

+ Comestible
+ Curative
+ **Commerce**
+ Industrie

La route de la Soie a été finalement la première « autoroute ». Ses 8 000 kilomètres auréolés de mystère et de romantisme promettent de superbes voyages dans de lointaines contrées exotiques. Elle a été la première route commerciale à relier l'Orient à l'Occident. C'est par ce chemin que la nouvelle religion orientale, le bouddhisme tibétain, s'est répandue, à l'instar du curieux « fruit » du mûrier blanc : la soie.

La soie en présent

La route de la Soie n'était pas aussi linéaire qu'on le pense. Elle formait en fait un réseau de sentiers et de pistes, apparus un à un au cours de plusieurs millénaires, afin de tracer un chemin entre la Chine et l'Europe. La « route de la soie » (*seidenstraße*) tient son nom d'un géographe allemand, Ferdinand von Richthofen, qui a imaginé le terme à la fin du XIXe siècle. Son point le plus oriental se trouvait à Xi'an (Siam, actuelle Thaïlande), elle contournait ensuite le désert de Gobi, avant de traverser le Turkestan. Un autre segment, plus austral, commençait à Calcutta, longeait le Gange et franchissait le sud de l'Himalaya et les montagnes du Pakistan et d'Afghanistan. Si la route septentrionale passait par le Kazakhstan et l'Arménie, cet itinéraire austral traversait l'Iran, l'Irak et la Syrie, puis gagnait des villes relativement sûres, comme Alexandrie, Constantinople, Athènes, Gênes et Venise.

L'insécurité était un véritable fléau. Certains itinéraires initiaux avaient vu le jour sous l'empire Han de Chine (206 avant J.-C.-220). Les agriculteurs et les marchands qui les empruntaient étaient harcelés par des nomades, les Xiongnu. Ancêtres des Huns, les féroces cavaliers Xiongnu faisaient tant de ravages que certains formèrent des alliances contre eux. Pour sa première mission, le diplomate chinois Zhang

Dansons autour du mûrier blanc
En ce matin froid et givré.
Comptine traditionnelle anglaise

Qian avait été capturé par les Xiongnu. Resté leur prisonnier pendant onze ans, il s'était même établi parmi eux, avec femme et enfants. Lorsque les émissaires comme Zhang Qian étaient envoyés, ils emportaient avec eux des présents pour amadouer leurs voisins, offrant ainsi ors et soieries. Au Ier siècle de notre ère, l'économie impériale chinoise offrait ainsi presque un tiers de ses revenus. L'économie aurait été exsangue sans l'activité lucrative de la soie.

Les Chinois connaissent l'art de la soie depuis des millénaires : on a retrouvé des vestiges de soierie datant de plus de quatre mille ans. La soie reposait sur le mûrier blanc, un arbre originaire de Chine et dont le bois était très prisé des confectionneurs de meubles et d'instruments de musique. Les larges feuilles épaisses du mûrier blanc étaient, elles, très appréciées du ver à soie (*Bombyx mori*). En Chine, on plantait d'abord un mûrier sauvage et, une fois qu'il s'était bien établi, on greffait dessus une variété cultivée. Au bout de cinq ans, les feuilles étaient récoltées, finement taillées, puis offertes aux vers à soie.

Les œufs de *Bombyx mori* étaient soigneusement conservés et entretenus pour faire en sorte qu'ils éclosent en « couvées » simultanées. Les chenilles étaient ensuite étalées sur de la paille hachée disposée sur des supports. Pendant les trente-cinq jours suivants, les chenilles se régalaient de feuilles de mûrier. Au bout de cette période de « gavage », les vers avaient filé les cocons qui allaient fournir la fameuse soie. On récoltait alors les cocons. Certains étaient destinés à la reproduction, d'autres à la production de soie. Ces derniers étaient détruits dans un bain de vapeur ou directement ébouillantés. Une fois vides, les cocons étaient délicatement dénoués, fournissant alors un fil de soie naturel pouvant atteindre 1 500 mètres de long. Le fil de soie était ensuite teint, décoré et tissé. Le mûrier blanc reste l'élément clé de tout le processus : par exemple, une chemise en soie nécessite 4 000 kilos de feuilles !

La soie chinoise (mais pas la technique pour l'obtenir) a fait les beaux jours des routes de la soie. Les marchands, à la tête de caravanes de chevaux, de dromadaires, voire d'éléphants, transportaient du thé, du papier, des épices et des céramiques vers l'Occident. La « nouvelle » foi, le bouddhisme tibétain, s'était frayé un chemin sur les routes de la soie, au même titre que des marchandises comme les raisins, le verre, l'encens et la luzerne – utilisée comme fourrage à bétail – exportées vers l'Orient. La soie

DÉLICATES TRACTATIONS
Les négociants discutent âprement le prix des cocons de vers à soie sur un marché d'Antioche, vers 1895. Le port maritime, situé près d'Antakya (Turquie), à présent désaffecté, était proche des routes de la soie chinoises.

VOL DE GRAINES

✦

Différentes légendes expliquent comment la fabrication de la soie a filtré hors de Chine. Voici l'une des plus populaires : le roi du Khotan, un ancien royaume bouddhiste sur la route de la Soie, avait demandé la main d'une princesse orientale. Il lui avait envoyé un message pour la prévenir que son royaume ne disposait ni de soie, ni de mûrier blanc. Bravant l'interdiction des exportations de vers à soie et de semences de mûrier blanc, la promise en avait dissimulé des spécimens dans sa coiffe et avait ainsi traversé la frontière.

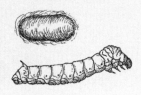

PRISONNIERS
Bombyx mori, qui ne subsiste que par le mûrier blanc, était le seul lépidoptère systématiquement élevé pour la production de soie.

restait l'article le plus prisé et servait parfois de monnaie. Un écheveau de soie et un cheval équivalaient alors à cinq esclaves. Au Iᵉʳ siècle avant J.-C., la soie avait infiltré le cœur de l'Empire romain, où elle était considérée comme un véritable bijou. De petits articles en *sericum* (soie) étaient ainsi cousus sur des coussins ou des vêtements.

AUX PETITS SOINS
Des femmes s'occupent d'un tapis de vers à soie en leur offrant des feuilles de mûrier blanc. Cette gravure d'Utamaro Kitagawa date du début du XIXᵉ siècle.

Pline l'Ancien s'était efforcé de décrire la récolte de l'arbre légendaire dans son *Naturalis Historia* (77 après J.-C.) : « Les premiers hommes à s'y être attelés étaient les Sères [nom donné par les Romains aux Chinois], réputés pour la laine de leurs forêts, expliquait-il. Ils détachent le duvet blanc des feuilles en les aspergeant d'eau, et les femmes séparent les brins puis les tissent. » Les Chinois gardaient si bien le secret de la fabrication de la soie, que les rumeurs les plus extravagantes circulaient à son sujet. On racontait que la soie provenait d'un terreau très fin, des pétales d'une fleur du désert très rare et même d'un insecte qui mangeait tant qu'il explosait, révélant alors un corps rempli de la précieuse matière. La théorie selon laquelle la soie venait d'un duvet blanc trouvé sur certains arbres n'était pas si éloignée de la vérité puisqu'elle faisait sans doute allusion aux chenilles de soie sauvages. La soie a finalement conquis Rome. Les plus riches de ses citoyens portaient des robes entièrement confectionnées en soie. Certains sénateurs en portaient également, au grand dam de moralistes comme Sénèque, Solin et l'empereur Tibère, qui condamnaient vigoureusement ces pratiques « disgracieuses » qui, selon Tibère, « semaient la confusion entre les hommes et les femmes ».

DES VERS À SOIE DÉLICATS

L'empereur agronome Shennong aurait enseigné aux Chinois la culture du mûrier blanc et du ver à soie. Au XIVᵉ siècle, Wang Zhen, dans son *Shonshi Tongku*, donnait des conseils sur l'entretien des vers à soie et des mûriers blancs. La chenille devait être protégée de tout effluve de poisson ou de viande frits, mais aussi de toute femme venant d'accoucher ou de tout homme ayant bu du vin. Les vers ne devaient pas être approchés par des personnes sales et il fallait leur éviter le bruit de riz versé dans un récipient. Enfin, les feuilles de mûrier ne devaient pas être humides.

Peu à peu, les méthodes de fabrication de la soie et le rôle crucial joué par *Morus alba* ont filtré. Des semences et des boutures de mûrier blanc ont été exportées en Perse et en Grèce. La Sicile est par ailleurs devenue un acteur majeur dans la production de la soie. À la fin du XVᵉ siècle, à mesure que le commerce maritime prenait le pas sur le commerce terrestre, les Français ont initié leur propre industrie de la soie, plantant des milliers de mûriers blancs dans le Sud. Jacques Iᵉʳ d'Angleterre a bien tenté de les imiter, mais si le mûrier blanc s'acclimatait bien au sol britannique, la fabrication de la soie fut un échec. Finalement, au cours de sa période coloniale, les États-Unis ont fait connaissance avec l'arbre et les principes de la soie. Le mûrier blanc à soie avait traversé le monde !

Mûrier blanc

Noix de muscade
Myristica fragrans

Habitat naturel : îles tropicales de l'Asie du Sud-Est.

Type : graines d'arbres à feuilles persistantes.

Taille : jusqu'à 2,5 cm.

+ **COMESTIBLE**
+ **CURATIVE**
+ **COMMERCE**
+ INDUSTRIE

Des épices comme la coriandre, le safran, la cardamome, le poivre, le chocolat, la vanille ou le gingembre sont liées à l'histoire de l'homme. Elles ont été protégées par les pays producteurs et distribuées avec parcimonie. La bataille pour s'emparer du monopole de la petite noix de muscade a été plus épicée que jamais…

LE VOYAGE DE LA NOIX DE MUSCADE

Les herbes et les épices aromatisent depuis des siècles aliments et boissons. Il fut une époque où elles jouaient un rôle plus important qu'aujourd'hui. Avec la globalisation, on trouve partout en Occident poissons, viandes, volailles, fruits, épices, ou encore fleurs qui se gorgeaient de soleil équatorial quelques jours plus tôt. Au quotidien, certaines plantes, comme la lavande ou la verveine citronnelle, servaient à masquer un peu l'odeur pestilentielle ; d'autres, comme les clous de girofle (*Eugenia aromatica*), rafraîchissaient l'haleine. Comme John Gerard l'avait noté, elles devaient surtout leur succès à leurs « vertus bienfaisantes et médicinales ». Autrement dit, elles conservaient les gens en bonne santé.

L'efficacité de la noix de muscade ne fait aucun doute. *Myristica fragrans* produit des fruits de la taille d'un abricot qui naissent de ses fleurs jaunes et parfumées. En coupant le fruit, on découvre la noix de muscade encastrée dans un écheveau. La noix est ensuite séchée, puis moulue en macis épicé. La noix de muscade peut également être séchée et vendue entière, ou réduite en poudre fine. L'épice était couramment prescrite par les médecins de la Chine antique comme stimulant de l'appétit et de la digestion. La noix de muscade semblait également efficace contre l'insomnie, les diarrhées et les troubles digestifs ; son huile, elle, apaisait les douleurs rhumatismales. Riche en myristicine, un alcaloïde toxique, une consommation excessive de noix de muscade peut entraîner des effets secondaires pénibles, voire halluci-

> Dès les premiers âges de la Terre, [les plantes] ont aidé l'homme, et n'ont pas cessé depuis. Elles maintiennent la vie, et permettent de recouvrer la santé.
>
> *John Gerard*, Herbier, *1597*

nogènes. Tous ces attributs ont bien sûr concouru à auréoler l'épice de mystère...

Plus la source d'une plante est difficile à identifier, plus les rumeurs à son sujet deviennent extravagantes. On racontait que la noix de muscade venait de régions mystérieuses. Nous devons ce climat énigmatique aux Arabes et aux Indiens qui vendaient la noix de muscade. La noix de muscade était considérée comme un article de négoce « muet », abandonné sur quelque rive exotique et échangé contre du métal ou des miroirs. Les Grecs n'en avaient jamais entendu parler et, à Rome, l'épice restait confidentielle. La noix de muscade a fait son entrée en Europe au VIe siècle, dans un chargement provenant de Constantinople. Pendant les sept à huit siècles suivants, si les Arabes monopolisaient le commerce terrestre de la noix de muscade, les Vénitiens en profitaient également. Grâce à Vasco de Gama et son passage au cap de Bonne-Espérance en 1497, l'Europe s'était lancée dans le commerce maritime sur l'océan Indien. Et la source de l'épice n'a pas tardé à être révélée : les îles Moluques, où poussaient des hectares de noix de muscade.

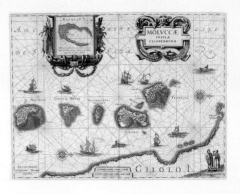

UNE VICTOIRE ÉPICÉE
Willem Blaeu avait dépeint une bataille navale entre marins hollandais et portugais sur sa carte de 1630. Auteur de la première carte connue des îles Moluques, Blaeu a montré l'archipel aux vainqueurs : les Néerlandais.

Ce ne sont toutefois pas les Portugais qui ont contrôlé le commerce de la noix de muscade, mais la Compagnie néerlandaise des Indes orientales. Au XVIIe siècle, la Compagnie n'a pas hésité à protéger ses intérêts et à anéantir la concurrence, en rasant les muscadiers des îles avoisinantes. Des pigeons sauvages ne cessaient toutefois de contrecarrer leurs plans en disséminant des graines de muscade. Ne reculant devant rien, la Compagnie dirigeait ses affaires comme les puissances coloniales de l'époque – et toujours au détriment des populations autochtones. Son monopole a duré deux siècles et demi mais a perdu de sa splendeur en 1776, lorsque Pierre Poivre réussit à sortir assez de graines de muscade pour en établir une plantation sur l'île Maurice. Une dizaine d'années plus tard, les Anglais ont envoyé des semences à Penang, à Calcutta, à Kandy (Ceylan) et aux jardins de Kew (voir encadré).

Le monopole de la noix de muscade, détenu par les habitants des Moluques, puis par les Portugais, les Hollandais et les Arabes, touchait à sa fin. La noix de muscade était devenue une plante « croisée » (au même titre que le sucre et le gingembre), enlevée à sa terre natale pour être cultivée – et exploitée – ailleurs.

L'ÎLE AUX MUSCADES

◆

« Liste de noix de muscade cueillies sur les îles Banda, décembre 1796 », indiquait le récépissé écrit par Christopher Smith de la Compagnie des Indes orientales à l'attention de Sir Joseph Banks des jardins de Kew, près de Londres. Il avait ajouté : « Je suis resté près de dix-huit mois sur ces îles, et j'ai pu amasser 64 052 clous de girofle, noix de muscade et autres plantes précieuses. J'ai bien peur que les pertes ne soient importantes après un aussi long voyage... d'autant qu'il n'y avait personne à bord (du bateau) pour s'en occuper. » Heureusement, Smith s'était inquiété pour rien.

Tabac
Nicotiana tabacum

Habitat naturel : vraisemblablement Bolivie et nord-ouest de l'Argentine.

Type : annuelle.

Taille : jusqu'à 2,4 m.

+ COMESTIBLE
+ CURATIVE
+ **COMMERCE**
+ INDUSTRIE

Si *Nicotiana tabacum* dispute au coton le titre de plus importante culture non comestible au monde, elle n'a aucun rival quand il s'agit de polémique. Les fabricants de cigarettes auront mis très longtemps avant d'admettre, du bout des lèvres, que leur produit était létal. Pourtant, le tabac, jadis considéré comme un remède miraculeux, reste un poison légal et populaire.

LE REMÈDE DU SIÈCLE

Alors que le Portugal organisait les premiers transferts transatlantiques d'esclaves noirs et venait d'établir une ambassade en Afrique, à Tombouctou, plaque tournante du commerce, la France avait nommé un nouvel ambassadeur, Jean Nicot. Présent à la cour portugaise de 1559 à 1561, il s'était familiarisé avec quelques-unes des étranges plantes ramenées des Amériques à bord des négriers vides. Il était notamment très intéressé par la jusquiame, ou herbe aux poules, qu'il avait utilisée avec succès en cataplasmes contre les ulcères. Il en avait, du reste, envoyé quelques graines à Catherine de Médicis. Non seulement la plante a été adoptée par les apothicaires, mais elle a lancé la mode du « flair ». La « coutume nicotienne », qui consistait à inhaler une pincée de feuille de tabac moulue, est rapidement devenue un « must » au sein des cercles aristocratiques français. Cette mode a connu un nouvel essor en 1571, lorsque Nicolas Monardes prêta à la plante plusieurs vertus curatives : *Nicotiana tabacum* soignait près de vingt pathologies communes, mais souvent fatales, comme les migraines, la goutte, les maux de dents, l'hydropisie (œdème) et la fièvre. Monardes était un médecin espagnol qui vivait à Séville, l'un des ports les plus actifs dans l'importation des plantes d'Amérique. Il avait consigné ses découvertes dans un ouvrage intitulé *Historia medicinal de las cosas que se traen de nuestras Indias occidentales* (1577).

Comme pour la plupart des « nouvelles » plantes américaines, les noms qui leur étaient attribués prêtaient souvent à confusion… Une vingtaine d'années plus tard, le médecin John Gerard s'était lancé dans une explication sur le « tabac », ou « herbe aux poules ». Nicolas Monardes, lui, l'appelait « Tabacum », tout en concédant que « les peuples d'Amérique l'avaient baptisée "Petun" ». Les noms latins n'étaient guère plus consensuels et incluaient *Sacra herba*, *Sancta herba* et *Sanasancta indorum*. Et d'ajouter : « Certains la nomment encore "Nicotiana". »

Gerard avait rassemblé ses notes dans son *Herbier* de 1597. Il y avait également détaillé, à l'intention de ses lecteurs perplexes, comment consommer le tabac : « Les feuilles sont séchées, puis, grâce à une pipe enflammée, inhalées jusque dans l'estomac, puis rejetées par les narines. »

En outre, Gerard aurait eu besoin d'un second volume pour détailler les propriétés médicinales du tabac. Nicholas Culpeper, dans son *Herbier complet* de 1653, partageait son enthousiasme : « La plante est originaire des Antilles, mais nous pouvons la cultiver dans nos jardins », avait-il expliqué, avant d'énumérer une liste d'applications thérapeutiques. Mélangé à du saindoux, le tabac fait un onguent idéal pour lutter contre les « douleurs et les inflammations ». Le tabac soulage les maux de dents, tue les poux, lutte contre le surpoids et, en huile distillée, « tuerait un chat ». Le 3 mai 1665, dans son journal, un haut fonctionnaire de l'amirauté anglaise témoignait de l'efficacité de la plante : « Ai vu un chat tué avec le poison du duc de Florence, et ai vu [...] que l'huile de tabac [...] avait le même effet. » On racontait aussi que les consommateurs de tabac londoniens avaient été immunisés contre les effets secondaires de la peste, c'est ainsi qu'une école de garçons a obligé tous ses pensionnaires à fumer la plante. Néanmoins, Culpeper doutait de l'efficacité du tabac « contre la peste » : « Rivinus a dit que dans l'épidémie de peste de Leipsic [Leipzig], plusieurs victimes étaient de gros consommateurs de tabac. » Le médecin louait cependant la plante miraculeuse : l'inhalation du tabac dans les boyaux, un peu « à la manière d'un lavement », était non seulement un excellent traitement contre les troubles digestifs et autres « petits vers », mais aussi un moyen de ressusciter tous les individus « apparemment noyés ».

D'où venait donc cette plante ? À quoi ressemblait-elle ? Gerard avait décrit une plante pouvant atteindre 2,4 mètres de haut, dotée de tiges de la taille d'un bras d'enfant et de longues et larges feuilles lisses. Il avait noté que la plante mourait aux premiers signes de l'hiver. Un autre Anglais, John Rolfe, avait planté les premières cultures de tabac en Virginie, en 1612. En sept

UNE GROSSE ERREUR ?
Jean Nicot présente ses plants de tabac à Catherine de Médicis, en 1568. Le tabac se présentait alors comme une plante médicinale et bienfaisante...

ALCALOÏDES
✦
La plupart des plantes contiennent des composés naturels chimiques appelés « alcaloïdes » d'un pH supérieur à 7. Si certains alcaloïdes ont des effets positifs sur l'organisme, d'autres sont très nocifs. De nombreux alcaloïdes peuvent ainsi être utilisés à des fins médicales ou narcotiques ; par exemple, la cocaïne, la caféine, la morphine, la quinine et la nicotine.

ans, le tabac était devenu la plus importante exportation de l'État. Le tabac était cultivé par des esclaves et vendu aux enchères qui se tenaient d'août à la fin de l'automne. Les acheteurs suivaient les récoltes de tabac, du sud de la Géorgie au nord de la Virginie. Les consommateurs prenaient leurs remèdes de différentes manières : les Français prisaient le tabac, les Américains le mâchaient, les Espagnols le fumaient en cigare et les Anglais à la pipe. L'engouement pour les petits cigares (futures cigarettes) a incité les fabricants à rivaliser d'ingéniosité pour proposer différents « mélanges » de tabac – du « burley » brun au « blond » de Virginie, qui allait s'imposer.

Le roulage et l'emballage manuels des cigarettes n'étaient pas viables. Le XIXe siècle était une période d'innovation industrielle, et James Bonsack de Roanoke, en Virginie, a joué un rôle important. En 1880, il a breveté une machine à rouler les cigarettes, capable d'en fabriquer douze mille à l'heure. En dix ans, ces machines ont fait la fortune d'hommes comme James Buchanan Duke – « Buck » (prénom, mais aussi terme familier signifiant « dollar ») pour ses amis, ou encore « M. Cigarettes » pour le marché américain. D'ailleurs, en 1890, Buck contrôlait 40 % du tabac aux États-Unis.

LES NIGHT RIDERS

Buchanan était très impopulaire, surtout au début du XXe siècle, car il avait été accusé d'intimidations pour s'emparer de petits producteurs de tabac du Kentucky et du Tennessee. Les « Night Riders » (« Cavaliers de la nuit ») étaient une sorte d'organisation dirigée par le docteur David Amoss et formée pour contraindre les cultivateurs récalcitrants à rejoindre l'association, opposée aux méthodes de Buchanan. La nuit, les Riders incendiaient les entrepôts de tabac et jouaient au chat et à la souris avec les autorités (à la suite d'un raid à Hopkinsville, en décembre 1907, un détachement conduit par le chef d'une milice locale, James Birch Bassett, avait poursuivi et tué un des Riders).

À cette époque, la cigarette ressemblait à une panacée, notamment grâce à l'effet apaisant du tabac. Des soldats à bout de nerfs avaient fumé pendant la guerre de Trente Ans (1618-1648), la guerre d'Indépendance espagnole (1807-1814), la guerre de Crimée (1853-1856), la guerre de Sécession (1861-1865), sans oublier les deux guerres des Boers (1880-1881 et 1899-1902) et la Première Guerre mondiale. À la mort de

---

De tous les produits de la terre, le tabac est la plante la plus universellement prisée par l'homme.

Richard Sudell, The New Illustrated Garden Dictionary, *1937*

SOUCIS COMMUNS
✦
Quel était le point commun entre Siegfried Sassoon, Greta Garbo, Che Guevara, Winston Churchill et Sir Walter Raleigh ? Ils fumaient tous. En 2002, l'Organisation mondiale de la santé (OMS) estimait qu'à l'échelle mondiale, on comptait un tiers de fumeurs. L'OMS a également chiffré à dix millions, le nombre de cigarettes vendues chaque minute. En outre, le tabac tue une personne sur dix... Dès 2030, les projections tablent sur une personne sur six ! Selon l'organisation, toutes les huit secondes, quelqu'un meurt d'une pathologie associée au tabagisme.

Buchanan, en 1925, sa fille, Doris, est devenue, à 12 ans, la « femme » la plus riche du monde.

Le tabac semblait être une source illimitée de profits. Et pourtant, déjà au XVIIe siècle, il avait des détracteurs. « Pour moi, il s'agit d'une pratique lamentable et pernicieuse », avait décrété Gonzalo Oviedo, tout en reconnaissant les relatifs bienfaits du tabac dans le traitement de la syphilis. En 1606, le médecin écossais Eléazar Duncan a suggéré qu'on renomme le tabac « fléau de la jeunesse », car il était « très nuisible aux jeunes gens ». En 1622, un Hollandais, Johann Neander, a déclaré qu'une « consommation excessive [de tabac] entraînait la ruine de l'esprit et du corps ». La condamnation la plus virulente vient d'un pamphlet de 1604, intitulé *A Counterblaste to Tobacco* : fumer était « nocif pour les yeux, nuisible pour le nez, redoutable pour le cerveau et dangereux pour les poumons ». Ce tract a fait couler beaucoup d'encre, car son auteur n'était autre que Jacques Ier d'Angleterre, qui avait été le premier à imposer une taxe sur le tabac. La critique royale n'avait fait qu'anticiper les réactions des autorités internationales. En effet, en 1952, la une du *Reader's Digest* titrait : « Du cancer à la cartouche. » En 2008, plusieurs pays, du Bhutan à Cuba, votaient des lois antitabagiques pour raisons sanitaires.

> ### SEVRAGE TABAGIQUE
> ✦
> Aux États-Unis, le nombre de fumeurs a diminué lorsque des restrictions ont été imposées à la publicité de Marlboro, et notamment sur son cow-boy utilisé pour vanter les mérites des cigarettes de la marque. En 1992, Wayne McLaren, qui jouait le rôle du cow-boy sur les publicités, est mort d'un cancer du poumon. En 2008, plusieurs lois antitabac ont été votées dans vingt-huit pays, dont Cuba, où Fidel Castro avait dû renoncer à ses cigares en 1986 pour des raisons de santé.

PAUSE-CIGARETTE
Cette publicité pour les cigarettes date de 1899. Qui aurait prédit qu'un siècle plus tard, le tabac serait responsable d'une mort sur dix à l'échelle mondiale ?

Olive
Olea europaea

Habitat naturel : le bassin méditerranéen.

Type : arbre à feuilles persistantes.

Taille : jusqu'à 20 m.

◆ **Comestible**
◆ Curative
◆ **Commerce**
◆ Industrie

Pourrait-on imaginer une Méditerranée sans figuiers, vignes, orangers ou oliviers ? Pourtant cultivé depuis cinq mille ans, l'olivier n'est arrivé que tardivement dans la région. À son apparition, l'huile d'olive est devenue un des piliers d'Athènes, ville-État qui allait inventer la démocratie, les jeux Olympiques et le Parthénon.

L'idolâtrie des olives

En 1907, Renoir a acquis « Les Collettes », à Cagnes-sur-Mer, « simplement » parce qu'il souhaitait y sauvegarder l'oliveraie attenante. Il recherchait une demeure sur la Côte d'Azur, lorsqu'il a entendu parler des Collettes, une petite ferme dotée d'un champ de vieux oliviers. Au début du XIXe siècle, les roses rapportaient en effet davantage que les olives. Renoir avait donc acheté la maison et sauvé l'oliveraie. Il allait y passer les onze dernières années de sa vie, tentant par tous les moyens de capturer l'essence de l'arbre méditerranéen, qu'il avait décrit à un ami comme « multicolore. Un coup de vent, et la tonalité de mes arbres change. La couleur n'auréole pas seulement les feuilles, mais tout l'espace qui les entoure ».

L'olivier n'a jamais cessé de rythmer le paysage méditerranéen. Il fut pourtant un temps où l'olivier était aussi absent de la Côte d'Azur de Renoir que l'eucalyptus de Californie. Membre des oléacées (qui englobent le frêne, le lilas, le troène, le jasmin et le forsythia), l'olivier peut atteindre 20 mètres en culture, même s'il ne dépasse en général pas 3 mètres. Une olive mûre contient environ 20 % d'huile. 99 % des olives sont destinés à la production d'huile. Les olives sont macérées, dénoyautées, puis leur pulpe est pressée à froid pour donner une huile d'olive « vierge », peu acide et parfumée. Les pressages à chaud produisent des huiles de moins bonne qualité, ainsi qu'une sorte de « pommade d'olive » obtenue à partir des déchets. Cette pommade est destinée à la savonnerie et à la cosmétique, tandis que les noyaux sont parfois brûlés et fournissent ainsi un combustible au pressage. Si les olives soutiennent l'économie méditerranéenne depuis cinq mille ans, Héro-

VÉNÉRABLES ANCÊTRES
Plantations d'oliviers sur le mont des Oliviers, principal cimetière de Jérusalem. Étant donné l'absence d'anneaux, il est difficile de déterminer l'âge exact de ces arbres.

L'olivier, mais quelle vache ! Tu n'imagines pas tous les soucis qu'il m'a causés !
Renoir dans une lettre adressée à un ami, début des années 1900

dote, dans un écrit du ve siècle avant J.-C., prétendait que seul Athènes disposait d'oliviers. Il avait alors incité une colonie dont les oliveraies étaient restées stériles, à construire des idoles en bois d'olivier et non en pierre.

Athéna, fille de Zeus, aurait offert l'olivier aux Athéniens. Elle aurait ainsi fait sortir de terre un olivier sur l'Acropole. Cet arbre aurait ensuite donné naissance à des milliers d'autres. Grâce à ce présent, les Athéniens vouaient à la déesse une reconnaissance éternelle.

Athènes était le pôle culturel et commercial d'une fédération de « cités-États » apparue avec la chute de la civilisation mycénienne, vers 1120 avant J.-C. Si les villes, dont la belliqueuse Sparte, s'entre-déchiraient régulièrement, elles étaient également capables de s'unir contre des menaces extérieures – cela avait été le cas à la fin du ve siècle avant J.-C., lorsque la Perse présentait une menace pour l'hégémonie hellénique.

Athènes était gouverné par des tyrans (souverains qui détenaient un pouvoir absolu et illimité) très riches, propriétaires terriens de surcroît. En 540 avant J.-C., l'un d'eux, Pisistrate, avait assuré une stabilité politique suffisamment pérenne pour permettre l'établissement d'oliveraies – une oliveraie demande une dizaine d'années avant d'être viable. Ces arbres allaient finalement être transformés en béliers et autres échelles par le général romain Sylla, lors de son siège d'Athènes. Avec le

L'ARBRE DE LA PAIX

✦

De la Bible (lors du Déluge, la seconde colombe envoyée en éclaireuse par Noé est revenue avec un rameau d'olivier) à la Révolution américaine (le Second Congrès continental a signé la « Pétition du rameau d'olivier » en 1775 pour refuser un conflit avec la Grande-Bretagne), le rameau d'olivier a toujours symbolisé la paix. Le drapeau des Nations unies, dont les principaux objectifs sont la paix et la sécurité, représente le monde vu du pôle Nord et symboliquement ceint de rameaux d'olivier.

Merveille méditerranéenne
Les économies du bassin méditerranéen reposent en grande partie sur « l'or vert ».

temps, les tyrans ont cédé la place à un gouvernement plus collectif, sous forme d'une assemblée représentative élue. L'arrivée de la démocratie (de *demos*, « peuple », et *kratos*, « pouvoir ») était en partie une réponse à l'influence grandissante des Athéniens.

De la même manière que la Grèce antique avait promulgué la première démocratie, elle allait imaginer ce qui allait devenir le premier événement sportif international : les jeux Olympiques. Ces jeux se tenaient tous les quatre ans, en hommage à Zeus. Des dizaines d'athlètes convergeaient alors vers Athènes pour concourir dans des disciplines comme le javelot, le lancer de disque ou la course à pied. Les Athéniens n'excellaient pas seulement dans l'arène sportive ; trois siècles plus tard, ils étaient également devenus la référence absolue en matière d'architecture, notamment avec la construction du Parthénon, considéré deux mille ans plus tard, comme le modèle architectural « parfait » par l'Angleterre géorgienne. Si les États arabes du XXe siècle doivent leurs richesses au pétrole, la Grèce antique, elle, devait son développement artistique, sportif et politique à l'huile d'olive.

L'acheminement d'une telle quantité d'huile nécessitait de nouvelles technologies et une savante organisation : création d'une monnaie pour les tractations, construction de navires pour le transport maritime et de vaisseaux pour protéger les navires des pirates (Athènes possédait une impres-

Un modèle capricieux
Si Renoir peinait à capturer les oliviers sur sa toile, Van Gogh, lui, avait su les apprivoiser, comme en témoigne cette toile : *Les Oliviers* (1889).

50 plantes qui ont changé le cours de l'Histoire

sionnante flotte), fabrication d'amphores pour conserver l'huile. En dehors de leur rôle purement utilitaire, les poteries ont donné naissance à un art céramique unique et très esthétique – on trouvait des assiettes, des bols, des vases et des coupes décorés de scènes de la vie quotidienne ou inspirées de la mythologie grecque.

Trop rocailleux, le sol grec n'était pas propice à la culture des céréales, mais les revenus issus de la production d'huile d'olive ont permis aux Grecs d'établir des cultures de blé dans leurs colonies. À partir du VIIIe siècle avant J.-C., les Grecs ont ainsi étendu leur sphère d'influence jusqu'en Espagne, au sud de la France et de l'Italie, en Afrique du Nord, dans le delta du Nil, en mer Noire et en mer Égée. Chaque région avait un port clé : Byzance (Istanbul), Gados (Cadix), Sagonte (Valence) et Croton (Calabre), sans oublier la Crète et Chypre. Du gouvernement local au plan urbain des nouvelles villes, chaque colonie était une réplique d'Athènes.

Dans son ouvrage, *Plants in the Service of Man* (1971) [Les Plantes au service de l'homme], Edward Hyams affirme qu'en réalité l'olivier ne serait apparu en Grèce qu'en 700 avant J.-C. – n'en déplaise à Athéna et son présent divin. Une fois établi en Grèce, l'olivier s'est répandu dans tout le bassin méditerranéen. Les ancêtres des arbres de l'oliveraie provençale de Renoir sont arrivés au port de Massalia (actuelle Marseille), à bord d'un vaisseau grec. L'Italie était totalement dépourvue d'oliviers jusqu'en 370 avant J.-C. environ : grâce au présent des Grecs, le pays n'a mis que deux siècles et demi pour devenir le premier producteur d'huile d'olive du monde.

Lorsque les vaisseaux du XVe siècle – époque privilégiée pour les échanges maritimes – ont commencé à sillonner les mers, des semences d'olivier ont été transportées aux quatre coins du globe. Aujourd'hui, les oliviers sont cultivés en Espagne, en Italie, en Turquie, en Grèce, en Tunisie, au Maroc, au Japon, en Afrique du Sud, en Inde, en Chine, en Nouvelle-Zélande et en Californie. Les pays méditerranéens continuent de se tailler la part du lion puisqu'ils fournissent 80 % de la production d'huile d'olive mondiale.

L'OR GREC

Les olives contiennent 20 % d'huile. Le premier pressage, à froid, fournit une huile « vierge » de haute qualité, à la différence des pressages suivants et de ceux faits à chaud.

HUILE DE COLZA

♦

Le colza était déjà cultivé aux Pays-Bas au milieu du XIVe siècle. Ce sont des agriculteurs hollandais qui ont enseigné à leurs homologues français, allemands et anglais comment le récolter. Pendant des siècles, les ménages les plus nécessiteux alimentaient leurs lampes avec de l'huile d'olive ou de colza. Ces huiles végétales ont progressivement été remplacées par des huiles à brûler plus propres, comme l'huile de coco ou de palme, jusqu'à ce que l'on découvre, en 1854, que le pétrole pouvait être transformé en paraffine de bonne qualité.

Riz
Oryza sativa

Habitat naturel : Asie.

Type : graminée céréalière.

Taille : de 0,6 à 1,5 m.

+ **COMESTIBLE**
+ CURATIVE
+ **COMMERCE**
+ INDUSTRIE

Le riz et le blé se disputent le titre de la plus importante culture comestible. Le riz a redessiné les paysages des quatre coins du globe, nourrit le pays le plus peuplé au monde, la Chine, et a été témoin d'une des révolutions sociales les plus radicales du XXe siècle. On le soupçonne de contribuer au réchauffement climatique, mais le malentendu vient peut-être des statisticiens et non des rizières traditionnelles. Le vieux proverbe repris en page 146 est nuancé par un autre adage : « Ce n'est pas en parlant qu'on cuit le riz. » Effectivement, l'éducation est une belle chose, mais elle ne nourrit pas son homme, au contraire du riz, qui subvient aux besoins de trois milliards d'individus.

UNE CULTURE MONDIALE

Il existe quatre catégories de riz : le riz cultivé sur flancs de colline, le riz en marais et alimenté avec l'eau de pluie, le riz irrigué en rizière et le riz planté dans des estuaires et des endroits sujets aux inondations naturelles. Le riz est la plus ancienne céréale cultivée en linéaire au monde, et plus de cent pays le produisent. Ainsi, environ 12 millions de kilomètres carrés lui sont dédiés en Asie du Sud-Est, en Amérique, en Austrasie et dans le sud de l'Europe (l'Italie en particulier). Ce n'est pourtant pas suffisant. Le riz fournit près de 30 % de la production céréalière mondiale et, grâce à de nouvelles variétés, son rendement a doublé au cours des trente dernières années. En 2025, c'est l'alimentation de 1,5 milliard d'individus qui dépendra du riz…

Sur terrain sec, le riz se cultive exactement comme le blé ou l'orge. Sur terrain humide (soit plus de 90 % de la production mondiale), il se cultive en rizière. Près de la moitié de la production de riz se récolte à la main et nourrit les agriculteurs qui le cultivent – la culture du riz est aussi intensive que harassante. Les rizières utilisent des semences achetées en graineteries. Après une germination d'environ quatre semaines, le riz est cultivé en rizière. Il lui faut de quatre-vingt-dix à deux cent soixante jours pour se développer. Il donne ses grains environ trente jours après sa floraison. Ses grains forment de nombreux fleurets rassemblés au sommet de sa tige. La tradition veut que les femmes s'occupent des semences et du désherbage, et les hommes, de l'irrigation et du labourage. Le buffle asiatique est la bête de somme de prédilection des rizières. Il tire la charrue tout en alimentant les cultures en fumier.

Tout comme le blé a recomposé les paysages occidentaux, les petits grains d'*Oryza sativa* ont fortement impacté l'Asie, notamment par le biais des rizières. Le concept des rizières provient vraisemblablement de Chine, même si la Corée du Sud possède certaines des plus anciennes rizières du monde. Le riz est récolté en septembre et séché au soleil avant d'être vendu. Dans certaines régions, comme à Java, les rizières sont disposées en terrasses et parsemées de temples dédiés aux divinités du riz. Entourées de murets de boue, elles sont irriguées. Au printemps, chaque banc de rizière est revu, nettoyé et réparé pour accueillir de nouvelles semences de riz en mai.

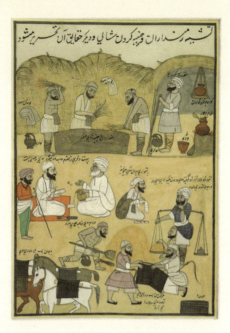

Riz du Cachemire
Datée du milieu du XIXe siècle, cette aquarelle dépeint les méthodes de préparation du riz en Inde. On note l'association de musulmans (portant la calotte) et d'hindous (portant le turban).

L'Asie n'a pas été la seule affectée par la riziculture. « En été, le riz envahit des milliers d'hectares » – cette observation, émise dans les années 1830, visait le réseau fluvial de la Caroline du Sud, délimité par Cape Fear au nord et St. Johns dans le nord de la Floride. « Ces champs de riz, avait ajouté le correspondant de l'*American Monthly Magazine*, présentaient une surface si plane et si linéaire, qu'en regardant en aval et en amont de la rivière, rien n'obstruait la vue à plusieurs kilomètres à la ronde. » Jusqu'à la guerre de Sécession et la fin de la traite des esclaves, la riziculture établie sur d'anciens marécages était une activité majeure de la Caroline du Sud. Originaire de Madagascar (un certain Henry H. Woodward avait planté du riz que lui avait offert un capitaine malgache dans les années 1680), le riz était semé en estuaire par des esclaves noirs. Originaires d'Afrique de l'Ouest et des Antilles, les esclaves s'acquittaient d'un travail épuisant : débroussaillage, bêchage des canaux de drainage, construction de digues chargées de créer des kilomètres de champs inondés qui se remplissaient et se vidaient au rythme des marées. Ces rizières hydrauliques se sont révélées très rentables : ainsi, en 1730, Charleston vendait plus de

COORDINATION CHROMATIQUE
♦
Hormis le riz, il n'y a pas grand-chose que l'on puisse cultiver en rizière. Cette monoculture a entraîné l'apparition de pathologies, comme la rouille, ou pyriculariose, et de parasites, comme les criquets, les rats, les crabes et les charançons. C'est pourquoi certains rituels sont observés au moment de planter une rizière. Par exemple, on place une fleur sur le premier grain planté ou on porte des vêtements d'une couleur « bienveillante » (définie par l'astrologue du village).

9 072 tonnes de riz. Le paysage de la Caroline du Sud poursuivait inlassablement sa mutation. Après la guerre de Sécession, il ne restait toutefois plus grand monde pour assurer le fastidieux entretien des rizières. Dans les années 1890, une succession d'ouragans a finalement balayé les champs de riz de Caroline du Sud.

Aucun pays n'a été aussi marqué par le riz que la Chine. Même si l'Amérique latine cultive environ 75 % du riz « sec » (les forêts équatoriales ont été déboisées pour laisser place au riz), l'Asie fournit environ 90 % de la production mondiale, toutes origines confondues – les rizières indiennes et chinoises fournissent plus de la moitié de la production mondiale, soit 645 millions de tonnes. Au début du XXe siècle, la Chine se démenait pour sortir du marasme économique résultant du commerce de l'opium (voir Pavot à opium, p. 148). Cette situation débouchera sur l'une des révolutions sociales les plus radicales de l'ère moderne. La Révolution chinoise ne sera pas seulement induite par le riz, mais aussi bien sûr par Mao Zedong.

En 1931, Mao, fils d'un paysan du Hunan, était à la tête d'une république communiste précaire aux côtés de Zhu De, dans la province du Jiangxi, en opposition au parti nationaliste, le Guomindang. Lorsque le nationaliste Jiang Jieshi a lancé une attaque sur Jiangxi, les communistes ont pris tout le monde de court : riz et armes sous le bras, ils se sont lancés dans un exode vers l'ouest de 9 700 kilomètres. Les 100 000 membres ont dû affronter dix-huit massifs montagneux sans parler des assauts incessants du Guomindang. En dépit de ces obstacles,

Si vous prévoyez pour une année, plantez du riz ; si vous prévoyez pour une décennie, plantez des arbres ; et si vous prévoyez pour une vie, éduquez le monde.

Proverbe de la Chine antique

RAFFINAGE DU RIZ
Cette gravure sur bois est l'une des séquences des *36 vues du mont Fuji* de l'artiste japonais Hokusai (1760-1849). Réalisée entre 1826 et 1833, cette scène représente le raffinage du riz selon la tradition japonaise.

20 000 d'entre eux ont survécu à ce qu'on appelle désormais la Longue Marche et ont atteint la province du Shaanxi en 1935. En juillet 1937, les deux factions ennemies ont été contraintes de s'allier pour repousser l'invasion d'une autre nation, très friande en riz : le Japon. Le 6 août 1945, l'Amérique a lancé la première bombe atomique de l'histoire sur Hiroshima, faisant 150 000 victimes. Sitôt la Seconde Guerre mondiale terminée, la bataille entre le parti nationaliste et les brigades communistes de Mao a repris de plus belle. Le 1er octobre 1949, date de la naissance officielle de la République populaire de Chine, le pays est devenu le plus grand État communiste du monde. En 1958, Mao a initié son premier « plan des cinq ans » – pilier d'un plan économique et social global connu sous le nom de « Grand Bond en avant », et qui consistait à regrouper les petites exploitations agricoles pour constituer des « communes populaires » et augmenter ainsi la production agroalimentaire. Animaux et outillage appartenaient désormais à la « collectivité ». Il était devenu interdit de cultiver quoi que ce soit pour son propre compte. En 1966, Mao a mis en place ce qu'on appelle la « révolution culturelle », pendant laquelle de zélés gardes rouges faisaient la chasse aux intellectuels pour les contraindre à goûter à la vie de paysans. L'instauration et la gestion du plan de Mao restent sujettes à controverses. Si certains clament qu'il ne s'agissait finalement que d'une révolution paysanne conduite par un dictateur somme toute inoffensif, d'autres rappellent que le régime de Mao a fait 30 millions de victimes, mortes d'épuisement ou de faim. Les mesures prises par Mao ont effectivement causé la plus grande famine de l'histoire. Pour la première fois depuis 2800 avant J.-C., le riz manquait…

Une nouvelle controverse vise la riziculture de la fin du XXe siècle : les spécialistes du réchauffement climatique ont mis en cause le méthane, qui serait le principal responsable de l'effet de serre. Pour les scientifiques occidentaux, le bétail émet 18 % des émissions de gaz à effet de serre. La riziculture traditionnelle, avec sa combinaison de fumier de buffle, tiges et racines de riz, rejetterait plus de 37,8 millions de tonnes de méthane dans l'atmosphère. Les études indiennes annoncent toutefois des chiffres dix fois inférieurs. Les rizières seraient moins en cause que les extrapolations statistiques fondées sur des études relativement restreintes et donc peu représentatives.

> **UN MEURTRIER BIEN SINGULIER**
>
> Au XIXe siècle, plus particulièrement en Asie, le riz brun – qui contient vitamines et protéines – a été délaissé au profit du riz blanc « raffiné ». Or, ce riz dont on a retiré le son est carencé en nutriments, ce qui a multiplié en Asie les cas de béribéri. Ce terme cinghalais signifie « je ne peux pas, je ne peux pas », en référence aux effets paralysants dus au déficit de thiamine et autres vitamines et minéraux. Léthargie et épuisement font partie des symptômes de la pathologie. Le béribéri, parfois appelé *kakke*, est une maladie commune en Asie.

Pavot à opium
Papaver somniferum

Habitat naturel : de la Turquie à l'Asie, et notamment en Afghanistan, en Inde, au Myanmar (ancienne Birmanie) et en Thaïlande.

Type : annuelle à croissance rapide.

Taille : 1 m.

+ COMESTIBLE
+ **CURATIVE**
+ **COMMERCE**
+ INDUSTRIE

Le pavot à opium a été à la fois une bénédiction et un fléau pour l'homme. Le baume apaisant qu'on en extrait, la morphine, est reconnu depuis le néolithique pour ses extraordinaires propriétés analgésiques, mais ses dérivés, comme l'héroïne, n'ont apporté que désolation en Occident. Autrefois administré aux mères allaitantes et à leurs bébés, l'opium a très vraisemblablement joué un rôle notable dans l'histoire de la Chine, la nation la plus peuplée au monde.

UNE BEAUTÉ TRAÎTRE

À première vue, le pavot à opium semble innocent. Cousin du coquelicot champêtre (*Papaver rhoeas*), il se pare de fleurs blanches, roses, rouges ou mauves qui ont fait le bonheur de nombreux jardiniers. Séchées, les fleurs du pavot à opium formaient de jolis bouquets destinés au salon. En se fanant, la fleur révèle une capsule charnue, aux faux airs de poivrière, qui abrite des graines noires. Au cours de la phase ultime de sa maturation, la capsule produit une sève narcotique laiteuse qui sert de base à l'opium, la morphine et l'héroïne.

La récolte de l'opium se fait en deux temps : le soir, on incise la capsule, puis le matin, on recueille la sève libérée la nuit. C'est l'opium brut. Cette substance est modelée en boulettes que l'on laisse sécher au soleil. L'opium brut contient de la morphine, à partir de laquelle on tire l'héroïne, mais aussi la codéine et la thébaïne – des alcaloïdes qui soulagent les douleurs et induisent un sommeil profond. L'opium est exploité depuis au moins six millénaires – ses premiers utilisateurs étaient des tribus néolithiques de l'Europe de l'Est et du Sud. Les Grecs l'appréciaient pour ses vertus apaisantes et médicinales (Homère mentionne l'opium dans *L'Odyssée*), tout comme les Romains ou encore certaines figures littéraires : Charles Dickens, Percy Bysshe Shelley chez les Anglais, ou Charles Baudelaire,

Jules Boissière, en France. Ce sont en fait les marchands arabes qui ont les premiers introduit l'opium en Chine et en Europe, régions qu'ils visitaient pour leur négoce.

L'héroïne a été isolée en Allemagne, en 1874. Ceux qui l'avaient testée en laboratoire avaient déclaré se sentir *heroisch* (héroïques). L'héroïne a ensuite été commercialisée comme substitut morphinique non addictif. Au début du XXe siècle, si les Américains ne pouvaient plus se passer de leurs remèdes antitussifs, c'était parce qu'ils contenaient de l'héroïne. Un demi-siècle plus tard, le nombre de soldats dépendants à l'héroïne et à la morphine avait alarmé les autorités américaines. Selon un rapport du Congrès de 1971, 15 % des soldats engagés dans la guerre du Vietnam étaient devenus héroïnomanes. Plus récemment, la Russie est devenue la nation la plus héroïnomane du monde – conséquence du retour des soldats soviétiques, grands consommateurs de la substance, après le conflit en Afghanistan. À la fin du XXe siècle, 8 millions de jeunes Occidentaux souffraient d'une addiction à l'héroïne.

Ce chiffre n'est rien comparé au nombre de Chinois tombés sous l'emprise d'opiacés comme l'héroïne : au début du XXe siècle, plus d'un quart de la population adulte chinoise utilisait des drogues dérivées de l'opium à pavot ! Le monde n'a jamais connu une telle addiction de masse et jamais une drogue n'aura provoqué autant de dégâts qu'en Chine. Les effets pernicieux de l'opium se sont immiscés à tous les niveaux de la société chinoise. La nation tout entière s'est trouvée affaiblie et vulnérable face aux agressions étrangères, et notamment japonaises.

Paradoxalement, la source de l'addiction chinoise ne provenait pas de ses champs, mais de ceux de l'Inde. Les cartels qui contrôlaient la production d'opium, et à qui l'on doit le marasme dans lequel ont été plongés cultivateurs indiens et consommateurs chinois, étaient des représentants clandestins de nations occidentales – notamment de la Grande-Bretagne, de la France et de l'Amérique. Les historiens le confirmeront, le problème remonte aux années 1490, lorsque Vasco de Gama a contourné le cap de Bonne-Espérance. Gama a inauguré une nouvelle voie maritime reliant l'Orient à l'Occident à une époque où les Européens nourrissaient de nom-

L'OPIUM DU PEUPLE
L'opium « brut » se récolte en pratiquant une incision sur la tête du pavot. Source de l'héroïne et de la morphine, l'opium brut est ainsi prélevé avant d'être séché au soleil.

REMÈDE ET POISON

✦

L'opium a toujours eu sa place dans la pharmacopée. Le pavot à opium possède vingt-cinq alcaloïdes, parmi lesquels, la papavérine (utilisée pour les troubles intestinaux), le vérapamil (employé pour les troubles cardio-vasculaires), la codéine (remède contre la toux et le rhume) et la morphine (puissant antalgique). Contrairement à d'autres remèdes d'origine naturelle, la morphine ne peut être synthétisée et doit donc être extraite du pavot. À l'origine, l'héroïne était considérée comme un remède légal, mais la substance est aujourd'hui interdite dans la plupart des pays.

breux préjugés envers les peuples de cette partie du globe. Dans l'esprit européen, l'Afrique, l'Inde et l'Asie étaient peuplées de sauvages, crédules et stupides, qui ne demandaient pas mieux que de se départir de leurs épices et précieux métaux en échange de pacotille. Les Européens étaient également persuadés que « l'Orient » accueillerait à bras ouverts les technologies occidentales.

Gama s'était lancé dans un commerce très lucratif avec l'Afrique, l'Inde et la Chine, et en importait sel, or, ivoire, ébène, esclaves, céramiques, cauris (coquillages du groupe des porcelaines), perles et soies. Le Portugal et l'Espagne n'ont d'ailleurs pas tardé à monopoliser les échanges commerciaux maritimes de ces produits entre l'Orient et l'Occident. Comme on peut s'y attendre, les Hollandais, les Français et les Anglais se sont également invités dans le négoce.

Si l'Afrique et l'Inde ont accepté les partenariats avec l'Occident, la Chine, elle, ne s'est pas vraiment laissé convaincre. Il faut dire que les Chinois s'autosuffisaient et possédaient déjà leurs propres soies, porcelaines, thés... En dehors de lingots d'argent, il n'avait pas grand-chose d'autre à attendre de l'Occident. En 1793, l'ambassadeur britannique, Lord Macartney, s'était rendu en Chine, espérant y signer des contrats commerciaux. Macartney appartenait à la vieille école européenne et considérait ses interlocuteurs comme d'énigmatiques féodaux orientaux. Pour lui, dès que les Chinois verraient un peu ce que l'Occident avait à leur proposer, ils lui ouvriraient grandes leurs portes !

Or, l'exercice de séduction n'a pas réellement fonctionné avec les souverains mandchous. Si les drôles d'horloges mécaniques que Macartney leur avait présentées les avaient amusés, ils considéraient l'émissaire comme un petit chef peu crédible. Ils ne s'envisageaient pas comme des Asiatiques, ni comme des Orientaux. Leur dynastie, stable, sûre, et autarcique, était positionnée exactement au centre du monde. Un délégué chinois avait gentiment expliqué à Macartney qu'il éprouvait de la peine pour « sa lointaine île, coupée du monde par de vastes mers ».

Il est donc d'autant plus étonnant qu'en un demi-siècle, le système social qui gouvernait la Chine allait être mis à mal par des coquelicots venus de l'étranger...

MORPHINE

✦

Au début du XIXe siècle, Friedrich Wilhelm Sertürner a isolé la morphine à partir de l'opium. Il a baptisé sa découverte en hommage à Morphée, le dieu grec des rêves. La culture de l'opium légal se situe en Inde, même si d'autres pays en cultivent. Depuis 2000, l'Afghanistan est le principal fournisseur d'héroïne, bien que d'autres nations en produisent, comme le Myanmar, la Thaïlande, le Vietnam, le Laos, le Pakistan, le Mexique et la Colombie. L'héroïne est une drogue dure qui provoque des dégâts considérables en Occident. L'opium est toujours considéré comme une drogue « récréative » acceptable dans certaines régions rurales, notamment en Afghanistan.

LE POISON DU PEUPLE

Déçues – le mot est faible – par les réticences de la Chine, les nations occidentales ont, avec beaucoup de cynisme, créé leurs propres réseaux commerciaux, finalement redoutables d'efficacité. Le tabac provenait par exemple de champs brésiliens, colonie portugaise, et l'opium, du Bengale, alors sous protectorat britannique. La Grande-Bretagne avait pris le contrôle des champs d'opium du Bengale après la victoire de Robert Clive sur l'armée indienne, à Plassey, en 1757. Clive est lui-même devenu opiomane. Pendant ce temps, la Compagnie britannique des Indes orientales, avec la bénédiction et la protection du gouvernement anglais, achetait et synthétisait la drogue en Inde et asservissait les producteurs d'opium. Bien évidemment, ils n'assuraient pas directement le transport de l'opium et chargeaient des agents indépendants, équipés de bateaux rapides, d'acheminer la drogue en Chine. La Compagnie n'avait rien à envier aux cartels de trafiquants de drogue. Leur système leur permettait toutefois d'échapper à tout soupçon et toute condamnation. Et tandis que les bateaux allaient et venaient dans les ports chinois, il fallait acheter le silence d'un nombre croissant de fonctionnaires, qui dissimulaient à leurs supérieurs ce trafic. La Compagnie des Indes orientales a fini par contrôler le marché de l'opium, et surtout son prix…

Le trafic d'opium était aussi lucratif au XVIIIe siècle que celui du crack (voir Coca, p. 70) au XXIe siècle, et la promesse de juteux profits a rapidement attiré des dealers du monde entier. Ainsi, le marché des opiacées a accueilli de nouveaux venus, comme l'opium du Malwa (région centrale de l'Inde) ou l'opium turc. C'était un cercle vicieux : plus l'offre augmentait, plus les prix baissaient, et plus la consommation croissait.

Les autorités chinoises tentaient de résister. À la suite d'un décret impérial, daté de 1729, il était interdit de consommer de l'opium. Le peuple était malheureusement déjà trop exposé à la substance opiacée qui allait insidieusement déstabiliser l'ensemble de la société chinoise. Aux grands maux, les grands remèdes

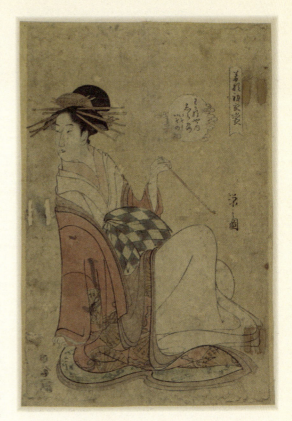

L'APPEL DE LA DROGUE
De nombreux colons ont cédé à la tentation de la pipe à opium, surtout lorsqu'elle était préparée par une jolie jeune femme. Robert Clive, pair d'Irlande et futur gouverneur du Bengale, n'était pas insensible aux charmes de l'opium.

DE LA DROGUE EN BOUTEILLE
Avant de le retirer de la vente, l'entreprise pharmaceutique allemande, Bayer, commercialisait un sirop antitussif, supposé sans accoutumance, qui contenait de l'héroïne. La morphine a été isolée à partir de l'opium par Friedrich Wilhelm Sertürner.

et, à deux reprises, au début des années 1840, puis en 1856, les Anglais, forts d'une opinion publique tout acquise à leur cause, avaient envoyé des navires de guerre supposément pour faire respecter « le droit au commerce ». Les Chinois étaient très mal équipés et certainement pas en mesure de rivaliser avec la flotte britannique. Ils ont ainsi perdu les deux guerres de l'opium, à l'issue desquelles la circulation de la drogue en Chine a décuplé.

> Ô, subtil et puissant opium, tu détiens les clés du paradis !
>
> *Thomas De Quincey*, Confessions d'un Anglais mangeur d'opium, *1821*

À cette époque, la population chinoise atteignait 430 millions d'habitants. Jusqu'ici, la stabilité de la dynastie Qing (1644-1912) et de ses dirigeants mandchous avait permis à la nation de prospérer – d'où l'importante croissance démographique. Néanmoins, les paysans peinaient de plus en plus à nourrir une telle population, dans un pays de plus en plus handicapé par sa dépendance à l'opium. La révolte des Taiping, entre 1850 et 1864, n'a surpris personne. Après avoir réquisitionné les exploitations agricoles, les insurgés en avaient expulsé les propriétaires, puis ils avaient évalué les terres en fonction de la qualité du sol et des cultures potentielles, avant d'en offrir la gestion à la communauté.

Puissances étrangères

Impuissant, le gouvernement mandchou a dû se tourner vers les puissances étrangères pour qu'elles l'aident à contrer les révolutionnaires. La Chine a ainsi sollicité l'aide logistique et technologique de la France, des États-Unis et de la Grande-Bretagne. Les nouveaux alliés ne demandaient pas mieux que de coopérer, mais à un certain prix… Ils ont notamment conditionné leur assistance à une concession de taille : la légalisation de l'opium. C'est la mort dans l'âme que la Chine s'est pliée à cette exigence.

La dépendance à l'opium s'est ainsi généralisée à toutes les couches sociales chinoises et a coûté à la nation sa souveraineté. À la fin du XIXe siècle, la Chine était un pays sur le déclin. Le dernier empereur, Puyi, a abdiqué en 1912. À sa mort, en 1967, il travaillait comme archiviste – un nouveau mouvement de contestation paysan, la révolution culturelle,

Un vrai cauchemar
Photographie d'un fumeur d'opium prise en 1870. La consommation d'opium avait pris une telle ampleur en Chine qu'elle a détruit l'économie du pays et mené aux révoltes paysannes qui ont favorisé la montée du communisme.

s'était emparé du pays. Il faut attendre la Seconde Guerre mondiale pour que la dépendance à l'opium en Chine soit enfin contrôlée (voir Riz, p. 144).

C'était alors à l'Occident de gérer la question de l'héroïne, une drogue potentiellement plus destructrice que l'opium. La popularité de l'héroïne n'a cessé de croître depuis le début des années 1900 en Amérique et en Europe de l'Ouest. Initialement, la production provenait du pays qui avait succombé à la dépendance de l'opium : la Chine. Des laboratoires d'héroïne ont vu le jour pour synthétiser la drogue. Le crime organisé – des triades – les a rejoints, assurant la distribution de la drogue et le blanchiment des profits. Mais la Seconde Guerre mondiale les a privés de leur matière première, d'une part en raison des combats entre le Japon et l'Amérique, et d'autre part, à cause des communistes chinois qui luttaient sans relâche contre les trafiquants d'héroïne.

À la fin de la Seconde Guerre mondiale, le marché de l'héroïne s'est retrouvé sous le contrôle de la mafia italienne et des cartels de drogue d'Amérique latine, d'Asie et, à la fin du XXe siècle, d'Afghanistan.

LA FLEUR DU SOUVENIR

L'histoire du pavot connaît un épilogue, c'est une variété connue sous le nom de coquelicot (*Papaver rhoeas*) qui en est l'héroïne (sans jeu de mot). En 1920, le coquelicot est devenu le symbole du souvenir après qu'une institutrice américaine, Moina Belle Michael, a vendu des coquelicots en soie à ses amis pour lever des fonds destinés aux militaires blessés. Elle avait été inspirée par un poème écrit par John McCrae, lieutenant-colonel dans l'armée canadienne pendant la Première Guerre mondiale, qui se terminait par : « Accepte le défi, sinon les coquelicots se faneront au champ d'honneur. »

LE POUVOIR DU FEU
En janvier 1841, le bâtiment naval britannique *Nemesis*, alors sous le commandement du lieutenant W.H. Hall, a été utilisé dans la baie d'Anson contre les jonques délabrées chinoises pendant les guerres de l'opium.

REMÈDE PÉDESTRE
✦

L'opium rencontrait un vif succès auprès des personnalités littéraires du XIXe siècle, dont le Britannique Thomas De Quincey – devenu célèbre en Angleterre en 1821, à la publication de *Confessions d'un Anglais mangeur d'opium*. Quincey avait commencé à consommer de l'opium pendant ses études à Oxford et n'avait pas cessé depuis. Il avait une technique particulière pour éliminer les effets léthargiques de sa drogue : la marche ! « (Je) ne me sens jamais vraiment bien si je n'ai pas eu mon exercice pédestre. » Ainsi, il éliminait les effets de l'opium avec une foi presque névrotique, tête nue et par tout temps.

UNE PLANTE PERNICIEUSE
L'héroïne s'obtient à partir d'opium brut. L'homme a réussi à transformer l'innocente et élégante fleur d'opium en une des drogues les plus addictives au monde…

Poivre noir
Piper nigrum

Habitat naturel : Inde.

Type : liane tropicale à feuilles persistantes.

Taille : jusqu'à 7 m.

- ✦ **Comestible**
- ✦ **Curative**
- ✦ **Commerce**
- ✦ **Industrie**

Il fut un temps où le poivre noir était l'épice la plus précieuse que l'on puisse trouver dans une cuisine. C'est en partie grâce à son commerce, très lucratif, que Venise était devenu la première plaque tournante financière du monde.

Une monnaie de poivre

Nations et îles méditerranéennes regorgent de trésors architecturaux, vestiges des superpuissances qui ont dominé l'Europe pendant plusieurs siècles. Au Moyen Âge, les marins de ces pays avaient embarqué sur des flottilles souvent de fortune et s'étaient lancés à l'assaut de l'océan Atlantique. Un désir animait ces explorateurs : trouver la source du poivre noir. À défaut de poivre, ils ont découvert l'Amérique !

Au XIVe siècle, les pèlerins des *Contes de Cantorbéry* de Geoffrey Chaucer partent de Pepper Alley à Southwark (Londres). Pepper Alley (l'allée du poivre), Pepper Gate (la porte du poivre), rue du Poivre : toutes les villes médiévales avaient un quartier baptisé d'après l'épice. Pour quelle raison ? Toute ville possédait ses maisons closes, ses places malfamées ou autres saunas, mais aussi sa « rue aux épices », autrement dit, une sorte d'avenue où les épiciers se regroupaient pour vendre leurs produits. À cette époque, le poivre était l'épice la plus onéreuse et avait même reçu le titre de « roi des épices ».

De toutes les épices proposées sur le marché, seul le poivre avait un parfum suffisamment puissant pour couvrir la pestilence des rues médiévales. Pourtant, lorsque le poète populaire William Cowper écrivait dans son *Table Talk*, en 1782 : « [...] le courtois lauréat paie/Son cens (redevance) avec une ode, valant son pesant de poivre de louange », le poivre ne valait plus qu'une bagatelle. Le roi des épices avait tellement perdu de sa valeur qu'il ne symbolisait plus grand-chose et était synonyme de quantité négligeable. Le mot a également affecté le vocabulaire militaire anglais – lorsqu'on tirait au canon, on disait qu'on « poivrait » l'ennemi. Les Suédois, eux, se débarrassaient des importants d'une seule phrase, *dra åt skogen dit pepparn växer* [allez donc voir dans la forêt si le poivre y pousse] et les Gallois décrivaient un voisin volubile comme un *siarad fel melin bupur* [un vrai moulin à poivre].

En fait, Cowper a rédigé son ouvrage peu de temps après un événement majeur de l'histoire britannique et orientale : sous le commandement de Robert Clive, les Anglais venaient de renverser le nabab bengali Siraj ud-Daula et profitaient des *diwani*, fortes rentrées d'argent de leur nouvelle colonie. Maintenant que les Européens occupaient une base solide en Inde, le poivre était devenu plus accessible que jamais.

Le poivre du marin

Petit grain fripé et sans prétention, le poivre noir est le fruit d'une liane grimpante, *Piper nigrum*, qui pousse toujours à l'état sauvage dans certaines régions de l'Inde. Dès sa troisième année, la plante, soutenue par des tuteurs ou des treillis, produit de longs rubans de petites baies – et continue ainsi pendant environ quinze ans. Les fruits, ou baies, prennent une couleur rouge à mesure qu'ils mûrissent. Ils sont ensuite cueillis et placés dans l'eau, de façon à pouvoir ôter facilement leur enveloppe, ou péricarpe, et obtenir les grains de poivre blancs contenus à l'intérieur. Pour le poivre noir, on récolte les baies proches de leur maturité et recouvertes de leur péricarpe, puis on les laisse sécher au soleil.

Si les autochtones indiens considéraient le poivre comme une épice chargée de parfumer leurs aliments, les Européens médiévaux, eux, ne pouvaient s'en passer. Dans leur cuisine, le poivre était aussi important que le sel utilisé pour conserver la viande et les légumes. Chaque ferme possédait son banc de salage – une plaque de pierre sur laquelle on salait la viande avant de l'accrocher au plafond de la cuisine. De la même façon que tout le monde avait son coffre à sel, disposé dans un mur près de l'âtre afin de le garder au sec, chaque ménage disposait d'un pot à poivre. Le poivre avait une telle importance au Moyen Âge, que son prix était dix fois supérieur à celui de toute autre épice.

Les Indes en erreur

En 1492, Christophe Colomb est parti avec trois vaisseaux – la *Niña*, la *Santa Maria* et la *Pinta* – à la recherche d'un raccourci maritime vers la Chine et l'Inde et d'une nouvelle route pour le poivre indien. « Le monde est petit », avait déclaré, très surpris, Colomb en touchant terre. Convaincu qu'il venait d'accomplir un tour du monde et avait atteint les « Indes » ou l'Asie, il a appelé sa première escale les « Indes occidentales » (Antilles) et ses autochtones, les « Indiens », pensant bien entendu qu'ils étaient les véritables habitants de l'Inde actuelle. En réalité, Colomb avait accosté aux Bahamas et était le premier Européen à toucher le sol américain depuis les Vikings. L'Italien Amerigo Vespucci, qui a démontré que Colomb avait en fait découvert un quatrième continent, a en toute simplicité baptisé ce Nouveau Monde de son propre nom...

Des affaires en or
La gravure de Théodore de Bry représente des marchands de poivre chinois à Java pesant et vendant leurs précieuses baies dans les années 1550, preuve que les Chinois négociaient le poivre bien avant les Européens.

Au XVIIe siècle, tout marin digne de ce nom n'embarquait jamais sans une boucle d'oreille en or – non par coquetterie, mais parce que le bijou servait de monnaie d'échange et lui offrait, si besoin en était (et besoin en était souvent), un enterrement décent. Néanmoins, les archéologues ont découvert que ces matelots emportaient non pas une boucle d'oreille, mais une bourse de cuir remplie de la monnaie la plus précieuse de l'époque : le poivre noir.

Les marchands de Venise

Le commerce terrestre du poivre était long. En principe, le poivre se négociait dans les bazars d'Inde, puis il était chargé sur des mules ou des chevaux, avant de traverser les périlleux sentiers du Pakistan, d'Afghanistan, d'Iran, d'Irak et de Syrie. Il était alors transporté par la Turquie ou les États balkaniques vers le pôle commercial du XVIe siècle : Venise.

En raison de sa loyauté envers l'Empire romain, les Vénitiens avaient reçu en cadeau les marécages et les lagunes situés sur la côte adriatique du nord de l'Italie. En dépit d'invasions occasionnelles des Goths et des Huns, les Vénitiens ont prospéré, profitant de la situation privilégiée de leur territoire, point d'orgue entre l'Orient, riche en épices, et l'Occident, affamé d'épices. Dès le IXe siècle, les Vénitiens et leurs doges avaient établi la république de Saint-Marc, plus connue sous le nom de Venise. Aujourd'hui, Venise est une ville élégante et ouverte sur l'eau – qui envahit régulièrement ses rues. Au début du XVIe siècle, ses marins n'opéraient pas sur de luxueuses gondoles laquées, mais à bord de robustes navires marchands qui avaient fait de Venise l'empire maritime le plus influent du monde depuis la Grèce antique.

Les Vénitiens gouvernaient le « Veneto », qui englobait plusieurs villes prospères, comme Bergame, Brescia, Padoue, Vérone et Vicence, et occupait plusieurs pans de la côte dalmatienne ainsi que deux îles au commerce florissant, la Crète et Chypre. Preuve de la suprématie vénitienne, les chevaux de bronze, symboles du puissant Empire byzantin qui gardaient l'hippodrome de Constantinople, avaient été installés place Saint-Marc, à Venise. Les Vénitiens avaient profité de la mise à sac de Constantinople par les croisés. Après un passage parisien (Napoléon les avait rapatriés dans la capitale), les bronzes, rendus en 1815 à Venise par décision du congrès de Vienne (à la suite de la chute de Napoléon), ornent à présent la façade de la basilique Saint-Marc.

Pendant que les marchands s'offraient des palais et érigeaient des églises pour remercier Dieu de ses largesses (dont le poivre), les pères de la cité travaillaient à un moyen de faire circuler leurs prodigieuses richesses. C'est ainsi qu'ils ont donné naissance au premier système banquier. Les banquiers italiens du Vatican, et ce malgré plusieurs édits condamnant l'usure, sont devenus orfèvres en finance, tandis que le Florentin Cosme de Médicis gérait avec discernement la banque Médicis, ouvrant des « succursales » à Genève, Londres, Rome, Milan, Pise et, naturellement, Venise.

Le déclin de ces banques s'est amorcé lorsque l'Empire ottoman a asphyxié le commerce vénitien, et que les Espagnols, les Portugais, les Hollandais, les Français et les Anglais ont cherché d'autres sources pour leur approvisionnement d'épices. Vasco de Gama s'est aventuré dans l'océan Indien et a contourné le cap de Bonne-Espérance pour y acheter ses épices, tandis que les Espagnols ont fait route vers les Amériques. Le prix du poivre a augmenté (il valait aussi cher que l'or) et, avant que Colomb ne mette les voiles vers les Indes, les banques vénitiennes ont fait faillite.

**La variété est l'épice même de la vie,
et lui donne d'ailleurs toute sa saveur.**
William Cowper, La Tâche, *1785*

> ### SANGLANTES ÉPICES
> ✦
> Le clou de girofle n'était pas importé d'Inde, mais des îles aux épices, les Moluques, un archipel volcanique situé en Indonésie orientale et comprenant Tidore, Ambon et les Banda. Au XVIIe siècle, les Hollandais avaient la mainmise sur le commerce des épices, dont celui de la noix de muscade et du macis, qu'ils protégeaient jalousement. Après avoir ravi les îles aux Portugais, ils ont interdit toute exportation de plantes et ont détruit les surplus d'arbres pour maintenir leur monopole. La tentative britannique d'établir un comptoir rival à Ambon s'est soldée en 1623 par le « massacre d'Ambon », avec l'exécution des Anglais.

LE POIVRE NOIR
La liane grimpante de *Piper nigrum* produit des fruits, ou baies, qui, récoltés avant leur maturité et séchés au soleil, deviennent noirs et fripés.

Chêne pédonculé
Quercus robur

Habitat naturel : Europe, Russie, Asie du Sud-Ouest, Afrique du Nord.

Type : arbre à feuilles caduques.

Taille : 40 m.

+ Comestible
+ Curative
+ Commerce
+ Industrie

Matériau privilégié des châteaux, cathédrales et autres vaisseaux des mers, ce géant arboricole a réussi à survivre aux déprédations de l'homme. Très apprécié de l'industrie viticole, son cousin, le chêne-liège, n'a pas eu cette chance.

Cœurs de chêne

Au XIXe siècle, il existait une espèce végétale non inépuisable et aux innombrables applications – matériau de construction, combustible, emballage, transport de millions d'hectolitres de bière, vin et spiritueux. L'industrie ne pouvait plus s'en passer et les ressources de cet arbre s'amenuisaient à vue d'œil. Cette ressource n'était autre que le chêne.

Selon certaines études, ce roi des forêts peut vivre plus d'un millénaire et atteindre 40 mètres de haut. Les plus anciens spécimens abritent d'ailleurs une faune très diverse. Il faut parfois patienter cent cinquante ans avant de pouvoir

utiliser le chêne à des fins de construction, mais l'attente n'est pas vaine. Le vaisseau de l'amiral Nelson, le HMS *Victory*, construit entre 1759 et 1765, a nécessité cinq mille chênes adultes.

Pour un arbre aussi grand, la reproduction naturelle du chêne est très compliquée. Il met cinquante ans avant de produire ses premiers glands, porteurs des graines. Ensuite, les dizaines de milliers de glands qui tombent de l'arbre sont en quasi-totalité dévorés par les animaux ou laissés à l'abandon. Il ne reste donc plus qu'à compter sur des écureuils ou des geais distraits pour enterrer les glands pour une consommation future… et initier le cycle de vie du chêne.

Le destin du chêne pédonculé représente toutefois un joli succès pour l'écologie. Avant l'arrivée de l'homme, l'arbre prospérait. Avec l'essor démographique, il a été exploité outre mesure. À l'image du séquoia d'Amérique du Nord et du hêtre, le chêne est apparu sur Terre il y a soixante-six millions d'années. Il y a de cela un million d'années, l'arbre recouvrait l'Europe, avant que l'homme ne commence à l'abattre.

Il y a cinq mille cinq cents ans, le chêne servait à la construction des monuments néolithiques et, un demi-millénaire plus tard, à l'invention majeure de l'âge du bronze, la roue. Enduites des tannins du chêne, les peaux d'animaux pouvaient être portées par l'homme. Enfin, le chêne se faisait combustible et dégageait suffisamment de chaleur pour fondre les métaux précieux. Lorsque les Romains ont déferlé sur l'Europe, ils ont pillé sans relâche les ressources naturelles de leurs nouveaux territoires. Ils utilisaient les chênes comme matériau pour leurs forteresses et leurs quilles de navires, et surtout comme combustible pour extraire plomb, cuivre, bronze, fer, étain, or et argent. Tant et si bien que les chênes étaient en voie d'extinction.

UN AVENIR PROTÉGÉ
Le feuillage arrondi et caractéristique du chêne le rend immédiatement reconnaissable. La robustesse et la durabilité de son bois garantissent son avenir.

Le dépeuplement causé par une épidémie de peste bubonique avait offert un léger répit à la végétation, mais les forêts ancestrales de chênes, exsangues, étaient déjà décimées. Bède le Vénérable, un moine anglo-saxon, avait mentionné une réunion d'évêques et de médecins au « chêne de St. Augustine » en 603. On estime que Major Oak, le célèbre chêne de la forêt anglaise de Sherwood, aurait entre 800 et 1 000 ans.

La déforestation a incité l'écrivain anglais John Evelyn à écrire l'un des premiers ouvrages écologiques, *Sylva – A Discourse of Forest Trees* [Sylva – Un discours sur les forêts], en 1664 : « Les arbres, indiquait-il, poussent lentement pour fournir de l'ombre à nos petits-enfants. »

LE VRAI ROI DES FORÊTS

Le chêne est aussi emblématique que le séquoia de Californie, aussi symbolique que le baobab du Botswana, aussi renouvelable que l'eucalyptus d'Australie. Une maison en chêne peut résister aux séismes. Le bois est aussi résistant que l'acier et plus sûr en cas d'incendie : l'acier se déforme, alors que le chêne est ignifuge. De telles qualités lui ont valu des surnoms, comme cœur de chêne, roi des forêts, monarque, ou encore, ainsi que le poète anglais élisabéthain Edmund Spenser l'avait résumé, « le chêne constructeur, seul et unique roi de toutes les forêts ».

Ces chênes, gris, noueux, cagneux, courbés, énormes, singuliers et difformes – autant de patients témoins des siècles qui s'écoulent.
Francis Kilvert, Journal de Kilvert, 1870-1879

MAJOR OAK,   AGE 1,500 YEARS, GIRTH 35 FEET, BASE 64 FEET.

Citoyens du 3ᵉ âge
Le Major Oak, près du village d'Edwinstowe dans la forêt de Nottingham, photographié en 1912. D'une circonférence de 10 mètres, cet arbre ancestral aurait abrité Robin des Bois dans ses replis ligneux.

L'Angleterre des Tudor était bâtie en chêne. L'arbre a aussi contribué à lancer la révolution industrielle (contrairement aux idées reçues, les forgerons n'ont décimé aucune chênaie pour alimenter leurs fourneaux ; ils ont, en revanche, géré des forêts avec une approche écologique). Le chêne équipait aussi les vaisseaux grâce auxquels la Grande-Bretagne a bâti son empire. À sa mort, en 1901, la reine Victoria gouvernait un quart de la planète…

En cinquante ans, les chênaies britanniques ont été anéanties. La faute en revient à la Première Guerre mondiale. « Les abattages sans précédent perpétrés pendant la guerre ont emporté […] la plupart des bons chênes », conclut un rapport de sylviculture britannique en 1924. Un ancien bûcheron a décrit le phénomène de manière plus prosaïque : « Aujourd'hui, on ne trouve plus de bons vieux arbres comme dans le temps. »

À la fin du XXᵉ siècle, le chêne, source forestière renouvelable et aussi complaisante avec l'écologie

Des amis à plumes
Les petits glands font les grands arbres. Les geais sont très friands des glands de chêne qu'ils rassemblent avant de les enterrer dans les sous-bois.

qu'avec le charpentier, a fait son grand retour. « L'avenir du chêne, à la fois comme arbre et comme bois de construction, s'annonce radieux », avaient conclu les auteurs de *Oak – A British History* [Le Chêne – Une histoire britannique] en 2003.

Les chênes-lièges du sud du Portugal ont connu une histoire différente. Les arbres y étaient cultivés pour leur écorce depuis trois siècles. Dom Pérignon aurait découvert comment sceller une bouteille avec un bouchon en liège, permettant ainsi de conserver le breuvage pendant plusieurs années. Grâce à cette découverte, la viticulture a connu un essor sans précédent. Les écorces de l'arbre entraînaient quelques cicatrices, mais pas de séquelles permanentes. Les épaisses plaques d'écorce étaient humidifiées, puis aplaties, avant de permettre la confection de millions de bouchons. Et rien ne se perdait, puisque les déchets étaient utilisés pour les revêtements de sol, l'isolation... « À la fin de la Seconde Guerre mondiale, vous pouviez rouler des kilomètres dans le Sud et ne voir que des chênes-lièges, se souvient un ouvrier. Mais le déclin du chêne-liège commençait déjà à se faire sentir, notamment avec l'arrivée des bouchons en plastique et du "liège" plastique. » En 2000, le Portugal produisait 40 millions de bouchons par jour, et si le chêne-liège occupe encore de vastes forêts du sud et du centre de l'Europe, son avenir reste incertain.

L'avenir est dans le chêne

♦

La destruction des forêts de chênes-lièges au Portugal, qui absorbaient annuellement l'équivalent du dioxyde de carbone émis par 185 000 voitures, va intensifier le réchauffement climatique. La déforestation et la nécessité de ressources renouvelables avaient déjà incité, en 1664, l'écrivain anglais John Evelyn à publier un ouvrage écologiste, dans lequel il imputait la disparition des chênes à « la propagation du labourage ». L'ouvrage encourageait la préservation des forêts et a conduit au concept de ressource renouvelable.

Du chêne en bouchon
Grâce à la production vinicole, le chêne-liège du sud du Portugal est resté une ressource renouvelable pendant trois siècles. L'avenir du chêne-liège méditerranéen est à présent incertain.

Rosier

Rosa canina

Habitat naturel : Europe, Afrique du Nord et Asie occidentale.

Type : arbuste épineux grimpant.

Taille : jusqu'à 3 m.

+ Comestible
+ Curative
+ **Commerce**
+ Industrie

Les jardiniers sont tombés sous le charme de la plus ancienne plante d'ornement d'Amérique : le rosier – terme vaste qui regroupe une multitude de variétés. D'ailleurs, l'engouement pour le jardinage au XIXe siècle lui doit beaucoup.

Un parfum de succès

Originaires de Malaisie, les tribus nomades Sakai peineraient peut-être à comprendre certaines coutumes modernes, mais elles ne resteraient pas insensibles au parfum. Qu'il s'agisse de poisson frais pêché en Malaisie ou d'un steak frites dégusté dans une brasserie parisienne, partout dans le monde, les aliments séduisent – ou pas – en fonction de l'odeur qu'ils dégagent. L'odorat humain est pourtant beaucoup moins performant que celui des chiens, des chats ou des papillons nocturnes, capables de sentir un conjoint à 11 kilomètres à la ronde. Le langage du parfum a toujours été universel : l'ancêtre de la femme du XXIe siècle, qui applique quelques gouttes de sa fragrance préférée sur son poignet avant de sortir, faisait certainement de même dans la Perse antique, il y a deux mille cinq cents ans.

C'est en Perse (actuel Iran) que l'huile de rose a vu le jour. Selon la légende, pendant la fête de ses noces, une princesse aurait remarqué dans un petit bassin, des pétales de rose flottant et exsudant des huiles aromatiques, exaltées par le soleil de plomb. L'huile de rose (originaire de Perse, et plus récemment d'Inde, de Bulgarie et de Turquie) s'extrait à partir de la rose de Damas (*Rosa damascena*) et est devenue la matière première préférée des parfumeurs. Cette huile reste très onéreuse : 25 millilitres d'huile nécessite environ dix mille roses.

Dans son *Herbier* de 1597, John Gerard considérait l'églantine, *Rosa canina*, comme un présent pour les « cuisinières et les gentes dames [qui] confectionnaient des tartes, et autres délices aussi plaisants ». L'épouse du yeoman (petit propriétaire rural anglais) ne s'intéressait toutefois pas à la rose, qu'elle cultivait entre deux rangs de petits pois et de choux verts, non pour son essence, mais pour ses propriétés médicinales. Elle connaissait

certainement la rose de Provins (*Rosa gallica* var. *officinalis*), celle dont les pétales comprimés en perles forment une sorte de « rosaire », ou encore la rose de Damas, rapportée en Angleterre par les croisés et communément utilisée pour traiter toux, rhumes, infections oculaires et, à en croire John Gerard, « endiguer les saignements ». Rose pâle, l'églantine (*Rosa canina*) était également très prisée. Efficace contre les morsures de chiens enragés, ses feuilles faisaient office de laxatif, ses graines de diurétique et ses baies étaient si riches en vitamine C, que pendant la Seconde Guerre mondiale, les petits Anglais étaient envoyés en cueillir partout où ils en trouvaient. [Ils en récoltèrent 226 tonnes par an.] L'aromathérapie exploitait également les propriétés curatives de la rose : ses effets apaisants soulageaient chagrin et mélancolie.

PERFECTION PARFUMÉE
Les roses, dont est extraite la sublime huile parfumée, ont toutes un ancêtre commun : les rosiers sauvages d'Europe, d'Asie et d'Amérique du Nord.

Aujourd'hui, de nouvelles variétés ont vu le jour et rejoint les seize mille déjà existantes. Toutes sont issues des rosiers sauvages d'Europe, d'Asie et d'Amérique du Nord. Ces fleurs se fanent malheureusement vite. Leur floraison était déjà tout aussi brève en 1648, lorsque Robert Herrick, dans son poème « À toutes les vierges, pour qu'elles profitent de leur vie », recommandait :

Rassemblez vos roses tant que vous le pouvez,
Car le temps s'envole à vive allure ;
Et cette fleur, qui vous sourit aujourd'hui,
Demain, mourra.

Tout allait changer avec l'arrivée de la rose chinoise. À la fin du XVIIIe siècle, les négociants étrangers avaient découvert la légendaire « Terre fleurie », la pépinière de Fa Tee à Canton qui abritaient des spécimens en pot qui fleurissaient encore en automne. Ces rosiers hybrides chinois ont rapidement été expédiés en Europe et en Amérique où ils ont été croisés.

L'histoire regorge de célébrités qui, grâce à leur prestige et leur compte en banque, ont pu s'adonner à

DE L'ENGRAIS AVEC PARCIMONIE

✦

Les rosiers répondent bien aux engrais. « Soyez avare de fumier », recommandait pourtant le jardinier du XIXe siècle, James Shirley Hibberd, à une époque où le jardinier amateur de roses privilégiait encore le fumier et le compost. De 1840 à 1890, ces engrais avaient été suppléés par ce qu'on appelle le « guano », une matière jaunâtre constituée de déjections, de plumes et d'os d'oiseaux de mer. Originaire d'Amérique du Sud, le guano était expédié en Europe et en Amérique du Nord, jusqu'à ce qu'un Anglais découvre comment créer un engrais synthétique à partir de phosphates.

la passion des roses et du jardinage. Lorsque le troisième président américain, Thomas Jefferson, a remodelé Monticello (sa demeure de Virginie) au début du XIXᵉ siècle, il a fait la part belle à ses rosiers préférés, les églantiers odorants, ainsi qu'à de nouvelles variétés de roses. Au début du XXᵉ siècle, le médecin franco-espagnol Joachim Carvallo restaura le château de Villandry (aidé dans sa démarche – onéreuse – par son union avec une héritière américaine). Dans les jardins, il associa des rosiers et trente mille plantes différentes pour créer le potager le plus exotique du monde. À l'instar du pois de senteur (voir Pois de senteur, p. 118), le jardinier amateur a largement contribué à la culture des roses de jardin.

UNE BEAUTÉ CHAMPÊTRE

La peintre et illustratrice britannique Helen Allingham personnifie le charme des rosiers bucoliques. Amie de John Ruskin, Lord Tennyson et de Dante Gabriel Rossetti, Allingham (née Helen Paterson en 1848) étudia à l'école féminine des beaux-arts de Londres, subvenant à ses besoins en illustrant magazines et livres, avant d'épouser le poète irlandais William Allingham (il avait 50 ans, et elle, 25). Elle s'est d'abord consacrée à sa famille, puis, après un déménagement en 1881 dans le Surrey, elle s'est attelée à une série de toiles champêtres, devenues emblématiques du « pinceau » Allingham. Elle décrit un monde apaisé où de jolies jeunes femmes se retrouvent sous des porches couronnés de roses et bavardent au coucher de soleil. Allingham était préoccupée par la réhabilitation des demeures du Surrey orchestrée par des promoteurs peu scrupuleux. Elle souhaitait garder une trace des détails avant qu'ils ne disparaissent. Les œuvres d'Allingham décrivent ainsi une époque où les jardiniers amateurs, de Gand (Belgique) à Gettysburg (Pennsylvanie, États-Unis), subjugués par leurs jardins, se dévouaient corps et âme à la culture des roses.

HELEN ALLINGHAM
Une mère et son enfant entrant dans un cottage.
Helen Allingham (ci-dessus) posa son regard de peintre sur les cottages du Surrey entourés de roses qu'elle immortalisa avant qu'ils ne soient modernisés par la bourgeoisie londonienne.

« Celui qui possède de belles roses dans son jardin, possède aussi de belles roses dans son cœur », avait déclaré l'homme que Lord Tennyson considérait comme le père de la rose, Samuel Reynolds Hole, doyen de Rochester et président de la première association britannique dédiée à la rose. Dans les années 1860, Hole avait accepté de présider un concours de roses à Nottingham. Il s'attendait à trouver des présentations ordonnées et orchestrées par les meilleurs horticulteurs du comté. Or, il avait été accueilli par des jardiniers en herbe locaux, qui avaient utilisé leurs propres couvertures pour préserver leurs chers rosiers du gel. Cet événement, qui se tenait au General Cathcart Hill Inn, fut le tout premier Salon de la rose en Angleterre.

L'ÉGLANTINE
Aucun hybride ne pourra jamais éclipser le charme de l'églantine, illustrée ici par Lawrence Alma-Tadema (*Les Roses d'Héliogabale*, 1888).

Tout au long du XIXe siècle, des expositions similaires ont fleuri en Europe, en Amérique, en Australie et en Nouvelle-Zélande. Dans les années 1840, le révérend John Stevens Henslow, pasteur dans le Suffolk, avait fait sensation dans sa lutte contre la criminalité – il proposait l'allocation de lopins de terre. Craignant que leurs ouvriers travaillent en dilettante pendant la journée et se réservent pour leurs jardinets privés le soir, les agriculteurs locaux avaient menacé de renvoi tous ceux qui s'y risqueraient. Avisé, Henslow avait judicieusement invité propriétaires terriens et ouvriers à participer à un projet commun et consensuel : un concours horticole.

Les pépinières proposaient alors mille quatre cents variétés de rosiers. Le rosier était déjà la plus ancienne plante ornementale d'Amérique du Nord. Philadelphie avait du reste organisé le premier Salon floral en 1829 et, en 1844, Robert Buist avait publié son *Rose Manual* [Guide de la rose] pour satisfaire le nombre croissant des amateurs de roses. Cet engouement pour la rose ne touchait pas tout le monde, comme le jardinier James Shirley Hibberd. « La question est de savoir où planter ces rosiers : à portée de vue, ou très loin ? Eh bien, nous répondons "très loin" ; car si en saison les roses offrent effectivement une vue délectable, hors saison, ces broussailles ne méritent pas un regard. »

Ô toi, insaisissable, sibylline et cristalline rose,
Enveloppe-moi dans l'heure de mes heures.

W. B. Yeats, Les Histoires de la rose secrète, *1899*

LES ROSES DE L'AMOUR

En Amérique, la Saint-Valentin génère plus de 9 000 tonnes de dioxyde de carbone – conséquence de l'importation de roses rouges provenant d'Afrique ou d'Amérique latine. Le spectre du réchauffement climatique a incité les producteurs de fleurs colombiens à capitaliser sur leurs technologies à impact modéré sur l'environnement et leur approche horticole écologique (les ouvriers se rendent à leur travail à pied ou à bicyclette et opèrent dans des serres à énergie solaire). Ils ont créé un label de commerce équitable réservé aux fleurs coupées. Ils ont prévu des programmes sociaux destinés à leurs ouvriers et veillent à réduire la consommation d'eau et de pesticides.

Canne à sucre
Saccharum officinarum

Habitat naturel : Nouvelle-Guinée. Aujourd'hui cultivée dans les régions tropicales et subtropicales des États-Unis, et jusqu'en Nouvelle-Galles-du-Sud.

Type : roseau tropical à longue tige.

Taille : 1,2-3,6 m.

+ **COMESTIBLE**
+ CURATIVE
+ **COMMERCE**
+ INDUSTRIE

Au « palmarès » des drogues, on retrouve l'héroïne, la cocaïne, l'alcool, le tabac… et le sucre. Le sucre raffiné est en effet une drogue qui provoque depuis longtemps de véritables ravages. Il est d'ailleurs parfois surnommé la « mort blanche ».

LA MORT BLANCHE

Les civilisations se sont pourtant passées de lui pendant des milliers d'années. À son arrivée, le sucre a asservi des millions d'Africains et porté atteinte à la santé de ses (innombrables) consommateurs.

Dans les plantations de canne à sucre des Antilles, les esclaves africains travaillaient en musique. À l'instar de leurs homologues exploités dans les champs de coton ou de tabac, ils marquaient la cadence avec des chansons. Cette musique et ces chants sont d'ailleurs à l'origine du jazz et du blues. Contrairement aux cueilleurs de coton ou de tabac, le « tempo » des plantations de canne à sucre était très rapide, voire infernal. L'espérance de vie d'un esclave travaillant dans la canne à sucre était divisée par deux par rapport à celle d'un cueilleur de tabac. En fait, le sucre empoisonnait autant ses consommateurs que ses cueilleurs.

> **Si le vin sucré en est la cause, que Dieu préserve les méchants !**
>
> *William Shakespeare,* Henri IV, *1597*

Le sucre en lui-même n'est pas un aliment nouveau, c'est son raffinage qui l'est. Plante originaire de Nouvelle-Guinée, la canne à sucre était distribuée dans les îles de l'océan Indien à bord de petits canoës. Les cannes à sucre brutes étaient – et sont toujours – des friandises très appréciées. Il y a environ deux mille cinq cents ans, les Indiens de Bihar (État du nord de l'Inde) ont découvert comment raffiner la canne à sucre locale pour la transformer en sucre pur. Le sucre a mis un certain temps avant de toucher l'Europe et le monde occidental : il serait apparu en Grèce juste après la mort d'Alexandre le Grand.

Lorsque le sucre raffiné a fait son entrée en Europe (la Scandinavie en faisait le commerce dès la fin des années 1390), les Vénitiens s'en sont octroyé le monopole – comme ils l'avaient fait pour les épices (voir Poivre noir, p. 154). À l'instar des épices, les Vénitiens ont perdu le contrôle du sucre – dont l'activité s'est déplacée au nord, loin de la Méditerranée, au plus près de l'Europe septentrionale.

L'histoire du sucre a connu un épisode crucial durant la Reconquête espagnole (les musulmans qui occupaient l'Espagne – et avaient apporté une horticulture de pointe – ont été repoussés par les chrétiens). Sitôt leur souveraineté retrouvée, les rois espagnols auraient pu adopter les méthodes agricoles de leurs anciens envahisseurs et ainsi cultiver et raffiner la canne à sucre. À l'époque, ils misaient plutôt sur des conquêtes extérieures et non sur une expansion intérieure. Ainsi, les Espagnols n'ont pas investi dans l'agriculture, mais dans l'esclavage.

Christophe Colomb exportait des cannes à sucre vers Haïti dans les années 1490. Les voisins portugais avaient, eux, prévu leurs propres plantations de canne à sucre dans leurs colonies atlantiques, notamment à Madère (la culture de raisin et de canne à sucre contribua à l'élaboration du vin doux éponyme). Pendant ce temps, les Espagnols s'affairaient à leurs cannes à sucre sur les Canaries et dans les Caraïbes, introduisant une nouvelle « marchandise », enchaînée au commerce du sucre pendant les trois siècles suivants : l'esclave africain. Dès lors, et jusque dans les années 1850, sucre et esclavage étaient indissociables.

UN FIN PALAIS
Depuis des siècles, on raffine les plantes pour obtenir des produits toujours plus purs. Le raffinage de la canne à sucre a malheureusement été à l'origine d'importants problèmes.

L'esclavage n'a pourtant jamais été une nécessité : l'agriculture européenne du XVIIe siècle, forte de ses bœufs et de ses techniques de labourage, aurait pertinemment et tout aussi efficacement pu accomplir le même travail. Le sucre – et les passions qu'il déclenchait – avait déjà faussé l'histoire en favorisant l'esclavage.

L'esclavage allait se révéler un expédient économique à court terme et un désastre social à long terme. Lorsqu'on déracine des individus pour les contraindre à travailler jusqu'à la mort, il faut s'attendre à insuffler un profond et violent sentiment de haine qui risque de perdurer sur plusieurs générations…

Traite des esclaves
La culture du sucre était une activité hautement lucrative et très friande en terres et main-d'œuvre. Les techniques agricoles de l'époque auraient pu éviter le recours à l'esclavage. Or, la traite des esclaves noirs s'est révélée aussi lucrative que le sucre.

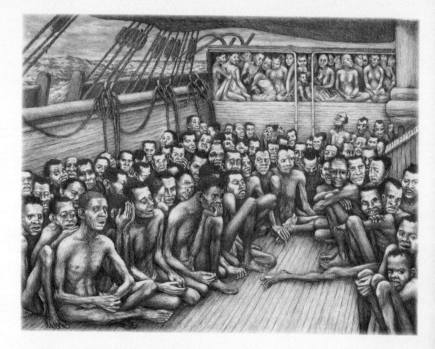

Comme de nombreuses plantes présentées dans cet ouvrage, le sucre a ses zones d'ombres et de lumières. Commercialisé, le sucre s'est révélé très lucratif. Plus on le consommait, plus on le recherchait.

L'Amérique latine débordait de trésors incas et aztèques, n'attendant que le pillage des Espagnols et des Portugais qui allaient les redistribuer dans leurs pays. Bien que dépourvues de richesses, les Antilles intéressaient tout de même les conquistadors. Très friande en sucreries, l'Europe offrait un marché de choix pour le sucre raffiné. Les Antilles (Barbade, Jamaïque, Cuba, Haïti et Grenade) constituaient la région idéale pour cultiver et raffiner le sucre : dans les années 1665, la Barbade était le plus gros producteur de sucre. Au XIXe siècle, le trophée allait revenir à la Jamaïque, et Cuba raviraît le titre au milieu du XXe siècle (voir encadré, p. 171).

Lorsque le poète écossais James Thomson a écrit sa pièce *Alfred: A Masque*, en 1740, il ajouta la tirade : « Rule, Britannia ! Rule the waves : Britons never will be slaves. » [« Règne, Grande-Bretagne ! Règne sur les flots : jamais les Britanniques ne seront esclaves. »] Ces vers forment du reste un chant patriotique anglais qui, mis en musique par Thomas Arne, est devenu l'hymne national officieux. Après 1680, de nombreux négociants britanniques bénéficiaient de libertés octroyées par l'aisance financière. Ces citadins contrôlaient les grands ports maritimes de Bristol, Liverpool et Londres. Ils soutenaient les banques grâce à des prêts substantiels et des comptes garnis par les revenus du commerce du sucre et des esclaves. Des prêts étaient également accordés aux propriétaires des plantations pour qu'ils puissent acquérir des esclaves africains ; les ventes de sucre raffiné sur le marché local se chargeaient de renflouer les généreux usuriers.

Une route commerciale triangulaire s'était développée dans l'Atlantique, entre les ports britanniques, les ports à esclaves d'Afrique de l'Ouest et les ports à sucre des Antilles. Ce « triangle de Trafalgar » qui vit le jour au XVIIe siècle ne cessa qu'au milieu du XIXe siècle, avec l'abolition de l'esclavage. Le commerce triangulaire consistait à acheter armes à feu, vêtements, sel, breloques dans les Midlands britanniques, puis de les expédier aux négociants autochtones d'Afrique de l'Ouest. Une fois les vaisseaux délestés de leurs marchandises, ils étaient chargés d'esclaves. Les biens de consommation anglais étaient échangés contre des Africains, capturés et asservis localement. Ils étaient enchaînés les uns aux autres pour contrer toute velléité suicidaire – pour beaucoup, mieux valait mourir en mer. Les esclaves qui survivaient aux longs mois de traversée entre l'Afrique et les Antilles étaient héroïques : entassés les uns sur les autres dans les cales, sans espace pour se mouvoir, ils « vivaient » dans des conditions inimaginables.

À la troisième – et ultime – étape de ce commerce, les survivants étaient débarqués et vendus aux propriétaires des plantations. Les vaisseaux étaient ensuite chargés de rhum et de sucre et repartaient pour l'Angleterre.

Douceur d'abeille

♦

Avant l'avènement du sucre raffiné, le miel était l'édulcorant naturel de prédilection. Pendant plusieurs milliers d'années, les abeilles ont été traitées avec de grands égards. Les abeilles, responsables de 80 % de la pollinisation, sont en train de mourir. En 2006, l'Amérique du Nord a connu un phénomène inquiétant, baptisé « syndrome d'effondrement des colonies d'abeilles ». Depuis, le phénomène a gagné l'Europe. Ce syndrome s'expliquerait par la destruction de l'habitat naturel des abeilles, les pesticides, les cultures OGM, le réchauffement climatique, les modifications alimentaires des abeilles et les radiations des antennes relais. Les scientifiques peinent à trouver des solutions.

Cueilleurs de canne à sucre
Ouvriers d'une plantation de canne à sucre, près de Guánica (Porto Rico), dans les années 1940. On y a constaté la misère sociale, conséquence directe de la politique esclavagiste de la Grande-Bretagne.

La Grande-Bretagne a été la première nation à succomber au sucre. D'ailleurs, il était impensable de boire du thé, du café ou du chocolat sans sucre. Elle a également été la première à se lancer dans une révolution industrielle : sans les revenus du commerce triangulaire, cette révolution aurait certainement pris du retard et aurait même peut-être été initiée par un autre pays européen. Avant même que Richard Trevithick ne dévoile sa superbe création, la locomotive à vapeur, le sucre constituait l'importation la plus importante et la plus lucrative de l'Angleterre.

L'asservissement au sucre

Dans sa définition de l'esclavage (« propriété d'une personne par une autre »), le dictionnaire ne mentionne pas les humiliations infligées par les esclavagistes. Lorsqu'on lit que « les esclaves sont en principe utilisés pour leur travail, mais qu'ils sont parfois susceptibles de perdre leur liberté sexuelle », on s'étonne de l'euphémisme employé par les encyclopédies pour qualifier le viol. Une telle industrie inhumaine ne pouvait durer. En 1792, le Danemark, puis la France, en 1794, ont interdit la traite des esclaves. La même année, les États-Unis ont voté une loi sanctionnant les vaisseaux américains utilisés pour le transport d'esclaves ; la

Un jeu d'enfant
En 1915, bien après l'abolition de l'esclavage, des enfants travaillaient toujours dans les plantations de canne à sucre près de Sterling (Colorado). Ils y passaient plus de temps que sur les bancs de l'école.

Grande-Bretagne s'est jointe à eux en 1807 et les Antilles britanniques, en 1834, juste avant la promulgation de l'abolition de l'esclavage en 1863 par Abraham Lincoln. Même si le commerce d'esclaves africains existait encore dans les années 1930, l'émancipation des années 1860 avait bel et bien interdit l'esclavagisme. Ce n'est pas le principal élément responsable de la fin des plantations de sucre – l'économie mondiale a eu un impact bien plus considérable.

Une arme de guerre
Lorsque Napoléon a découvert que la betterave, cultivée depuis plusieurs siècles en Europe du Nord pour nourrir le bétail, pouvait être exploitée à des fins sucrières, il en a fait planter des milliers d'hectares.

Au XIXe siècle, les horticulteurs se sont intéressés à un légume assez repoussant : *Beta vulgaris*. La betterave, plante à tubercule, était depuis longtemps cultivée pour nourrir le bétail d'Europe du Nord pendant les longs hivers rigoureux. La betterave semble avoir été d'abord cultivée en Allemagne, au XIIIe siècle. Six siècles plus tard, un chercheur allemand, Franz Karl Achard, a réussi à extraire environ 6 % de sucre à partir d'une souche de betterave. Des nations comme l'Allemagne ou la France ont immédiatement compris le potentiel de cette découverte. Frustrées par le quasi-monopole anglais sur la canne à sucre des Antilles, elles sont parvenues à créer des hybrides de *Beta vulgaris*. La plante a pris le nom de « betterave à sucre » et des milliers d'hectares lui sont consacrés en Europe.

Pour Napoléon, la betterave à sucre était providentielle dans sa guerre contre l'Angleterre. Il a d'ailleurs ordonné d'en planter 28 000 hectares. Le tubercule se montrait en effet très généreux : la pulpe, abandonnée après l'extraction du sucre, nourrissait le bétail, et un autre résidu, la mélasse de betterave, servait à préparer de l'alcool. Autre avantage, la betterave se cultivait sans esclave. Dès 1845, la betterave à sucre a fait de l'ombre au commerce des Antilles, jusqu'à anéantir l'industrie sucrière des Caraïbes. Si certains propriétaires de plantations étaient effectivement ruinés, la plupart d'entre eux, ainsi que les banques qui avaient prêté les capitaux pour l'achat d'esclaves, ont pu limiter le préjudice grâce à des indemnisations obtenues pour « perte d'activité ».

Cuba
◆

La colonie espagnole de Cuba est devenue un producteur majeur de sucre après son bref passage sous tutelle britannique, en 1762. Même si des coolies africains et chinois continuaient d'exploiter en toute illégalité des esclaves après 1865, la production de sucre allait progressivement se mécaniser. Au XXe siècle, Cuba était le plus gros producteur de sucre, et l'Amérique, son plus gros marché. Avec l'augmentation de la production sucrière aux États-Unis, la demande pour le sucre cubain s'est effondrée après la Seconde Guerre mondiale. L'économie du pays ne s'en est pas remise. C'est dans ce contexte que Fidel Castro, fils d'un baron du sucre, s'est emparé du pouvoir.

LES PIRATES DU SUCRE
Le corsaire hollandais Piet Heyn a pris d'assaut plus de trente vaisseaux battant pavillon portugais, au large des côtes du Brésil, en 1627. Son butin ? Du sucre !

Des dédommagements devaient également être versés aux esclaves, à présent affranchis.

La terre était aussi épuisée que les esclaves. En effet, la canne à sucre est gourmande en engrais et en eau. Entre la plantation des pousses et la récolte des cannes, les champs de sucre étaient couverts de mauvaises herbes. Au moment de la récolte, feuilles et bagasse (résidu de la canne à sucre) étaient incendiées pour détruire ces mauvaises herbes. Cette étape précédait la coupe des tiges et leur acheminement aux centres de traitement où elles étaient broyées puis bouillies. Le processus générait une quantité élevée de sucrose. Comme dans tout raffinage, on commence par extraire des sucres bruts et noirs avant d'obtenir ses sucres plus clairs, bruns et jaunes, et finalement le pur « blanc de blanc ». Une fois la canne à sucre coupée, la plante mère développait de nouvelles tiges, ou rejets, que l'on pouvait récolter une à deux saisons supplémentaires avant que la plantation ne soit épuisée.

Aujourd'hui, une nouvelle page s'ouvre sur la canne à sucre, envisagée comme substitut aux énergies fossiles non renouvelables. Au Brésil, à la suite du programme national destiné à remplacer l'essence par de l'alcool de sucre, ou éthanol, la culture de la canne à sucre prend de l'ampleur. Si l'éthanol pollue moins que l'essence, à l'image du soja (voir Soja, p. 84), l'expansion de la canne à sucre menace la forêt amazonienne.

Notre soif de sucre a eu des répercussions sociales. Les conditions de travail des Haïtiens qui immigrent en République dominicaine pour travailler dans les villes sucrières ont fait l'objet de critiques. Les pays industrialisés sont confrontés à un problème associé au sucre : l'obésité.

Pendant plusieurs décennies, l'industrie agroalimentaire a réduit les fibres de ses produits au profit du sucre. L'obésité est associée à de sérieuses pathologies, comme le diabète, le cancer et les troubles cardio-vasculaires (voir encadré). L'Organisation mondiale de la santé (OMS) estime qu'en 2015, un milliard et demi d'individus seront directement affectés par ce fléau. Ces chiffres font presque pâle figure en comparaison des effroyables souffrances endurées par les 20 millions d'Africains asservis au nom du sucre.

UN POISON NATUREL
♦
Les sept mille plantes comestibles contiennent toutes, en quantités diverses, des sucres, des graisses, de l'amidon, des protéines et des fibres. Le système digestif humain fabrique des enzymes, chargés de convertir les sucres naturels en énergie et de décomposer les fibres. Lorsque le sucre pur, ou raffiné, entre dans l'organisme, le système digestif n'a rien à faire. L'organisme cesse de produire les enzymes et rejette les aliments riches en fibres. Ce processus favorise la dépendance chimique au sucre et entraîne une série de problèmes, comme l'obésité, l'alcoolisme (l'alcool pénètre dans le sang encore plus rapidement que le sucre) ou encore le diabète.

UN SUCRE OU DEUX ?
(Ci-contre) Destiné à adoucir le thé, le sucre issu de plantations (comme celle-ci, aux Antilles) n'a pas tardé à devenir un additif indispensable à l'industrie agroalimentaire.

Canne à sucre

Saule blanc
Salix alba

Habitat naturel : Europe, Chine, Japon et Amérique du Nord.

Type : arbre à croissance rapide.

Taille : 24 m.

- **Comestible**
- **Curative**
- **Commerce**
- **Industrie**

Avec le règne sans partage du roi pétrole, la vannerie a presque disparu de notre quotidien. Le saule reste pourtant un acteur majeur dans le traitement des pathologies cardio-vasculaires. Aucun joueur de cricket digne de ce nom n'oserait entrer sur un terrain sans une batte de saule entre les mains.

Un mal de tête

En 1899, le géant pharmaceutique Bayer a lancé un médicament qui allait faire sensation : l'aspirine. La commercialisation du médicament le plus populaire au monde est l'aboutissement des travaux de chimistes français et allemands du XIXe siècle sur une étrange substance extraite de l'écorce du saule blanc (*Salix alba*), la « salicine ». Elle a permis la découverte de l'acide salicylique du saule et de la reine-des-prés – *Filipendula ulmaria* (voir « L'aspirine des grands chemins »).

Cela faisait plusieurs siècles que l'on suspectait les vertus curatives du saule blanc. Le médecin grec Dioscoride (40-90 après J.-C.) préconisait la plante contre la goutte et toutes sortes de troubles : rhumatismes, douleurs de l'accouchement, maux de dents, douleurs auriculaires et céphalées.

Le botaniste anglais John Gerard n'avait pas d'opinion sur le sujet en 1597, mais son confrère Nicholas Culpeper recommandait le saule comme substitut à l'écorce de quinquina, à la suite des expériences de « Mr. Stone », envers lequel « le monde devrait être éternellement reconnaissant ». En effet, le prix du quinquina augmentait, et Culpeper de préciser : « Tant que l'écorce péruvienne était encore abordable, il n'était pas utile de lui trouver d'ersatz, mais... [à présent] elle devient chaque année plus inaccessible et de moindre qualité. »

Dans les années 1890, des chimistes, en quête d'un remède contre le rhumatisme articulaire aigu et l'arthrite, avaient découvert l'aspirine. Selon la formule consacrée, le reste serait de l'histoire, si on exceptait la meurtrière épidémie de grippe de 1918. Un soldat anglais revenant d'Italie se rappelait que « les hommes tombaient comme des mouches. La grippe avait fait plus de victimes que la guerre ! » La « grippe espagnole », puisque c'est d'elle qu'il s'agit, a fait 50 à 100 millions de morts. C'est l'une

des pires catastrophes naturelles jamais recensées. Les ventes du nouveau médicament s'étaient du reste envolées.

Salix alba est l'une des espèces de saules, faisant toutes partie des salicacées, qui comprennent le tremble, le peuplier et le liard. Sa croissance est rapide et, bien irrigué, l'arbre peut vivre 120 ans. Le saule marsault, *Salix caprea*, plus petit, vit deux fois moins longtemps et se pare de fleurs, ou chatons, au début du printemps. Très parfumées, ces fleurs font le bonheur des abeilles et autres insectes pollinisateurs.

Sous-espèce du saule blanc, le saule bleu (*Salix alba* « Caerulea ») offre un bois particulièrement adapté aux battes de cricket. Le saule est aussi le meilleur matériau pour les nacelles de montgolfière. Pendant la Seconde Guerre mondiale, on l'a également utilisé, en raison de la flexibilité de sa fibre, pour larguer des munitions. Aujourd'hui, le cercueil en saule rencontre un vif succès auprès des défunts écologistes…

Le XXe siècle a assisté à la quasi-disparition de la vannerie, cet artisanat ancestral venu des Celtes. C'est à partir du saule que l'on obtient l'osier – ces longs brins avec lesquels on confectionne paniers et autres articles, des coracles (légères embarcations constituées d'une armature en osier, recouverte de toile goudronnée qu'on peut porter à dos d'homme) aux nasses à anguilles ou à crabes (sortes de pièges). La vannerie existe depuis le néolithique. L'avènement du plastique en a pourtant signé l'arrêt de mort.

À l'image de nombreuses plantes qui ont changé le cours de l'histoire, le saule a peut-être encore de beaux jours devant lui. Plusieurs études ont montré que l'aspirine pouvait prévenir les attaques cardiaques et soulager les angines. En Suède, le saule a déjà remplacé le pétrole pour le chauffage domestique et industriel. On étudie actuellement sa viabilité en tant que biocarburant.

Je suis habituellement plutôt courageux, avait-il expliqué à voix basse, mais aujourd'hui, j'ai une migraine.
Lewis Carroll, De l'autre côté du miroir, *1871*

Antidouleur par excellence
Le saule est depuis longtemps associé aux traitements contre la douleur. Après la découverte d'acide salicylique dans son écorce, l'arbre est devenu la source d'un des antalgiques les plus utilisés au monde : l'aspirine.

L'aspirine des grands chemins

♦

La reine-des-prés (*Filipendula ulmaria*) est la discrète héroïne des grands chemins. Si elle passe aujourd'hui inaperçue, elle était autrefois recherchée et jalousement préservée. Associée à des plantes comme la myrte (*Myrica gale*), elle aromatisait l'ale, une bière anglaise, et servait de remède médicinal. Baptisée *Spiraea ulmaria* par Carl Linné, le mot « aspirine » aurait été formé en ajoutant le « a » d'« acétyle » au premier nom de la reine--des-prés.

Pomme de terre
Solanum tuberosum

Habitat naturel : Andes d'Amérique du Sud.

Type : plante vivace à tubercule comestible.

Taille : 1 m.

- **Comestible**
- Curative
- **Commerce**
- Industrie

L'histoire n'a jamais été bouleversée par une plante, mais plutôt par la manière dont l'homme l'a utilisée ou exploitée. Si la plupart des individus considèrent la pomme de terre comme un simple aliment, ce petit tubercule, originaire d'Amérique du Sud, a joué un rôle capital dans le destin de l'Irlande et celui des États-Unis.

L'exode

En 1886, un photographe, armé de son appareil à plaque de verre, est passé par hasard devant un cottage irlandais. La scène qu'il venait d'immortaliser était particulièrement sordide. Trois policiers montaient la garde, pendant que les agents du propriétaire expulsaient une famille, leurs maigres possessions empilées devant la maison. Le grand-père, le père et deux garçons se tenaient à l'écart, l'air renfrogné. Sur une seconde photographie, on voit un bélier trônant devant ce qui constituait la porte du cottage. Le bélier avait fait un trou béant dans le mur et des brins d'ajonc avaient été utilisés pour le combler et masquer les deux fenêtres brisées. On imagine sans mal la suite : la maison a été incendiée et les anciens locataires, leurs effets sur le dos, s'en sont allés.

Le cas n'était pas isolé. Certains mouraient. D'autres survivaient dans les bidonvilles de Dublin ou de Belfast. D'autres encore parvenaient à s'enfuir, à la recherche d'une nouvelle vie en Amérique, en Australie, au Canada ou en Nouvelle-Zélande. Tous ont gardé un goût amer de cette période. Les récoltes désastreuses de pommes de terre dans les années 1840 ont eu des répercussions dramatiques en Irlande, avec des conséquences

> Personne ne doit […] considérer la pomme de terre comme un simple légume, mais plutôt comme un instrument de destinée.
>
> *E.A. Bunyard*, The Gardener's Companion, *1936*

internationales. La famine et l'épidémie de typhus qui ont suivi ont fait un million de victimes et conduit 2,5 millions d'Irlandais à l'exil. Près de Cork, Cobh est probablement la ville portuaire irlandaise qui a vu débarquer la première pomme de terre.

EXPULSIONS
En 1886, la police locale se chargeait d'expulser les agriculteurs qui ne pouvaient plus régler les loyers de leurs fermes du comté de Kerry, en Irlande.

Pour de nombreux Irlandais, Cobh a été la dernière image de l'île d'émeraude qu'ils ont emportée à bord des « vaisseaux-cercueils » – ainsi baptisés en raison des abominables conditions de vie qui y régnaient pendant les douze semaines nécessaires à la traversée de l'Atlantique.

« Lorsque la famine et les catastrophes se sont abattues sur ce triste pays [l'Irlande] ses citoyens ont trouvé refuge sous la bannière étoilée [les États-Unis]. Ils y ont nourri une haine féroce à l'égard de leur ancien voisin [la Grande-Bretagne], toujours aussi vive aujourd'hui », écrivait E.A. Bunyard en 1936.

Les années 1960 ont vu éclater des guerres fratricides entre catholiques et protestants irlandais. À cette époque, près de 34,5 millions d'Américains avaient des ancêtres irlandais. Se sentant concernés, nombreux sont ceux qui ont envoyé argent et munitions aux partisans de l'un ou l'autre camp. Des milliers d'individus ont péri dans le « conflit nord-irlandais ». En 1987, l'explosion d'une voiture, en pleine commémoration du jour du Souvenir à Enniskillen, a tué onze personnes. La délicate histoire moderne de la république d'Irlande a ses racines profondément ancrées dans les bouleversements provoqués par la « famine de la pomme de terre ».

UN POISON DE POMME DE TERRE

Les Péruviens consomment des pommes de terre depuis des milliers d'années. Les tessons de poteries trouvés dans la région, suggèrent d'ailleurs qu'ils vouaient un véritable culte à ce légume. Chez les Incas, le tubercule était aussi prisé que le maïs et, lorsque les conquistadors espagnols ont détruit leur civilisation, la pomme de terre faisait partie du butin rapporté en Europe.

La pomme de terre se cultive partout, sauf dans les régions tropicales. Sa forte concentration en amidon la

CULTURES DE FORTUNE

♦

La pomme de terre se cultivait facilement en Irlande, mais aussi sur les îles Britanniques, où le sol, tourbeux, était propice au tubercule. En l'absence de maladie et sans grands efforts, la récolte était fructueuse. Des plantations de fortune jaillissaient un peu partout : il suffisait d'empiler du fumier sur une parcelle rectangulaire, à même le sol, puis de creuser une tranchée de drainage autour. Ces parcelles ne dépassaient pas 1 mètre de large, taille suffisante pour accommoder trois plants de pomme de terre. Les graines de pomme de terre étaient coupées en deux, puis enterrées au printemps.

LA RUMEUR « RALEIGH »
Si les conquistadors ont rapporté la pomme de terre en Espagne dans les années 1570, Sir Walter Raleigh se targue de l'avoir introduite en Angleterre. Aucune preuve ne vient étayer cette allégation. (La pomme de terre serait apparue en France vers 1540.)

rend nutritionnellement supérieure à toute autre céréale. Les pommes de terre des conquistadors se sont finalement révélées plus précieuses que tout l'or et l'argent incas.

Si toutes les parties de la pomme de terre sont toxiques, le tubercule lui-même contient 18 % d'hydrates de carbone, 2 % de protéines, un peu de potassium et 78 % d'eau. On peut les cuisiner au four ou en ragoût, les frire, les rôtir, les passer en soupe, en

faire des chips ou de la farine et même les laisser fermenter pour obtenir cette eau-de-vie qu'on appelle « schnaps ». La pomme de terre a subvenu – et subvient encore – aux besoins de millions de familles. On imagine donc un accueil triomphal en Europe. Cela n'a pas été tout à fait le cas.

Selon la *New Illustrated Gardening Encyclopaedia* (1930) : « L'importation de la plante est généralement attribuée à Sir Walter Raleigh, qui l'aurait rapportée d'Amérique, mais plus tard, les autorités en ont donné la paternité à M. Herriot. » En fait, on raconte que Sir Francis Drake, de retour de Virginie en 1586, accompagné de colons ayant le mal d'Albion, aurait rapporté des « pommes de terre de Virginie ». Ces pommes de terre auraient ensuite été données au jardinier de Raleigh, qui les aurait plantées dans son domaine de Youghal, dans le sud de l'Irlande. Dès floraison, il aurait cuisiné les tubercules toxiques et les aurait servis à son maître, qui, bien entendu, était tombé malade. Cette histoire est aussi improbable que celle de Drake, qui aurait insisté pour terminer une partie de quilles avant une bataille contre l'Armada espagnole en 1588, ou la légende qui explique que la première pomme de terre à atteindre la côte irlandaise proviendrait d'un vaisseau de l'Armada ayant fait naufrage. Plus vraisemblablement, la pomme de terre, introduite avec succès en Espagne, s'est ensuite répandue à travers le nord et l'est de l'Europe…

L'Europe des XVIe et XVIIe siècles était empreinte des tensions religieuses et des superstitions. On pense notamment aux conflits entre catholiques et protestants, surtout après le massacre de la Saint-Barthélemy

FISH AND CHIPS

✦

« Fish and chips » (Poisson et frites) Ce message sur un fast-food du nord de l'Angleterre prouve que le poisson pané et ce que Winston Churchill avait nommé « son meilleur compagnon » – les frites – séduisent les papilles britanniques depuis des siècles. Le tubercule préféré des Anglais a longtemps été le panais, et non la pomme de terre. Durant la seconde moitié du XVIIIe siècle, les amateurs de panais résistaient à la pomme de terre. Certains la considéraient comme un aliment « catholique ».

Au XVIIIe siècle, un candidat protestant en campagne proposait un programme des plus explicites : « Ni pomme de terre, ni papisme ! » (Le « papisme » était le nom donné par les protestants au catholicisme.)

le 24 août 1572 quand les protestants ont été lynchés dans les rues de Paris, et à la suite du démantèlement d'une conspiration catholique visant à faire sauter le Parlement anglais avec de la poudre à canon en 1605. Les autorités britanniques pendaient encore les femmes soupçonnées de sorcellerie en 1686. Alice Molland (dernière personne exécutée sous prétexte de sorcellerie en Angleterre) a été envoyée à la potence pour « avoir fomenté avec le diable ». Belzébuth (divinité philistine considérée comme un lieutenant de Satan) semblait omniprésent, jusque dans la petite pomme de terre nue aux formes voluptueuses – et que dire de sa propension à se multiplier sous terre ? Et puis, comme le faisaient remarquer les protestants les plus fervents, la Bible n'a jamais mentionné la pomme de terre !

Autre souci : les consommateurs de pommes de terre crues souffraient d'eczéma, pathologie alors considérée comme une forme de lèpre. « La pomme de terre est une plante remarquable, qui a sa place dans la vie quotidienne, mais il est peu vraisemblable qu'elle ait une place de choix dans notre pays [l'Angleterre] », avait conclu doctement un certain David Davies en 1795. Le botaniste et écrivain britannique John Evelyn (1620-1706), dont les journaux sont contemporains à ceux de Samuel Pepys, recommandait de déguster le fruit toxique, saumuré et en salade.

UN DÉBUT TIMIDE
Dans son *Herbier* (1597), l'herboriste anglais John Gerard est représenté une fleur de pomme de terre à la main. La plupart des Européens ignoraient toutefois comment préparer la pomme de terre et, superstitieux, s'en méfiaient beaucoup.

LA POPULARITÉ
Au début, les Européens du Nord préféraient le panais à la nouvelle pomme de terre. Plus généreuses et plus longues, les récoltes de cette dernière ont fini par les convertir au tubercule.

Le révérend Gilbert White – un des premiers cultivateurs anglais de pommes de terre et un chroniqueur renommé – a observé un moment clé pour le féculent. Il a ainsi noté le 28 mars 1758 : « Ai planté cinquante-neuf pommes de terre ; tubercules pas bien gros. » En 1768, il a inscrit : « Les pommes de terre sont devenues très populaires dans tout le quartier ; elles sont très appréciées par les pauvres, qui ne se seraient pourtant jamais risqués à les goûter sous l'ancien règne. » Et en 1838, William Cobbett a noté dans *The English Gardener* [Le Jardinier britannique] que la pomme de terre « est très efficace pour contrer les effets des viandes grasses ou pour accompagner le beurre. Il n'y a absolument rien de malsain dans ce tubercule, que de nombreuses personnes préfèrent à bien d'autres légumes, moins doux ». À présent, les ouvriers gallois étaient habitués à s'acquitter de leur *dyled tatw*, une sorte d'impôt prélevé par le propriétaire terrien qui permettait la culture des *tatws* (pommes de terre, donc) sur ses terres.

Après beaucoup d'hésitation, l'Allemagne a adopté la pomme de terre, à la suite d'une famine en Prusse. Frédéric le Grand (roi de Prusse entre 1740 et 1786) a réussi à persuader les paysans, à grand renfort de pommes de terre gratuites – et de soldats armés. Les citoyens d'Offenburg ont même pris l'initiative d'ériger une statue en hommage à Sir Francis

Drake sur la place de la ville, même si elle a atterri là un peu par hasard. En effet, le sculpteur Andreas Friedrich avait tenté de vendre son œuvre à la ville de Salzbourg. Les bourgmestres n'ayant pas réuni la somme demandée, Friedrich a fait don de son Drake à Offenburg, mais à la condition qu'elle soit érigée dos à Salzbourg. La statue a ensuite été démontée par les Allemands pendant la Seconde Guerre mondiale.

En France, l'opposition à la pomme de terre restait tenace, en dépit de famines qui contraignaient les paysans à subsister avec des herbes. Le pharmacien Antoine-Augustin Parmentier avait une solution : « Qu'ils mangent des pommes de terre ! » Durant la famine qui s'est abattue sur la Prusse où il était prisonnier de guerre, Parmentier a survécu grâce aux pommes de terre. Bien décidé à introduire le tubercule en France, il persuada Louis XVI d'apparaître à la Cour avec une fleur blanche de pomme de terre. Comme attendu, les courtisans s'étaient pâmés. Les plus gourmets attendaient avec impatience de goûter au repas préparé par Parmentier, intégralement composé de pommes de terre.

En 1770, le coup de grâce a été asséné aux préjugés gaulois : Louis XVI a permis à Parmentier de planter des rangs de pommes de terre dans les jardins du château de Versailles, protégés par des gardes. Ce déploiement sécuritaire n'a pas manqué d'aiguiser la curiosité du peuple et, dès la tombée de la nuit, certains indélicats venaient se servir. Les pommes de terre sont ainsi passées de main en main. La pomme de terre venait d'être adoptée ! En 1793, après l'exécution de Louis XVI, les jardins du monarque déchu ont été replantés avec des pommes de terre. Parmentier a gardé sa tête et gagné l'affection des Français qui ont donné son nom à différents plats, comme le hachis parmentier, viande de bœuf hachée couverte de purée de pomme de terre, recette d'hiver par excellence.

PARMENTIER
Antoine-Augustin Parmentier – pharmacien agronome français (1737-1813) – n'avait reculé devant aucun subterfuge pour faire adopter la pomme de terre aux Français et vaincre leurs réticences. La ménagère se montrait en effet extrêmement circonspecte face au fameux tubercule.

MILDIOU DE LA POMME DE TERRE

À la fin du XVIIIe siècle, la pomme de terre était la principale culture de l'Irlande. Le pays avait du mal à survivre en tant que colonie britannique, et encore plus, depuis la tutelle d'Oliver Cromwell, qui avait terrassé les forces royales pendant la guerre civile d'Angleterre. La répression orchestrée par Cromwell en Irlande et les massacres qui ont succédé aux sièges de Drogheda et Wexford sur la côte est de l'Irlande

MILDIOU DE LA POMME DE TERRE

Par temps chaud et humide, l'infection *Phytophthora infestans*, ou mildiou de la pomme de terre, peut dévaster une culture entière de pommes de terre, entraînant le jaunissement du feuillage et la putréfaction des tubercules.

avaient presque exterminé tous les paysans. La plupart subsistaient selon une économie en « nature », le bétail restant la principale monnaie d'échange. Dans son *Systema Agriculturae*, écrit en 1669, John Worlidge jugeait les pommes de terre utiles pour « les porcs et autre bétail ». Et de remarquer : « On les utilise beaucoup en Irlande et en Amérique, notamment dans la confection de pain. Elles se cultivent très bien et les pauvres en profitent largement. »

L'Irlande ne se prêtait pas à la culture du blé, au contraire de la pomme de terre. Plantés lors du festival du Vendredi saint, les tubercules étaient aspergés d'eau bénite, afin d'éloigner les mauvais esprits. Contre vents et marées (les Irlandais devaient payer des taxes d'importation au gouvernement britannique sur des articles de la vie quotidienne comme le thé et le sucre ; ils étaient de surcroît saignés à blanc par des loyers astronomiques), la population irlandaise s'est développée – notamment grâce au féculent. Au début du XIXe siècle, on dénombrait ainsi 4,5 millions d'habitants sur l'île d'émeraude.

Les familles étaient dépendantes des pommes de terre. En anglais, la pomme de terre avait pris le nom de *spud* (patate), en référence au sarcloir utilisé pour la déterrer. Le tubercule se plantait avec un plantoir – tâche réservée à la femme. Chaque été, les cultures étaient protégées contre le mildiou (maladie dévastatrice causée par des micro-organismes) avec une solution de chalcanthite (sulfate de cuivre) et de cristaux de soude. En 1845, rien n'a pu malheureusement les préserver de la catastrophe.

En 1846, la désolation s'est abattue sur l'Irlande, entraînant la famine de milliers d'individus pendant

Le fait qu'un million d'individus auraient pu périr dans cette région, alors rattachée à la nation la plus riche et la plus puissante du monde, soulève, encore aujourd'hui, de douloureuses questions. Ceux qui gouvernaient Londres à cette époque ont failli à leurs devoirs en observant sans réagir une mauvaise récolte se transformer en tragédie humaine.

Tony Blair, Premier ministre britannique, 1997

LE BOUC ÉMISSAIRE

✦

À l'époque de la famine irlandaise, on ne comprenait pas les causes du mildiou de la pomme de terre. Certains se sont empressés d'attribuer la tragédie aux Irlandais eux-mêmes. James Shirley Hibberd écrivait des ouvrages de jardinage très populaires à l'ère victorienne : « On le retrouve (le mildiou) chaque année ; il apparaît à l'automne, généralement après une période humide. Ses attaques affectent particulièrement les cultivateurs les moins prévoyants. D'ailleurs, quand quelqu'un se lamente d'avoir perdu la moitié de sa récolte et affirme l'avoir pourtant bien soignée, je réponds – "Faribole !" »

plusieurs années. Les récoltes de maïs se portaient bien, mais le maïs était exporté vers l'Angleterre.

La famine de la pomme de terre a détruit le cœur d'une nation et en a transfiguré le paysage. L'inflation des loyers, les hypothèques et les expulsions ne pouvaient plus durer. Les trois quarts des terres cultivables ont été redistribuées entre les anciens locataires. Pendant que les propriétaires, ruinés, abandonnaient manoirs et jardins, les exploitations agricoles subissaient une réorganisation. L'objectif était de former des champs rectangulaires attenants aux fermes – c'est ce que l'on appelle les « fermes échelles ».

LE GOÛT AMER DE LA MISÈRE
Bridget O'Donnel a raconté sa famine dans *Illustrated London News* de 1849, juste après avoir été expulsée de son domicile, car « nous devions un loyer. Toute la famille avait attrapé la fièvre, et un de mes fils est mort faute de soins ». En effet, le bébé de Bridget était mort-né.

UN ALIMENT DE BASE
La pomme de terre était l'aliment de base des plus nécessiteux, comme on peut le constater sur cette toile de Vincent Van Gogh, *Les Mangeurs de pommes de terre* (avril 1885). Le ressentiment causé par la famine de la pomme de terre irlandaise a perduré pendant plusieurs générations.

Pomme de terre

Cacao
Theobroma cacao

Habitat naturel : forêts tropicales d'Amérique du Sud.

Type : arbre.

Taille : 15 m.

- ◆ **Comestible**
- ◆ Curative
- ◆ **Commerce**
- ◆ Industrie

La fève de cacao semblait être l'apanage des industriels quakers (mouvement religieux fondé en Angleterre au XVIIe siècle). À la fin du XIXe siècle, elle leur a échappé au profit des publicitaires. Par leur entremise, le « divin délice » allait devenir un plaisir coupable…

Délice des Dieux

Comme Culpeper l'avait expliqué : « Il est si célèbre, qu'on perdrait son temps en essayant de le décrire ; c'est donc pourquoi je ne m'attacherai qu'à en décrire ses vertus. » Le médecin (que le linguiste docteur Johnson considérait comme « le premier homme à avoir arpenté les bois et gravi des montagnes à la recherche de plantes médicinales et bienfaisantes ») faisait certes référence au frêne, mais son commentaire aurait pu se rapporter au chocolat, première application de la fève de cacao.

Le cacaoyer (ou cacaotier) est originaire des tropiques des Amériques. Ce petit arbre demande un sol riche et une forte pluviométrie. Il devient exploitable vers 4 ans (il peut vivre plus de 80 ans) et produit des fleurs singulières, rose fuchsia, puis des fruits que l'on appelle « cabosses ». Jaunes ou rouges à maturité, elles renferment les fèves de cacao, qui sont mises à fermenter ou couvertes de feuilles de bananier avant d'être séchées au soleil.

> Que vous alliez chez *Carlisle*, ou chez *Almack*…
> Pour un café, un thé, un chocolat et des toasts beurrés,
> Vous serez surpris de leur accueil,
> Même à ceux qu'ils n'ont jamais vus de leur vie.
>
> Christopher Anstey, The New Bath Guide, *1766*

Riche en caféine et en théobromine, un alcaloïde, la fève est prête à l'emploi. Le cacao est un luxe exotique que certains qualifient de cadeau divin. Carl Linné devait partager cet avis puisqu'il nomma le cacao, *Theobroma*, « nourriture des Dieux ». Avant l'arrivée des conquistadors, l'Amérique latine ne connaissait pas le sucre ; en revanche, les autochtones écrasaient des fèves de cacao et en tiraient un liquide épais et visqueux. Ils y ajoutaient d'autres plantes locales, comme la vanille ou le piment, et obtenaient un breuvage riche et sirupeux, servi durant les fêtes et autres cérémonies.

Les Aztèques torréfiaient ou moulaient les fèves de cacao, puis les incorporaient à des ragoûts de légumes (maïs et piments) ou les servaient en breuvage amer, notamment pour boire à la santé de Quetzalcóatl, divinité incarnée par un serpent à plumes. S'ils ne portent plus de toast à Quetzalcóatl, de nombreux Espagnols commencent leur journée par un *chocolate con churros* (du chocolat chaud accompagné de beignets allongés). Il y a quatre siècles, les gens se contentaient d'un petit déjeuner composé de pain et de vin coupé d'eau. À leur arrivée en Amérique latine, les conquistadors espagnols ont découvert de l'or et de l'argent, mais aussi des haricots, des pommes de terre et des fèves de cacao. Au début, personne ne savait quoi penser de ce mets riche et aromatique, mais très amer. Quelqu'un a alors eu l'idée de l'accompagner de sucre des Antilles. Idée de génie, car le sucre a savoureusement contrebalancé l'âpreté du cacao et, à la fin du XVIe siècle, la douce boisson chocolatée délectait les papilles de tous ceux qui pouvaient se l'offrir.

Le cacao a d'abord infiltré la cour d'Espagne. Lorsqu'en 1660, Marie-Thérèse d'Autriche (infante d'Espagne) épousa Louis XIV, elle apporta avec elle un présent de son Espagne natale : le chocolat. Sage décision, le chocolat allait la consoler des innombrables infidélités de son époux. Si la mode des vertigineuses perruques et des robes à crinolines n'allait pas durer, le chocolat, lui, n'était pas près de tomber en disgrâce.

Les premiers bars à chocolat européens ressemblaient un peu à des cafés à la mode, et l'on y dégustait un succulent chocolat crémeux, onctueux et fumant. Un Hollandais, Casparus Van Houten, découvrit un nouveau procédé dans sa chocolaterie d'Amsterdam. Les fèves de cacao étaient jusqu'alors directement moulues, comme elles l'avaient été en Amérique pendant plusieurs siècles, et mélangées à du lait. Van Houten avait découvert une méthode pour réduire les graisses et produire un pain de cacao que l'on pouvait ensuite facilement réduire en poudre.

> ### ROMANCE
> ✦
> Le chocolat était-il l'arme secrète de Casanova ? Une chose est sûre, séduction et chocolat ont souvent fait bon ménage. Des études ont prouvé qu'une personne en mal d'amour développait moins de phényléthylamine. Or, le cacao contient deux alcaloïdes, le salsolinol et la phényléthylamine. Combinées, ces substances ont un effet antidépresseur – ce qui explique l'attrait des malheureux candidats à l'amour pour le chocolat.

LA FÈVE DE LA PASSION
La passion des Européens pour le chocolat a transformé un artisanat confidentiel en une industrie de masse. Des armées entières de cueilleurs se sont emparées des forêts équatoriennes, en quête des précieuses fèves de cacao.

Sitôt le brevet Van Houten tombé dans le domaine public, en 1838, le chocolatier anglais et quaker, Joseph Fry, se lança dans l'aventure chocolatée.

Les quakers pensaient qu'il y avait un peu de Dieu dans chaque homme. Ils ne se reconnaissaient toutefois pas dans l'apparat et le cérémonial des religions établies. Dans l'Angleterre du XIXᵉ siècle, la relation entre les quakers et l'industrie chocolatière était extraordinairement forte. En France, la première chocolaterie date de 1814. Elle a été établie près de Perpignan, par Jules Pares.

Pendant que le fils Van Houten perfectionnait en Hollande le procédé de son père et confectionnait des tablettes de chocolat plus fines, le Suisse Rodolphe Lindt inventait une autre méthode, pour obtenir un chocolat encore plus onctueux. Un autre acteur allait bientôt entrer en scène : l'Anglais John Cadbury. En 1866, Cadbury s'apprêtait à commander une presse hydraulique Van Houten – invention du chocolatier néerlandais.

LA HOLLANDE
À L'HONNEUR
Publicité pour le chocolat Van Houten conçue par Johann Georg Van Caspel en 1899. Le procédé de Van Houten a participé à la démocratisation du chocolat.

La famille Cadbury venait de l'ouest de l'Angleterre. En 1831, John Cadbury s'était établi à Birmingham, l'un des centres névralgiques de la nouvelle ère industrielle. Il comptait y ouvrir une chocolaterie. À l'époque, le chocolat était toujours cette décoction riche et amère, très appréciée des femmes pour ses vertus médicinales et thérapeutiques. En 1875, la presse Van Houten acquise par Cadbury venait de subir son baptême du feu.

Lorsque les fils de John, George et Richard, ont succédé à leur père à la tête de la chocolaterie, ils se sont révélés aussi avisés dans les affaires qu'altruistes dans la gestion de leur personnel. Ils offraient en effet à leurs employés des demi-journées de congé ainsi que des cours de bicyclette. Les ouvrières recevaient gracieusement des étoffes de coton pour coudre elles-mêmes leurs uniformes (plutôt que de les acheter). Détail étonnant : lorsque les lectures matinales de la Bible ont été suspendues à la fabrique Cadbury, les employés ont milité – avec succès – pour leur rétablissement.

À la même époque (1894), de l'autre côté de l'Atlantique, à Derry Church (Pennsylvanie), Milton Snavely Hershey se remettait lentement de sa récente faillite et avait monté une nouvelle fabrique de chocolat. Les affaires prospéraient. À tel point, qu'en 1905, elle était devenue la plus grande chocolaterie du monde. En 1907, la commercialisation des fameuses petites larmes de chocolat enveloppées de papier aluminium – les « Hershey Kisses », véritables icônes encore aujourd'hui aux États-Unis – a encore décuplé le succès du chocolatier. La ville de Derry Church a d'ailleurs été rebaptisée Hershey. Dans les années 1870, les Cadbury ont migré sur un site rural près de Birmingham, qu'ils ont nommé, non « Cadbury », mais Bournville, et y ont construit une « ville-jardin » moderne pour leurs employés.

À cette époque, la plupart des propriétaires de chocolateries se contentaient de laisser vivre leurs ouvriers dans des logements, qu'un perspicace observateur avait décrits, en 1850, comme « conçus pour offrir à ses locataires le moins de confort et d'aménités possibles ». George Cadbury, lui, voulait offrir le meilleur à son personnel et il avait veillé aux moindres détails des habitations de Bournville – qu'il avait continué à bâtir après la mort de son frère, en 1899. La densité de construction était limitée à trois maisons par hectare ; chaque logement possédait un jardin d'une superficie trois fois supérieure à celle de l'habitat et déjà planté de six arbres fruitiers. Il restait en outre suffisamment d'espace pour cultiver d'autres fruits et légumes, et organiser ainsi un joli verger-potager. Chaque maison disposait de trois chambres à coucher, d'un salon, d'une cuisine et d'une arrière-cuisine dotée d'une baignoire escamotable. Comme Cadbury l'expliquait dans un manuel à l'intention de ses locataires : « Vous trouverez des baignoires à l'arrière de vos cuisines, de manière à prendre un bain chaud au moins une fois par semaine. Vous pourrez ensuite vous sécher près du fourneau. »

Cadbury offrait d'autres judicieux conseils : « Ne laissez jamais infuser le thé plus de trois minutes, ou alors un acide tannique se développera, très nocif pour la santé » ; ou encore « Préférez des lits simples pour la chambre ; les grands lits ne sont plus guère utilisés dans les nations civilisées, à l'exception peut-être du Royaume-Uni. » Et d'assurer à tous ceux qui suivraient ses simples préceptes

> **LE PHÉNOMÈNE « COMMERCE ÉQUITABLE »**
>
> Imaginé dans les années 1980, le concept du « commerce équitable » visait à contrer l'exploitation des producteurs de matières premières par les riches consommateurs. Si l'idée n'était pas nouvelle, le concept d'un label qui estampillerait les articles concernés l'était. Commercialisé en Hollande sous la marque Max Havelaar, un café a été le premier produit issu du commerce équitable. En 2008, plus de trois mille produits portaient ce label. Ils ont rencontré un vif succès aux États-Unis et en Grande-Bretagne.

PIÈCES EN CHOCOLAT
La majorité des fortunes du XIXᵉ siècle, comme celles de Milton Hershey, Henry Rowntree, Joseph Fry et John Cadbury, s'est construite sur le cacao.

Douceur et succès
Les chocolateries attiraient de nombreuses ouvrières, chargées d'envelopper les tablettes de chocolat si prisées du public. Des patrons altruistes étaient décidés à améliorer les conditions de travail des employés de leurs usines de chocolat.

« qu'ils prolongeraient ainsi leur vie d'au moins une dizaine d'années » !

Tout paternalisme mis à part, le projet de Bournville relevait de l'avant-garde dans le logement social. Cadbury avait conçu des « Sunshine Houses » (littéralement, « maisons à soleil ») un siècle avant les cellules photovoltaïques. Ces Sunshine Houses (également surnommées « Ten Shilling Houses » – maisons des dix shillings –, car c'était le prix de leur loyer hebdomadaire) avaient été pensées pour tirer le meilleur parti de leur orientation plein sud. Les salons étaient placés au sud, et les cuisines, dotées de petites fenêtres, au nord. Cette disposition offrait davantage de lumière et de chaleur, tout en réduisant la facture de charbon.

Avant sa mort, George Cadbury avait déshérité ses enfants et transformé Bournville en trust, afin qu'aucun « spéculateur ne soit tenté d'y mettre les pieds ». Il avait également expliqué : « Je suis arrivé à la conclusion que mes enfants (il en avait onze de deux mariages) seront bien plus heureux sans cet argent. Car la richesse n'est pas une bonne chose et, d'après mon expérience, elle apporte bien plus de désillusion que de bonheur. » À plus de 70 ans, Cadbury continuait à venir travailler en bicyclette (3,2 kilomètres) et répondait lui-même à tout son courrier.

Lorsque lui et son frère Richard s'étaient lancés dans l'aventure en 1861, Cadbury était véritablement au creux de la vague. Grâce à de nouveaux procédés et à la réclame, leur empire chocolatier avait rencontré un succès inespéré. En 1869, ils ont commercialisé la première boîte de chocolats décorée d'un tableau peint par Richard Cadbury, artiste amateur plutôt doué, et représentant une jeune fille tenant un chaton sur ses genoux – point de départ d'un siècle et demi d'imagerie kitsch…

En 1899, alors que le cinéma balbutiait, Van Houten avait commandé un des premiers films publicitaires qui vantait les mérites de sa friandise hollandaise (« Cacao Van Houten – le meilleur de tous ! »). On y voyait un fonctionnaire fatigué qui reprenait vigueur après

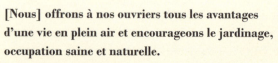

[Nous] offrons à nos ouvriers tous les avantages d'une vie en plein air et encourageons le jardinage, occupation saine et naturelle.

George Cadbury, à l'ouverture de la chocolaterie de Bournville en 1879

avoir dégusté une barre de chocolat Van Houten : l'univers de la publicité venait de faire une entrée tonitruante. Le chocolat, sous forme de boisson matinale, d'alicament, ou même d'aphrodisiaque (propriété prêtée au chocolat au XIXe siècle), rencontrait un succès sans précédent auprès des publicitaires (voir encadré).

La presse avait commencé à publier des réclames dès 1836 et, trente ans plus tard, un certain William James Carlton a eu l'idée de vendre des espaces publicitaires pour sa société : J. Walter Thompson. Dans la seconde moitié du XIXe siècle, l'avènement de l'impression en couleur a transformé l'image (à défaut du slogan) des publicités pour chocolat.

D'ailleurs, les publicités des quotidiens avançaient d'étranges allégations : le chocolat et le cacao Baker étaient « excellents pour l'alimentation des enfants et des invalides » ; une annonce pour le chocolat Matias Lopez présentait un couple avant (faible et malingre) et après (en pleine forme) un régime à base de chocolat Lopez… Les publicités s'étayaient souvent de témoignages à la sincérité douteuse, comme celui-ci, adressé en 1879 à une pépinière par un jardinier de Nouvelle-Galles-du-Sud : « J'ai présenté les petits pois "American Wonder" de chez Bliss au dernier Salon intercolonial de Sydney et, grâce à leur qualité et leur précocité, ils ont reçu le premier prix du jury, éclipsant même les meilleures variétés britanniques en compétition ! »

Les publicitaires (hommes comme femmes – l'industrie ayant été l'une des premières à valoriser l'opinion des femmes, et surtout à les engager aux mêmes conditions que leurs collègues masculins) avaient appris à prendre quelques libertés avec la vérité. Ainsi, le chocolat au lait Hershey était « de très haute qualité nutritionnelle » ; le cacao en poudre Fry, lui, promettait « de fournir puissance physique et tonus nerveux à tous les hommes qui travaillaient sur des machines complexes et onéreuses ». Le chocolat était également présenté comme un excellent aliment pour la mémoire : « Voici comment je me souviens de tout ! Alors imitez-moi ! » déclarait l'acteur américain Bob Hope dans une publicité le représentant une boîte de chocolats Whitman entre les mains.

Belles paroles
Les publicitaires prenaient certaines libertés avec la vérité sur les emballages des produits à base de *Theobroma cacao*.

De bien singulières allégations

✦

Influencer le public à renfort de messages picturaux ne date pas d'hier. On trouvait déjà des peintures qui décrivaient les affres de l'enfer sur les murs des églises pour dissuader les fidèles, pour la plupart illettrés, de s'adonner aux péchés. Il est difficile d'évaluer l'efficacité de tels messages, mais au XIXe siècle, ces affiches publicitaires étaient plus populaires que jamais. « Il est vraiment bon », insistait une affiche des chocolats Menier, représentant un malfrat, taguant un mur de l'injonction : « Buvez le chocolat Menier. »

Blé tendre
Triticum aestivum

Habitat naturel : Moyen-Orient et Asie Mineure.

Type : graminée céréalière.

Taille : jusqu'à 1 m.

+ **Comestible**
+ Curative
+ **Commerce**
+ Industrie

Sans blé tendre pour faire son pain, l'Europe serait très certainement encore plongée dans les ténèbres. Les civilisations évoluent grâce à leurs aliments, et le blé reste l'aliment incontournable des régions tempérées.

Les graines de la révolution

Les céréales comptent parmi les plus importantes plantes au monde. Chaque graine de céréale est à elle seule un concentré d'amidons, de protéines, de minéraux et de vitamines. Les céréales ne sont pas seulement comestibles, elles sont également transportables, stockables et, surtout, transformables en pain – on a d'ailleurs découvert des miches de pain dans des tombes de l'Égypte antique. Le blé a vraisemblablement été la première culture céréalière de l'âge de pierre et n'a jamais cessé de nourrir hommes et animaux.

« Qu'ils mangent de la brioche ! » avait suggéré, narquoise, Marie-Antoinette lorsqu'elle avait appris que son peuple n'avait pas de pain et devait manger des herbes pour rester en vie. L'archiduchesse autrichienne, qui avait épousé Louis XVI, en 1770, et qui passait le plus clair de son temps à jouer à la fermière dans une sorte de ferme de son palais de Versailles, ne pouvait pas comprendre la détresse de ses sujets. Son époux ne menait pas mieux les affaires de la France et, sous sa direction, le pays s'était retrouvé enseveli sous les dettes. Ajoutons à cela de mauvaises récoltes de blé et l'on comprend mieux comment le mécontentement général a fait place à une révolution. Des têtes allaient bientôt tomber… En 1793, l'exécution de Louis XVI avait succédé à la prise de la Bastille. La foule avait assisté avec délectation à la décapitation de l'ancien

Donne-nous aujourd'hui notre pain quotidien.
Mathieu 6:11

souverain, place de la Concorde, où l'appareil, redoutablement efficace, imaginé par le docteur Guillotin, avait été monté. En octobre, ce fut au tour de Marie-Antoinette d'abandonner sa tête dans un panier de lingère disposé au pied de la guillotine.

La remarque déplacée de Marie-Antoinette témoignait surtout de sa naïveté et de son ignorance sur l'importance du pain pour le peuple français. La baguette de pain symbolisait autant le concept de liberté et d'égalité que la Marianne qui ornerait plus tard le franc français. Marie-Antoinette paya très cher son ingénuité.

Le blé est la principale céréale employée en boulangerie et en pâtisserie – probablement depuis douze mille ans. Les premiers chasseurs-cueilleurs sédentarisés en Asie du Sud-Ouest, en Éthiopie, ou en Méditerranée, cultivaient du blé sauvage – parmi d'autres cultures – qu'ils moissonnaient à l'automne. Le soir venu, on débattait autour d'un bon feu de cette céréale miraculeuse : séchée et moulue avec un moulin à bras, la poudre farineuse obtenue pouvait être mélangée à de l'eau et cuite pour confectionner pains et autres biscuits qui se conservaient. Germée, puis fermentée, la céréale transformait l'eau en ale (bière anglaise). Que dire des graines sèches, préservées des rats dans des poteries en terre, qui, une fois semées, ne demandaient qu'à reprendre vie au printemps suivant ?

Au fur et à mesure des siècles, les agriculteurs ont isolé de meilleures souches de blé. Une des difficultés majeures était de découvrir une souche qui ne perdait pas ses grains à maturité, contraignant le cultivateur à gratter le sol pour recueillir les précieuses céréales. Les variétés basiques – comme l'engrain ou petit épeautre (*Triticum monococcum*) ou le blé poulard ou kamut (*Triticum turgidum* var. *dicoccum*) – étaient programmées pour se régénérer même sur les sols les plus hostiles : dès maturation, le grain, protégé dans un fourreau, se développait depuis la plante parente. Avec de bonnes conditions, les fourreaux s'ouvraient, libérant les grains sur le sol. Les fins filaments de la graine se chargeaient ensuite de l'ancrer dans la terre.

Progressivement (il faut savoir que l'isolation d'une souche spécifique peut demander jusqu'à un millénaire), on a pu sélectionner des variétés

Marie-Antoinette
« Qu'ils mangent de la brioche ! » Peu charitable, Marie-Antoinette n'avait pas compris l'importance du pain pour la paysannerie française. Elle et son époux, Louis XVI, ont payé cher leur manque d'empathie.

plus faciles à cultiver et moissonner. L'économie céréalière prenait aussi une ampleur considérable.

En 330 avant J.-C., un Français en visite en Angleterre aurait pu observer la présence de champs de blé dans le sud-est du pays. Un siècle plus tard, Rome s'était lancé dans la conquête de nouveaux territoires, en Sicile, Sardaigne, Afrique du Nord, Égypte et Espagne, avec comme objectif : trouver des sources de céréales pour son empire. Lorsque Vespasien a succédé à Néron, en 69 de notre ère, l'Égypte à elle seule fournissait 20 millions de boisseaux de blé par an. Le blé représentait la puissance.

L'effondrement de l'Empire romain s'est accompagné de la perte de ressources céréalières, mais pas pour très longtemps. En effet, en Europe, l'esclavage avait cédé le pas au féodalisme. Ainsi, en échange de la protection de leur souverain, les serfs s'occupaient de ses terres. La culture la plus prisée restait le blé, que les Anglo-Saxons appelaient *hwaete*, les Hollandais *weit*, les Allemands *Weizen* et les Islandais *hveiti*. Quoi qu'il en soit, le blé rimait avec prospérité.

Le blé avait également prêté main-forte aux marins ibériques partis explorer l'immense océan Atlantique à la recherche des fabuleuses richesses

LES GLANEUSES
Chaque grain comptait pour les glaneuses. Les critiques d'art ont été très choqués par le portrait de la paysannerie peint par Jean-François Millet, et sa représentation des ouvriers des champs, moins de soixante-quinze ans après la Révolution française.

de l'Ouest. Le vent en poupe, ils ne partaient jamais sans des sacs de grains. Lorsqu'ils mettaient pied à terre sur des îles rocailleuses, comme les Canaries, ils semaient puis moissonnaient du blé dont ils faisaient provision pour la suite de leur périple.

Sous le sceau de Cérès

La gerbe d'épis de blé symbolise l'agriculture et la fertilité, la moisson et l'action de grâce, la mort de l'hiver et la renaissance du printemps. Les semences et les moissons du froment s'accompagnaient de fastueux rituels – une mauvaise récolte de blé était synonyme de famine. Si les récoltes de houblon, de raisin ou d'orge décevaient, l'impact était certes important, mais si le blé manquait, alors le désastre pointait.

Changement de paysage
L'expansion des champs de blé à travers l'Europe a transfiguré à jamais ses paysages.

Associée à l'agriculture et aux moissons, la déesse grecque Déméter avait son propre culte à Eleusis, au sud d'Athènes, où un relief la représente avec sa fille Perséphone, offrant à Triptolème le blé dont il enseigna la culture aux Grecs. Dès lors, le blé n'a cessé d'être entouré de rites et de superstitions : par exemple, donner du blé aux nécessiteux était supposé favoriser les récoltes. Le moissonneur le plus expérimenté offrait à son propriétaire des épis de blé « porte-bonheur » que l'on accrochait au-dessus de l'âtre, en hiver, pour garantir une abondante moisson, le printemps venu. Si aujourd'hui, les fleurs sauvages des champs de blé sont considérées comme des nuisances, au Moyen Âge, lorsqu'un étranger passait par le champ au moment des moissons, le protocole voulait qu'on lui offre un bouquet de fleurs des prés. À présent, il serait bien difficile de trouver la moindre fleurette pour égayer le tracteur du moissonneur, mais dans les années 1950, on décorait le dernier chargement de blé avec des fleurs sauvages.

Dans l'hémisphère Nord, à la première pleine lune des moissons, proche de l'équinoxe d'automne, la première miche de pain était cérémonieusement préparée. Les villageois s'échangeaient des épis de blé, et des ventes aux enchères de blé étaient organisées pour lever des fonds destinés aux travaux de la paroisse ou à

Le blé architecte

♦

Aucune autre plante n'a transformé aussi radicalement le paysage rural. Aux côtés des moulins, greniers et autres silos, où le blé était entreposé, on trouvait aussi de gigantesques granges. De taille comparable à celle de l'église locale, ces granges comprenaient des baies de stockage pour les balles de blé, ainsi qu'une travée centrale de battage, disposée entre deux portes opposées. Au cours du battage ou du vannage – deux procédés utilisés pour séparer le bon grain de l'ivraie –, les portes étaient ouvertes pour créer un courant d'air qui emportait la paille.

À LA FORCE DU CHEVAL
Au XIXᵉ siècle, les agriculteurs ont ensemencé les prairies de l'Ouest américain à la seule force de semeurs et de moissonneuses tirés par des chevaux. Les Grandes Plaines ont ainsi été presque intégralement cultivées.

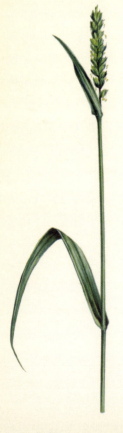

subventionner les prochaines moissons. Jadis champêtres et populaires, les fêtes païennes ou les soupers de moissons avaient laissé place à des manifestations plus réservées, patronnées par l'Église. Néanmoins, certaines coutumes païennes persistaient, comme en France, avec le couronnement de la fiancée du blé, la « Marie au blé », où de jeunes mariées étaient portées sous un endroit symboliquement aussi fertile que le champ de blé, le seuil de la maison.

Grâce à une meilleure gestion plutôt qu'à de savants rites mystiques, les rendements de blé ont commencé à progresser dès 1750 – ils étaient alors deux fois et demie supérieurs à ceux du Moyen Âge. À la même période, on assistait peu à peu au démantèlement du féodalisme européen. Si le XVIIᵉ siècle avait été marqué par l'essor du premier système économique international, et le XVIIIᵉ siècle, par les luttes coloniales et commerciales, le XIXᵉ siècle, lui, allait se caractériser par d'importants bouleversements sociaux : la France se remettait de sa révolution, l'Amérique s'apprêtait à vivre une guerre civile et la Russie fomentait sa propre insurrection. À la suite du vote des Enclosure Acts, la majorité des surfaces cultivables britanniques était passée sous gestion privée et, avec ces mesures, le rendement de blé avait augmenté. Le paysan anglais y trouvait aussi son compte, car il préférait devenir pauvre ouvrier plutôt que de rester serf. Au fil des siècles, les exploitants de champs de blé ont bien tiré leur épingle du jeu.

Au début du XIXᵉ siècle, la culture du blé s'était répandue à travers toutes les régions tempérées, et la révolution industrielle allait signifier le début d'une révolution agroalimentaire, grâce à laquelle l'Amérique et plusieurs pays européens s'élèveraient au rang des plus riches nations du monde.

LA CORBEILLE À PAIN

Selon un proverbe du XVIIe siècle, le pain est l'essence même de la vie. « Enlever le pain de la bouche de quelqu'un » revient à le priver de son moyen de subsistance le plus élémentaire. À l'époque, le pain et le beurre ou, plus exactement, le pain et le fromage représentaient les aliments de première nécessité – en tout cas dans les régions céréalières. En France, la région de la Beauce, située au sud-ouest de Paris, est réputée pour sa fertilité et ses champs de blé à perte de vue. Elle avait d'ailleurs été surnommée le « grenier à blé de la France » ou « la corbeille à pain de Paris ».

En 1857, Jean-François Millet a représenté la moisson. Dans *Les Glaneuses*, trois femmes sont penchées et récoltent les grains d'or. À l'époque, la toile avait fait sensation et les critiques d'art n'ont pas beaucoup apprécié cette représentation du monde paysan – ce même monde qui, moins de soixante-quinze ans plus tôt, avait renversé Marie-Antoinette. *Les Glaneuses* dépeignait une agriculture à l'aube d'une nouvelle ère. On remarque d'ailleurs en arrière-plan, la moissonneuse-lieuse, nouvel engin révolutionnaire, tirée par des chevaux. Tout près, on peut voir des ouvriers charger des balles de blé sur des charrettes. Imaginons la même scène cent cinquante ans plus tard. Chevaux, charrettes et la plupart des ouvriers auraient disparu, remplacés par des machines balayant les champs. L'agriculture

LE PAIN BLANC

♦

Le pain blanc est fabriqué à partir de farine de blé qu'on a débarrassée de ses fibres et qu'on a blanchie. En revanche, on adjoint parfois au pain quelques ingrédients pour le rendre plus « nutritif ». Si le pain blanc est à la mode depuis l'Athènes de Périclès (495-429 avant J.-C.), son essor en Angleterre remonte à la fin du XVIIIe siècle – conséquence de l'avènement du sucre (voir Canne à sucre, p. 166). Les grands consommateurs de sucre raffiné trouvaient le pain complet indigeste. Pour cause, leur système digestif, habitué aux produits raffinés, ne parvenait plus à digérer les fibres.

PAIN DE PARADIS
Quelles qu'en soient les déclinaisons, le pain était source de vie. « Pain de Paradis », chantaient les mineurs gallois dans l'hymne composé par John Hughes : *Cwm Rhondda*.

Blé tendre

RÉCOLTE MAISON
Au XXᵉ siècle, la culture du blé (semences, moisson, battage, entrepôt) transmise jusqu'alors de bouche à oreille s'est peu à peu mécanisée. Une fois le travail à cheval abandonné, les champs de blé n'ont plus jamais été les mêmes.

LE MOULIN
Le meunier et son moulin étaient au centre de l'industrie du blé. Les premiers entrepreneurs, qui avaient misé sur les moulins, ont amassé de véritables fortunes.

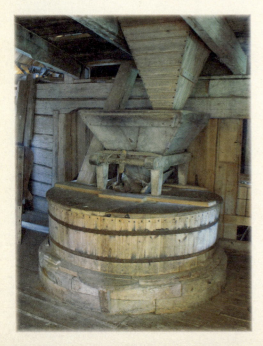

actuelle emploie peu de main-d'œuvre et n'autorise plus la jachère (le sol était laissé en friche une année ou plus pour lui permettre de se reposer). En revanche, aujourd'hui, les cultures sont devenues très friandes en substances chimiques, administrées sous formes d'engrais, de pesticides et d'herbicides.

Ces cent cinquante ans ont bénéficié des avancées technologiques de la révolution industrielle. Les agriculteurs ont eu à leur disposition des « muscles » métalliques capables de dompter les ressources de territoires comme les plaines américaines, les pampas d'Amérique du Sud, les régions tempérées d'Australie et de Nouvelle-Zélande, sans oublier l'Europe de l'Est et la Russie. À partir des années 1850, son pays maintenant en paix, le *yeoman* (propriétaire rural) anglais s'enrichissait grâce au blé, investissait ses profits dans de nouvelles machines et développait plus encore son activité. Plus tard, la vapeur a été remplacée par le pétrole. La révolution du blé a transformé de petits artisans et exploitants agricoles en machinistes.

MEUNIER, TU DORS ?

Comme cela est souvent le cas, les intermédiaires – et dans le cas du blé, le meunier – tiraient plus de profits que les producteurs eux-mêmes. Les ingénieurs qui avaient créé les moulins à eau ou à vent chargés de moudre les céréales avaient réussi un des premiers tours de force de l'époque industrielle. Les communautés non mécanisées disposaient de moulins à bras, très sollicités par les familles locales. Dans le nord de l'Europe, les premiers moulins, hydrauliques, étaient construits en amont, là où le débit du fleuve était le plus rapide, ou en aval, où le courant pouvait être exploité pour fournir de l'énergie. La roue du moulin était fixée sous le moulin lui-même ou sur le côté.

Au Moyen-Orient et dans tout le bassin méditerranéen, les meuniers faisaient appel à l'énergie éolienne, et leur technique s'est progressivement répandue en Europe septentrionale – notamment grâce aux croisés. Le moulin à eau a donc bientôt cédé la place au moulin à vent. Le moulin à vent typique du XIXᵉ siècle, ou « panémone », consistait en quatre pales de toiles qui tournaient au vent, un peu comme un ventilateur géant. Les pales s'articulaient autour d'un axe vertical et actionnaient les meules du moulin qui moulaient ainsi les grains de céréales et déversaient ensuite la farine dans des sacs. Aujourd'hui complètement tombée en désuétude, une industrie à part entière entourait les meuniers et leurs meules. En France, les meules provenaient des carrières de la Marne. Les pierres étaient assemblées en segments et dotées d'un anneau métallique. En Angleterre, elles étaient extraites des carrières du Derbyshire (comté des Midlands). Les meuliers étaient chargés d'assembler ou de réparer les moulins. Pour vérifier la compétence d'un meulier, le meunier demandait à voir « son métal » – autrement dit ses mains, qui, si le meulier était effectivement très sollicité, devaient être criblées d'éclats de métal. Les meuniers traditionnels ont fini par disparaître avec l'arrivée de machines électriques et autres rotateurs d'acier. Ils ont eu le temps de fonder certaines des dynasties industrielles les plus fortunées des temps modernes, comme Associated British Foods, Cargill ou Unilever.

> ### PÂTES ET PIZZA
> ♦
> Les pâtes nourrissent des millions d'Italiens. Aux XIXe et XXe siècles, les émigrants italiens, fuyant la pauvreté de leur pays pour s'établir en Amérique du Nord, ont pris soin d'emporter avec eux recettes de pâtes et de pizzas. Un 1er avril, la BBC, souhaitant jouer un tour à ses auditeurs, avait déclaré que les pâtes poussaient dans un arbre à spaghetti… Les Anglais avaient pris l'information au sérieux ! Ils n'avaient pas pris conscience que les pâtes étaient fabriquées à partir d'une farine de blé dur qui, grâce à sa teneur élevée en gluten, conservait son élasticité une fois humide. Deuxième variété de blé la plus populaire après le froment, le blé dur est cultivé dans les pays méditerranéens, en Russie, en Asie et sur le continent américain.

Le fournil

Une gravure vieille de plus de trois mille ans orne la sépulture du pharaon Ramsès III, qui a régné sur l'Égypte de 1186 à 1154 avant J.-C. Cette gravure représente les boulangers royaux en pleine activité. Une fois les grains battus pour éliminer toute trace de paille, le blé était réduit en farine, transformé en pâte, puis cuit dans un four de briques et d'argile – qui ressemblait à s'y méprendre au four des pizzerias contemporaines. Malheureusement, la mouture du blé à la meule n'était pas parfaite, et l'on retrouvait souvent des éclats de pierre dans les miches de pain. En dehors des pains placés dans les tombes égyptiennes pour assister le défunt dans son « passage » vers l'au-delà, les archéologues ont découvert la preuve des dégâts dentaires causés par ces pains un peu trop riches en gravier.

Un concentré de protéines
Riche en vitamines, minéraux, amidons et protéines, le blé a le pouvoir de nourrir la planète. C'est ce qu'il fait depuis l'âge de pierre.

Blé tendre

Tulipe

Tulipa spp.

> **Les tulipes hollandaises, depuis leur lit,
> Déploient leurs majestueuses corolles.**
> *James Montgomery*, The Adventure of a Star, *1825*

Habitat naturel : régions montagneuses du sud de l'Europe, Afrique du Nord et Asie.

Type : bulbe d'ornement.

Taille : jusqu'à 1 m.

- ✦ Comestible
- ✦ Curative
- ✦ **Commerce**
- ✦ Industrie

La tulipe a été la toute première « fleur de bouquet » au monde. Elle a déclenché des torrents de passion dans la Hollande du XVIIe siècle. Durant cette « tulipomania », les bulbes de tulipes se négociaient à prix d'or. Après avoir inspiré de nombreux peintres néerlandais, la tulipe est toujours célébrée aux quatre coins de la planète, lors de salons qui lui sont entièrement dédiés.

La Hollande à l'honneur

Pierre Paul Rubens avait un nouveau sujet de conversation pour le moins singulier avec sa nouvelle épouse, Hélène Fourment : le prix astronomique des bulbes de tulipes en cette année 1629. Rubens avait 53 ans et Hélène, qu'il avait épousée trois semaines avant Noël, seulement 16 – l'âge du fils aîné du peintre, Albert. Reconnu, l'artiste cherchait à embellir le jardin de sa demeure, la Rubenshuis, située dans le centre d'Anvers (Belgique).

Un vent nouveau soufflait sur les jardins flamands. L'ère des potagers et herbiers touchait à sa fin. Prenant exemple sur les Italiens, les Hollandais avaient imaginé des jardins formels, décorés de motifs géométriques, de tonnelles, de loggias et autres fontaines cristallines. L'objectif avoué était d'offrir une toile de fond qui mettrait en valeur les nouvelles espèces de fleurs importées dans le pays, notamment la tulipe.

Aujourd'hui encore, aux Pays-Bas, des milliers de passionnés de la tulipe se rassemblent chaque printemps pour admirer les champs de leur fleur préférée. Les cultures de tulipes s'étendent sur plus de 10 000 hectares et représentent plus de 60 % des exportations mondiales de fleurs coupées du pays, soit environ 10 milliards de bulbes.

Au début du XVIIe siècle, bien avant la mode de la tulipe, les jardins avaient déjà amorcé leur mutation. Les fleurs, jusque-là apanages des médecins et des cuisiniers, commençaient à être « botanisées » et appréciées pour leur esthétisme. La Hollande allait devenir le berceau spirituel du célèbre bulbe. Originaire de chaînes montagneuses d'Asie centrale, la tulipe s'était également répandue en Chine et en Mongolie, avant d'atteindre l'Europe. Les jardiniers turcs étaient également renommés pour leurs tulipes, qui ont déferlé sur les Pays-Bas il y a environ un millier d'années. Si la tulipe est associée à la Hollande, elle était également la fleur emblématique de la Hongrie, de la Turquie et de « l'État aux tulipes » : le Kirghizstan.

Charles de L'Écluse, médecin et botaniste flamand réfugié en Flandre, y aurait introduit la tulipe, en 1593, alors qu'il venait de prendre son poste de professeur à l'université de Leyde. La première tulipe a fleuri aux Pays-Bas en 1594.

L'Écluse s'était procuré les précieux bulbes grâce à son ami Augier Ghislain de Busbecq, en poste à Istanbul comme ambassadeur. La légende raconte que Busbecq ou un de ses collègues visitait la Turquie lorsqu'il avait découvert par hasard des tulipes sauvages. Pointant du doigt la fleur, il avait demandé son nom à un paysan local. Pensant que le Flamand admirait sa coiffe, le cultivateur avait répondu « tulipand », turban. Le diplomate avait alors consigné le nom, mais il apprit plus tard que la véritable appellation de la fleur était « laâle ». L'âge d'or de l'Empire ottoman a d'ailleurs été décrit comme la Lale Devri : l'ère de la tulipe.

À Leyde, L'Écluse avait continué à propager ses fleurs. Très généreux, il offrait ses bulbes aux amateurs enthousiastes, comme Jacques de Gheyn II et Rubens, au nom de l'intérêt de la science. En revanche, il refusait catégoriquement de vendre ses bulbes aux négociants. Il faut dire que le commerce de la tulipe était devenu incontrôlable : en 1637, un bulbe s'était vendu 6 700 florins, soit l'équivalent du prix d'une maison avec jardin près d'un canal chic d'Amsterdam ou de cinquante fois un salaire moyen annuel. Les spéculateurs éconduits ont eu gain de cause : ils ont purement et simplement dérobé la collection de L'Écluse. Ce vol est d'ailleurs à l'origine de l'industrie florale des Pays-Bas.

Revenons en 1630. Rubens avait commencé ses dernières toiles, largement inspirées de sa vie quotidienne. Il avait pris pour modèles sa maison, son épouse, son jardin et ses nouvelles fleurs. Il appréciait particulièrement une toile où il avait dépeint sa famille se promenant dans le jardin et se dirigeant vers le portique baroque de la Rubenshuis. Et comme s'il avait pressenti la future « tulipomania », Rubens avait pris soin d'ajouter des tulipes à sa toile.

LA « TULIPOMANIA »
Le Char des fous de Flore, peint en 1637 par l'artiste néerlandais Hendrik Pot, est une allégorie de ce que l'on nommait la « tulipomania ». Sur un char, Flore, la déesse des fleurs, est entourée de ses suivants, et visiblement en route vers un funeste destin.

DITES-LE AVEC DES TULIPES...

✦

Après l'invasion des Pays-Bas par l'armée allemande, en 1940, la famille royale hollandaise a trouvé refuge au Canada. La princesse Margriet est d'ailleurs née en 1943, à Ottawa. Après la défaite de l'Allemagne en 1945, les souverains ont regagné la Hollande et, en remerciement de son hospitalité, ont offert cent mille bulbes de tulipes au Canada. Depuis, chaque année, ils en envoient vingt mille. Ce geste est à l'origine du Salon annuel de la tulipe d'Ottawa. On retrouve des salons dédiés à la tulipe partout dans le monde : Spalding, en Angleterre, ou encore Seattle, aux États-Unis.

Vanille
Vanilla planifolia

Habitat naturel : forêts tropicales du Mexique et d'Amérique centrale.

Type : orchidée lianescente tropicale.

Taille : jusqu'à 30 m.

- ✦ **Comestible**
- ✦ Curative
- ✦ **Commerce**
- ✦ Industrie

Offerte au XVe siècle par le dernier souverain aztèque, Montezuma, en signe de bienvenue aux Espagnols, la gousse séchée de *Vanilla planifolia* s'est propagée dans le monde entier, alimentant un commerce particulièrement lucratif. Ingrédient de base de certains produits, l'extrait de vanille est devenu incontournable dans la cuisine moderne.

Une bien longue récolte

Lorsque des touristes se rendent dans les jardins de Tananarive, la capitale de l'île de Madagascar, ils sont sollicités sans relâche par des femmes et des enfants munis de sacs remplis d'énigmatiques brindilles : des gousses de vanille.

En 1519, apprenant l'arrivée imminente d'un groupe d'hommes armés, Montezuma, le puissant souverain aztèque, et ses conseillers avaient pensé que leur Créateur était de retour. Depuis sa capitale, Tenochtitlán, Montezuma dirigeait son empire depuis dix-sept ans, et il veillait scrupuleusement à contenter le dieu serpent, Quetzalcóatl, à renfort de sacrifices humains réguliers.

Montezuma avait ordonné qu'on apporte à ces divinités au teint pâle quelques-uns des plus somptueux trésors de la ville. Peu avant

d'être assassiné par ses invités, le souverain avait offert au chef de l'expédition, Hernán Cortés, la boisson la plus savoureuse de la nation, le *chocolatl*. Si le breuvage était à base de cacao moulu (ou chocolat), Cortés y décelait de bien mystérieux arômes, issus probablement de plantes exotiques et inconnus des Européens. La boisson contenait effectivement des graines de rocou, du piment et surtout de la vanille.

Autorisons-nous à présent un saut dans le temps et dans l'espace pour nous rendre en Floride (États-Unis), à Sydney (Australie) et à Wellington (Nouvelle-Zélande), les trois villes où l'on consomme le plus de crème glacée au monde. Le parfum préféré des gourmands reste la vanille (même si les Australiens aiment aussi beaucoup le caramel. Si la plupart des gens ne distinguent pas la différence entre l'arôme naturel et artificiel de vanille, des tests en aveugle montrent la supériorité des glaces à la vraie vanille.

La vanille contient plus de deux cent cinquante ingrédients actifs, dont la vanilline, cette substance à laquelle on doit cet irrésistible parfum. Le coût de la vanille incite toutefois à la modération, même si sa saveur unique fait qu'on la retrouve dans de nombreux aliments, du chocolat aux crèmes dessert, en passant par les parfums et autres cosmétiques. La vanille est également employée en aromathérapie.

Pourquoi la vanille est-elle si onéreuse ? La réponse se trouve dans son mode de culture. En Amérique du Sud, la gousse de vanille se forme après pollinisation des fleurs de l'orchidée, *Vanilla planifolia*, par les abeilles et les colibris. À la mort de Montezuma, les Espagnols se sont octroyé le monopole de la production de vanille, qu'ils géraient parallèlement à leurs cultures de cacao.

Au début du XIXe siècle, la vanille a été exportée vers l'île Maurice et, de là, en Indonésie, aux îles Bourbon, à Tahiti et à Madagascar. Or, les agriculteurs ont été confrontés à un problème inattendu : les fleurs vert pâle de l'orchidée n'avaient pas de pollinisateurs naturels dans leur nouvel habitat. Par conséquent, chaque plante devait être pollinisée à la main, au moyen d'une sorte de pipette insérée dans chaque fleur. On laissait ensuite les gousses mûrir pendant six à neuf mois, puis on les récoltait. Elles étaient ensuite séchées au soleil, puis enveloppées dans des couvertures de laine pour favoriser leur fermentation. Enfin, on les laissait macérer pendant plusieurs mois dans des boîtes hermétiques.

Naturellement, les coûts importants de la culture de la vanille ont incité à lui trouver un substitut. De toute façon, il devient de plus en plus difficile de répondre à la demande mondiale de vanille – évaluée à quelque 5,5 millions de tonnes par an ! Plusieurs expériences ont été lancées pour créer de la vanille à partir d'autres sources : huile de clou de girofle, lignine (un composé du bois), ou encore une bactérie capable de transformer en vanilline une substance chimique communément présente dans les fruits et la betterave. Si ces recherches aboutissent, l'avenir des petits vendeurs de gousses de vanille malgaches s'annonce bien incertain…

L'HABIT NE FAIT PAS LE MOINE
Vanilla planifolia est la seule et unique orchidée cultivée à des fins agroalimentaires. Sous une vilaine apparence, la gousse de vanille séchée et fermentée régale les papilles.

Douce et sucrée est la vie !
William Johnson Cory, Mimnermus in Church, *1858*

VANILLE GLACÉE

✦

La crème glacée était déjà très appréciée à la cour britannique au XVIIe siècle. Elle a été aromatisée à la vanille dans les années 1780, lorsque Thomas Jefferson inventa sa propre recette. Dans les années 1840, Nancy Johnson imagina une sorbetière à main. Il faut attendre la fin du XVIIIe siècle pour que le marché de la glace prenne son essor.

Vigne
Vitis vinifera

Habitat naturel : Asie occidentale.

Type : vigne grimpante.

Taille : jusqu'à 15 m, selon le mode de culture.

+ **Comestible**
+ **Curative**
+ **Commerce**
+ **Industrie**

Cela fait au moins cinq mille ans que la vigne est cultivée. Il a toutefois fallu attendre les Romains pour que la viticulture prenne véritablement de l'ampleur.

Un marché très lucratif

La vigne donne bien sûr naissance aux raisins, mais aussi au vinaigre et surtout au vin. Pour les Égyptiens, le vin représentait les larmes d'Horus (le dieu faucon). Trois millénaires plus tard, au début du XXIe siècle, les vignerons produisent 30 milliards de bouteilles de vin par an. Estimé à plus de 100 milliards de dollars (120 milliards d'euros), le marché mondial est encore en expansion. La vigne reste un marché très lucratif.

En 2000, toute île perdue au milieu de nulle part possédait des caves de vin – aussi mauvais soit-il. Le vin n'est pas seulement consommé dans la quasi-totalité des pays non islamiques, il y est également produit. Les vignobles d'Europe occidentale, de Californie, d'Australie, de Nouvelle-Zélande et d'Afrique du Sud, associés à ceux des Balkans et d'Amérique du Sud, occupent 8 millions d'hectares. Ces vignobles produisent de 60 à 70 millions de tonnes de raisin par an.

Vitis vinifera comprend de très nombreuses variétés de cépages. Au fil des siècles, les vignerons ont travaillé à stabiliser et à standardiser leurs produits pour engendrer un maximum de profits et un minimum de coûts. Mission accomplie. Aujourd'hui, tout supermarché propose différents crus. La majorité de ces vins a été produite en masse, puis expédiée par cartons à travers le monde entier. Ils affichent pourtant un prix étonnamment bas, au vu du circuit emprunté.

En 2004, l'Organisation mondiale de la santé (OMS) a estimé que la consommation excessive d'alcool tuait plus de 3 % de la population mondiale et en affectait 4 %. Selon les chiffres avancés, l'alcool serait responsable de 20 à 30 % des cirrhoses, épilepsies et cancers de l'œsophage et du foie. Comme le whisky (voir Orge, p. 104) et la bière (voir Houblon, p. 110), le vin a indubitablement sa part de responsabilité.

MARCHÉ DE MASSE

Née de *Vitis sezannesis* il y a plus de soixante millions d'années, le raisin est une petite baie miraculeuse. Son descendant sauvage, *Vitis vinifera* subsp. *Silvestris*, a pris racine en Europe de l'Est mais s'est révélé difficile à vinifier : dioïque – c'est-à-dire porteurs de plants mâles et femelles distincts –, la vigne devait être pollinisée avant d'offrir ses précieuses grappes. Hermaphrodite, *Vitis vinifera* s'est montrée bien plus généreuse avec les vignerons.

On ne sait pas exactement quand, ni où, les vignerons ont commencé leur activité. Certains spécialistes avancent l'Iran comme berceau, il y a cinq mille cinq cents ans. D'autres penchent pour la Turquie ou la Géorgie, deux millénaires plus tôt. On a retrouvé des peintures et des sculptures chinoises et égyptiennes illustrant la fabrication et la consommation du vin, antérieures au commerce très lucratif de la viticulture grecque.

Quelles que soient leurs origines, les premiers vins ont certainement été le fruit d'un heureux accident. Comme la plupart des autres fruits, le raisin contient du jus et du sucre et a une tendance naturelle à la fermentation. Le fruit écrasé n'a plus qu'à rencontrer une levure sauvage (et ce n'est pas ce qui manque dans la nature) pour débuter sa fermentation. Toute la difficulté du vigneron est de stabiliser la boisson à la fin de cette fermentation, puis de la préserver en bouteille ou en baril. C'est ce qui fait la différence entre un bon et un mauvais vin.

Le vin était destiné à devenir la boisson de l'Europe du Sud, bien avant l'avènement du thé, du café et du chocolat. En dehors du monde islamique – les musulmans s'abstiennent en effet de boire de l'alcool –, la viticulture est un artisanat bien installé, au même titre que celui de la bière ou du cidre. Les jours de marché, les artisans venaient en ville apporter leurs tonneaux de vin ou approvisionnaient directement les

CHARMANT CHÉRUBIN
Couronné de *Vitis vinifera*, le Bacchus de Guido Reni célébrait la viticulture en 1623. À cette époque, l'Italie était déjà pionnière de l'industrie vinicole méditerranéenne.

commerçants locaux. Les enfants buvaient le même vin coupé d'eau que leurs grands-parents – cette boisson était d'ailleurs plus saine que l'eau des puits qui n'était souvent pas potable – et les invités étaient accueillis avec un verre de vin.

En dehors des régions à cidre traditionnelles (la Normandie et la Bretagne pour la France), la vigne était l'une des activités régionales les plus importantes. Le notaire, le médecin ou le maire se permettaient peut-être de consommer des crus plus chers, mais l'ensemble de la population, du vigneron au bûcheron, devenait œnologue au moment d'apprécier le vin de pays.

La viticulture doit beaucoup aux moines, les plus grands vignerons du Moyen Âge. Dans le rituel de l'Eucharistie, le pain et le vin représentent le corps et le sang du Christ. Comme ils avaient besoin de vin pour leur service, les grands monastères se sont dévoués corps et âme à Dieu... et au raisin. Établis sur les plus belles terres vinicoles de France, les moines cisterciens de Bourgogne cultivaient la vigne et avaient créé des vignobles et des clos.

Ils avaient appris à optimiser leur environnement – c'est d'ailleurs pour cela qu'en Europe du Nord, les vignes étaient plantées en lignes et exposées plein sud, afin de leur garantir un ensoleillement maximal. On

UN ART ANCESTRAL
Dans la Rome antique, on foulait les grappes de raisin avec les pieds avant leur fermentation.

LA TENTATION DE DIONYSOS
« Bois-moi seulement avec les yeux. » Sur cette image créée par le graveur et imprimeur bolognais Marcantonio Raimondi (1480-1534), un satyre soutient un Dionysos enivré.

disposait les pieds de vigne en rangs serrés, pour les aider à conserver la chaleur au cours de la nuit. Lorsqu'il faisait vraiment très froid, on allumait de petits feux pour prévenir tout risque de gel. Dans le Sud, les vignes étaient alignées de telle sorte qu'elles s'apportent mutuellement de l'ombre. On cultivait également le raisin plus haut sur la tige, pour permettre justement le passage de courants d'air frais au niveau des pieds.

L'Église – très gros propriétaire foncier –, les dirigeants de grands domaines et les chercheurs ont joué un rôle crucial dans le développement de la viticulture. Les siècles de viticulture ont ainsi produit plus de cinq mille variétés de raisin différentes – dont une trentaine réservée à la viticulture. On retrouve des noms familiers, comme le cabernet sauvignon, le pinot noir, la syrah, le merlot, le chardonnay, le riesling, le muscat, le chenin blanc, le sauvignon blanc et le sémillon.

Malgré le déclin des monastères, les vignobles ont continué à prospérer. Au XVe siècle, les ducs de Bourgogne avaient pris tant de pouvoir qu'ils menaçaient la stabilité et l'unité de la France. Il faut attendre le décès de Charles le Téméraire, pendant le siège de Nancy, en 1477, pour que cette province se transforme en joyau de la couronne de France. Certains esprits chagrins ont prétendu que les vins de Bourgogne n'étaient populaires que parce que les étrangers pouvaient prononcer des noms comme chablis, chambertin, pommard et mâcon. La Bourgogne compte aujourd'hui plus de crus d'appellations d'origine contrôlée qu'aucune autre région française.

DES VINS INTERNATIONAUX

L'essor de la viticulture a été facilité par l'avènement de la bouteille et du bouchon de liège (voir Chêne pédonculé, p. 158). La bouteille fermée par un bouchon de liège que l'on couche a joué un rôle majeur dans l'histoire du vin.

UN ŒNOLOGUE DE CHOIX

Selon la légende, le dieu grec Dionysos (« deux fois né »), fils de Zeus, également connu sous le nom de Bacchus, aurait importé le vin en Grèce, depuis l'Asie Mineure (Turquie). Réputé pour sa cour féminine constituée de « ménades », Dionysos se cachait sous les traits d'un taureau. Dans des temps plus reculés, Osiris était considéré comme le dieu du vin. Plus loin encore, les Sumériens célébraient Gestin, la « mère de la vigne ».

Mauvaise plaisanterie
« Le phylloxéra, en fin gourmet qu'il est, n'accepte que les meilleurs vignobles et les meilleures vignes », pouvait-on lire dans la gazette satirique britannique, *Punch*, en 1890.

Entre les XVIIIe et XIXe siècles, les ventes et les exportations de vin mis en bouteilles ont connu une croissance spectaculaire. À l'époque, 8 Italiens sur 10 travaillaient dans la viticulture. Et de grands domaines bordelais, comme Latour, Lafite ou encore Margaux, avaient suivi l'exemple d'Arnaud III de Pontac. Au XVIIe siècle, le propriétaire du Château Haut-Brion s'était en effet lancé dans la production vinicole de haute gamme, sélectionnant rigoureusement ses crus et contrôlant scrupuleusement leur vieillissement. En dépit d'une profonde et tenace inimité entre la France et l'Angleterre, les Britanniques ne pouvaient pas résister aux vins français, et les meilleurs bordeaux se négociaient à des prix trois fois supérieurs à celui des autres vins sur le marché.

Vitis vinifera a laissé son empreinte dans d'autres régions du monde. Les Espagnols avaient fait découvrir leur vin à leurs colonies d'Amérique latine – surtout au Chili – et l'Australie, elle, avait découvert ses premières vignes grâce au capitaine Arthur Phillip, en 1788. Dans les années 1850, ce qui allait devenir le tout premier vignoble de Nouvelle-Zélande avait été planté près de l'église catholique de Hawke's Bay.

L'introduction de la vigne en Amérique – point de départ d'une industrie vinicole florissante, puisque les États-Unis sont devenus le quatrième plus gros exportateur de vin au monde, derrière la France, l'Italie et l'Espagne – allait être confrontée à un ennemi aussi féroce qu'inattendu : le phylloxéra.

À l'horizontale
L'avènement de la bouteille et du bouchon en liège a offert au vin une nouvelle jeunesse – et un essor spectaculaire. Cependant, les invasions de phylloxéra ont entraîné de véritables désastres chez les vignerons européens.

LE SANG DU CHRIST
Certificat de communion d'Emma Mugnai délivré par l'église Santa Croce de Greve (près de Florence). Daté de 1894, il illustre le rite religieux de la communion, célébré avec du pain et du vin.

Ce puceron pas plus gros qu'une tête d'épingle est très friand, non pas de l'américaine *Vitis riparia* mais de l'européenne *Vitis vinifera*. Sans l'invention des bateaux à vapeur, l'insecte n'aurait sans doute jamais traversé l'océan Atlantique.

Dans les années 1830, de plus en plus performants, les bateaux à vapeur ont considérablement réduit le temps de traversée entre l'Europe et l'Amérique, à tel point que le redoutable phylloxéra, qui succombait aux très longs voyages, réussit à survivre. Dans les années 1860, il est donc passé à l'offensive. Associé à une épidémie de mildiou, il a littéralement dévasté la majeure partie des vignobles européens. Le palliatif, qui consistait à greffer *Vitis vinifera* sur le porte-greffe américain résistant au phylloxéra, avait été proposé trop tard pour sauver les vignes. Il a fallu près d'un siècle pour que l'industrie viticole européenne se remette de ce cataclysme. Grâce aux avancées technologiques et scientifiques, les vignobles américains, australiens, sud-africains et néo-zélandais avaient toutefois comblé le vide. Si les vignobles européens sont sortis meurtris de cet épisode, à la fin du XIX siècle, les « quatre grands » – la France, l'Italie, l'Allemagne et l'Espagne – produisaient et consommaient plus de vin qu'aucun autre pays.

Comment expliquer l'importance du vin en Europe, par rapport à des régions comme l'Inde ou la Chine ? Les civilisations maya et inca connaissaient la vigne sauvage, mais elles ne fabriquaient pas de vin. L'Inde, elle, dispose de grands vignobles, fabrique du vin

ET SABRER LE CHAMPAGNE !
◆
En 1910 et 1911, après avoir forcé les portes de leur propre lieu de travail, les ouvriers des fabriques de champagne ont brisé bouteilles et tonneaux, avant de lancer des cartons de raisins dans la rivière. Les émeutiers manifestaient leur mécontentement à la suite de la décision d'importer des raisins d'autres régions – les récoltes locales avaient été décevantes en raison du phylloxéra. La crise avait pris une telle ampleur que le gouvernement avait dû envoyer des troupes sur place. Plus tard, le champagne est devenu une appellation d'origine contrôlée. Grâce à ce titre, aucun vin mousseux fabriqué hors de la région ne peut prétendre à l'appellation « champagne ».

Qui planterait une vigne sans en déguster le fruit ?
1 Corinthiens 9:7

L'INFLUENCE LATINE
L'extension de l'Empire romain a permis la plantation de vignobles en Espagne, au Portugal, en France et en Algérie.

depuis plus de deux mille ans, sans avoir néanmoins une viticulture extraordinaire. De même, en Chine, le vin n'a jamais occupé la même place qu'en Europe. En fait, l'Europe doit le succès de sa viticulture à la civilisation qui a inventé le chauffage par le sol, les thermes, le béton armé, les plans urbains ou encore les routes de qualité : les Romains.

L'empereur Jules César projetait de transformer la Gaule en province italienne. Son petit-neveu (et fils adoptif) Auguste poursuivit cette entreprise. Durant la Pax Romana – période de paix comprise entre la mort d'Auguste en 14 après J.-C. et celle de Marc Aurèle en 180 –, les Romains plantèrent de nombreux vignobles. Même si leur patriotisme les incitait à considérer leurs propres vignobles – tels ceux de Falerne, au sud de Rome – comme supérieurs à tous les autres, ils avaient planté des vignes sur tous leurs territoires : Espagne, Grèce, France, Allemagne et sud de l'Angleterre. À l'effondrement de l'Empire romain, le *vinum* aurait pu suivre le chemin de l'hypocauste et des thermes (tombés dans l'oubli pendant un ou deux millénaires avant de resurgir, plus à la mode que jamais), s'il n'y avait eu l'expansion du christianisme, inexorablement lié à l'Empire romain.

En crucifiant Jésus, les Romains avaient involontairement garanti l'avenir de la viticulture. Pour son dernier repas, Jésus avait invité ses douze apôtres à partager le boire et le manger avec lui. Il aurait pu leur proposer du poisson et de l'eau de source, ou des gâteaux et de la bière. Il avait opté pour du pain et du vin. Convertis au christianisme, les Romains ont transformé la boisson de célébration de leur religion en éléments majeurs de la culture occidentale. Si le christianisme promeut la bienveillance universelle, un verre de bon vin peut inspirer le même sentiment…

LES « VINEYARD CHURCHES »

✦

L'association du vin et du christianisme a été remise à l'honneur dans les années 1970, avec la fondation des « Vineyard Churches ». Le mouvement a été initié par des groupes d'étude bibliques qui se réunissaient chez des musiciens californiens. Ces « églises viticoles » ont même – brièvement – attiré l'attention de Bob Dylan. Un des pères fondateurs du mouvement, le prêtre hippie Lonnie Frisbee, avait été contraint de quitter l'église en raison de son homosexualité.

UNE BOISSON MIRACULEUSE
D'après l'Évangile selon saint Jean (Jean, II, 1-11), le premier miracle de Jésus a été de transformer l'eau en vin lors de noces qui se tenaient à Cana en Galilée.

Maïs

Zea mays

Habitat naturel : les Amériques.

Type : céréale annuelle.

Taille : 1,5-1,8 m.

- ✦ **Comestible**
- ✦ Curative
- ✦ **Commerce**
- ✦ **Industrie**

Dès l'aurore, un jeune ouvrier torse nu se dirige d'un bon pas vers les champs. Respirant la santé et la vigueur, il est à l'image de la plante riche en protéines qu'il s'apprête à cueillir : le maïs.

Des origines mystérieuses

Après le riz et le blé, le maïs est la troisième plus importante céréale de notre planète. Le maïs a donné naissance à deux des plus grandes civilisations d'Amérique du Sud avant d'être exporté vers l'Europe. En l'espace de deux siècles, le grain d'or est devenu un véritable produit industriel. Avec l'épuisement des énergies fossiles, *Zea mays* ne serait-il d'ailleurs pas le combustible du futur ?

Quelle que soit son appellation – maïs doux, blé de Barbarie, blé de Guinée, blé de Turquie, ou encore froment des Indes –, le maïs nous vient des Amérindiens. La plante a nourri les prestigieuses civilisations toltèque, aztèque, maya et inca, mais elle a également servi la « nouvelle » civilisation américaine. Comme William Cobbett l'avait noté en 1821 dans son *Cottage Economy* : « Les porcs les plus goûteux du monde sont engraissés avec ces grains de maïs. » Après son importation en Espagne, au XVIIIe siècle, le maïs a largement contribué à l'essor démographique de la planète.

Ensemencé chaque année, le maïs met de trois à cinq mois à fleurir. La floraison commence avec l'apparition des glands mâles au sommet de la tige. La pollinisation anémophile (par le vent) de la plante permet aux fleurs femelles d'être fécondées dans une fronde. Cette fronde est constituée de styles soyeux et fins, nés aux extrémités des « oreilles » de la plante. Les épis ainsi formés sont enveloppés dans des feuilles et produisent un manchon de gros grains jaunes, l'épi. Chaque plante porte jusqu'à deux épis que le cueilleur va couper et débarrasser de ses feuilles pour dévoiler les grains riches en protéines. Le sucre contenu dans le maïs commence sa transformation en amidon dès que l'épi est cueilli. C'est pour cela que le maïs doux fraîchement cueilli est très savoureux (consommé « à même l'épi », recommandait en 1936 E.A. Bunyard, l'auteur de

L'ÉNIGME DU MAÏS

Même si cela reste à prouver, le maïs aurait été cultivé pour la première fois dans le sud du Mexique, d'où il s'est propagé à l'Amérique du Sud et du Nord.

The Gardener's Companion). Les épis peuvent aussi être cuits dans leurs feuilles, à la vapeur ou bouillis. On peut aussi égrainer les épis et consommer les grains crus, cuits, séchés ou écrasés en flocons pour le petit déjeuner. Réduit en farine, le maïs permet de réaliser les fameuses tortillas. Soufflé dans une cocotte, il devient pop-corn.

Sa structure biologique lui confère toutefois un inconvénient de taille : il ne se réensemence pas naturellement. Pour créer une nouvelle culture de maïs, il faut donc mettre des grains de côté, puis les ensemencer. Cette interdépendance entre l'homme et la plante est un point clé de l'histoire de cet aliment.

La toute première culture de maïs a vraisemblablement vu le jour dans le sud-ouest du Mexique, près d'Oaxaca. Le maïs a gagné ensuite la vallée du Teotihuacán, le golfe et la côte du Pacifique, le nord et le sud-ouest des États-Unis, puis les montagnes d'Amérique latine. Chaque année, les agriculteurs sélectionnaient les meilleurs grains pour les semences futures. Ce processus de sélection a ainsi permis l'évolution et l'amélioration de la qualité du maïs.

Les origines du riz sont claires : il est apparu en Chine, il y a plus de six mille cinq cents ans, dans le bassin du Hubei et dans le delta du *Yangtsé*. Aucun doute non plus sur celles du blé, ses ancêtres sont l'engrain et l'épeautre. En revanche, les chercheurs n'ont pas pu établir de lien entre le maïs cultivé et ses cousins sauvages.

Selon la légende, un Amérindien, las de creuser le sol pour ramasser des tubercules, aurait décidé de se reposer. Assoupi dans l'herbe, il aurait été tiré de ses rêveries par l'apparition d'une superbe femme à la splendide chevelure dorée. Cette mystérieuse inconnue lui aurait dit : « Si tu suis mes ordres, je ne te quitterai jamais. »

PLUSIEURS NOMS POUR UN SEUL MAÏS

✦

Les Mexicains l'appelaient *cintli*, en référence à leur divinité du maïs, *Cinteotl*, et les Cubains, *maisi*. Selon Colomb, « les Indiens nommaient *maiz*… le *panizo* espagnol ». Les Européens, eux, considéraient le maïs comme une céréale parmi d'autres. Les Italiens s'en servaient pour leur *polenta*. Les Britanniques restaient circonspects sur cette plante « étrangère », qu'ils nommaient dédaigneusement « blé d'Inde ou de Turquie ». Linné avait pressenti le potentiel du maïs. Il a renommé *Turcicum frumentum*, la classification originale de la plante en 1536, en *Zea* (« raison de vivre ») *mays* (« notre mère »). Quoi qu'il en soit, les Européens ont vite adopté le *maiz*, *mays*, *maize* ou maïs. Pour les Américains, comme un slogan de Chicago le clamait en 1893, le maïs était « le conquérant agricole du monde » !

> ## MILPA
> ♦
> La *milpa* (mot aztèque signifiant « champ ») désignait une clairière aménagée par l'homme. Pour diversifier leur alimentation, les Indiens cultivaient, parallèlement au maïs, des patates douces, des avocats, des melons, des tomates, des courges, des haricots et des piments. De telles cultures intensives finissaient par épuiser les *milpas*. Par conséquent, on laissait la terre se reposer. (Le cycle recommandé était de deux ans de culture suivis de huit ans de jachère.) Il était également possible d'abandonner la *milpa* et d'en créer une nouvelle.

UNE CÉRÉALE POLYVALENTE
Avec le blé et le riz, le maïs est l'une des plus importantes céréales de la planète. On peut l'utiliser pour faire du pain, le consommer tel quel ou encore le faire fermenter pour obtenir une bière artisanale appelée *chica*.

Elle a alors saisi des branches et a montré au jeune homme comment les frotter dans des herbes sèches pour allumer un feu et brûler le sol. « Au coucher du soleil, avait-elle indiqué, tire-moi par les cheveux sur les braises brûlantes. » L'Amérindien lui obéit et, chaque fois qu'il tirait sa chevelure, une plante sortait de terre dans son sillage. Grâce à ce présent, son peuple n'a plus été obligé de creuser la terre pour y trouver son repas.

Selon une autre légende, un brave Indien nommé Hiawatha s'inquiétait beaucoup pour son peuple, car la famine guettait. Il partit de son village pour entamer un jeûne. Au quatrième jour de route, le dieu Mondamin lui serait apparu. Ce dernier proposa un combat à Hiawatha, avec un marché à la clé : si Hiawatha pouvait le battre, alors son peuple serait sauvé. Les deux adversaires se sont affrontés trois soirées consécutives. Faible et affamé, Hiawatha vainquit la divinité. Mort et enterré, Mondamin tint sa promesse, car un maïs poussa sur sa tombe.

Il y a quatre mille cinq cents ans, le maïs fascinait déjà les habitants de la côte péruvienne. La plante poursuivait sa prospère évolution jusqu'à l'arrivée des nomades aztèques, dans la vallée du Mexique, au XIIIe siècle. En 1325, pendant que l'Europe affrontait la peste noire, les Aztèques, eux, bâtissaient Tenochtitlán et s'établissaient sur deux îles marécageuses au sud du lac Texcoco. Outre la plantation d'arbres pour consolider la terre, les agriculteurs aztèques avaient imaginé des jardins flottants ou îlots artificiels appelés « chinampas », sur lesquels ils cultivaient du maïs. Les Aztèques vivaient en paix, car ils avaient conclu des alliances politiques avec leurs voisins. Les fermiers suivaient leur guide annuel de semences et de récoltes. Ils avaient divisé l'année en dix-huit mois de vingt jours. Pour faire le compte, il manquait cinq jours, qui étaient considérés comme porteurs de malchance. Très superstitieux, les Aztèques pensaient également que sans sacrifice régulier de cœurs humains, le redoutable dieu soleil, Huitzilopochtli, les abandonnerait, eux et leurs cultures.

Pendant ce temps, les Incas s'installaient dans la vallée du Cuzco, dans les montagnes péruviennes. Les horticulteurs incas avaient construit des terrasses et des aqueducs pour irriguer leurs cultures de maïs et de pomme de terre – complément parfait du grain d'or et cultivée un peu plus en altitude. Au XVe siècle, sous l'impulsion de leur roi Pachacuti, les Incas ont bâti un empire englobant la Bolivie et le Chili, puis bientôt l'Équateur. Ils ont ainsi créé un réseau de 30 000 kilomètres de routes empruntées par des messagers qui délivraient leurs missives à travers toute la région au rythme de 240 kilomètres par jour ! Pour se replonger dans le contexte, à la même époque, dans l'Europe médiévale, les Anglais brûlaient vive Jeanne d'Arc.

En 1519, les astrologues aztèques ont aperçu une comète filant au-dessus de la capitale, Tenochtitlán, prédisant un désastre imminent. La catastrophe s'est présentée sous les traits d'un soldat espagnol, Hernán Cortés, qui, comme ses cinq cents hommes, portait un casque et une cuirasse de métal, était lourdement armé et voyageait à cheval.

Peuplées d'environ 25 millions d'habitants avant l'arrivée des Européens, les Amériques constituaient la surface fertile la plus vaste et la moins exploitée du monde. À la tête d'une petite armée, Cortés avait gagné Tenochtitlán et, sitôt la cérémonie de bienvenue achevée, avait massacré la noblesse indienne. En 1520, après le décès du grand souverain aztèque Montezuma, Cortés est devenu gouverneur du Mexique.

En 1532, ce sont les Incas qui ont été décimés par les conquistadors espagnols. Francisco Pizarro a exterminé tous les dirigeants incas, à l'exception de leur empereur Atahualpa, qu'il prit en otage. Pizarro proposait sa libération contre une rançon d'or et d'argent. Une fois la rançon payée, il étrangla

MAÏS NOURRICIER
Femmes en train de préparer des tortillas, ces galettes mexicaines à base de farine de maïs, dans les années 1830. Le maïs était trempé et cuit dans de l'eau de chaux avant d'être réduit en farine.

Maïs 213

Atahualpa. En seulement trente ans, deux remarquables civilisations avaient été anéanties et remplacées par une souveraineté coloniale espagnole.

Les Amérindiens témoignaient autant de respect envers leurs divinités céréalières, comme Mondamin, que les agriculteurs romains envers leur déesse du blé, Cérès. Les Indiens suivaient plusieurs rituels. Ils enterraient un poisson (qui agissait comme un engrais), plantaient le maïs, puis des courges et des haricots de Lima, qui utilisaient les tiges du maïs comme tuteurs. Les premiers épis de maïs récoltés étaient cérémonieusement cuits sur des braises durant le « Festival du maïs vert ».

La migration du maïs

Christophe Colomb a introduit la plante en Europe. En moins d'un siècle, la plante avait gagné la Chine. On l'a ensuite trouvée en Russie, où elle était utilisée pour une bouillie de semoule de maïs, la *mamaliga*, et au Ghana, où elle entrait dans la composition du *sofki*. Le maïs a effectué un retour en fanfare en Amérique, lorsque, pour lutter contre la famine, les colons de Jamestown se sont résolus à consommer le maïs local, jusqu'alors dédaigné et surnommé « déchet sauvage »… En 1597, John Gerard écrit dans son *Herbier* que le « "blé de Turquie" ne provenait pas (comme certains le supposent) d'Asie Mineure – bastion des Turcs –, mais d'Amérique et des îles voisines. Le maïs se plante dans les jardins de ces régions septentrionales, où il vient à maturation après un bel été chaud ; pour ma part, je n'en ai cependant jamais vu pousser dans mon propre jardin ».

Le maïs était encore relativement nouveau lorsque l'agronome William Cobbett écrivit son ouvrage destiné aux agriculteurs britan-

Tout à la main
Le maïs était planté à la main, grain par grain. Une fois la graine ensemencée, les Indiens de Floride, comme ceux représentés ici, attendaient avec impatience le « Festival du maïs vert » qui marquait le début d'une année.

> En avril, j'ai expédié des paquets de cette graine à différents pays, pour qu'elles soient remises aux fermiers. Le maïs est en effet le meilleur aliment pour engraisser les porcs.
>
> *William Cobbett,* Cottage Economy, *1821*

niques, *Cottage Economy*, en 1821 : « Les épis éclosent de part et d'autre de la plante, qui possède des feuilles semblables à un drapeau, et qui atteint 90 centimètres de hauteur. » Il avait omis de mentionner qu'avant de préparer leurs tortillas, les Mexicains faisaient tremper les épis dans une eau de chaux (on utilisait de la soude dans le nord et de la chaux en Amérique centrale et en Amérique du Sud) avant de moudre les grains pour les réduire en farine. Les tortillas sont aussi appelées « pains plats » (le maïs ne possédant pas de gluten, le pain de maïs ne lève pas). Le maïs ne contient pas non plus de lysine, un acide aminé naturel. Cobbett avait d'ailleurs lancé une mise en garde : une consommation excessive de maïs pouvait entraîner une intoxication et, plus particulièrement, « ce que les Italiens appellent la *pellagra* [maladie assez rare de nos jours, caractérisée par des dermites, des diarrhées et des crises de démence] ». En cause : une déficience en niacine (vitamine B hydrosoluble et essentielle à l'homme). Quoi qu'il en soit, le grain d'or s'était révélé très lucratif. Plus on en cultivait, plus on engrangeait les bénéfices.

En Amérique, les éléments qui ont permis l'expansion du maïs vers l'ouest étaient réunis : la charrue, le « cheval à vapeur », le moulin et une sélection de plants. Dans le Sud, en revanche, le maïs est devenu une autre « culture à esclaves ». Ces deux plantes du Sud profond exploitaient les esclaves toute l'année. Un esclave était supposé gérer 2,4 hectares de coton et 3,2 de maïs par an.

Avant l'introduction du maïs en Europe, la faune et la flore évoluaient sur des routes distinctes. Une fois que Colomb a initié les échanges de plantes entre le Nouveau Monde et l'Ancien, l'évolution naturelle a cédé le pas à l'interventionnisme humain. Le maïs a changé la donne économique, éloignant le pouvoir de la Chine pour le rapprocher de l'Europe, avec une conséquence directe : l'expansion du christianisme, transmis par des missionnaires européens aux autochtones du Nouveau Monde. Le maïs a donc joué un rôle important dans l'histoire de l'homme.

L'AVOCAT DU MAÏS
L'agriculteur et réformateur britannique William Cobbett était un ardent défenseur du « blé indien ».

QUESTION DE POINT DE VUE

♦

Les adeptes de la biotechnologie affirment que le maïs OGM pourrait accroître les récoltes de 25 %, ce qui permettrait de nourrir 3 milliards d'individus supplémentaires. Leurs adversaires rétorquent que la monoculture de plantes, comme celle du maïs OGM, entraînerait la perte de la biodiversité, des effets secondaires imprévisibles et une dépendance accrue aux herbicides et pesticides. Ils plaident donc pour une agriculture plus équilibrée, capable de satisfaire la demande, mais sans avoir recours à la biotechnologie.

Gingembre
Zingiber officinale

Habitat naturel : Asie du Sud, Asie du Sud-Est et Océanie.

Type : plante vivace avec rhizome comestible.

Taille : 1 m.

+ **Comestible**
+ **Curative**
+ Commerce
+ Industrie

Cousin du curcuma et de la cardamome, le gingembre était très populaire au Moyen Âge et particulièrement apprécié confit. Il était toutefois aussi très cher : au XIVe siècle, une livre de gingembre coûtait le prix d'un mouton entier !

Renaissance religieuse

Le gingembre était une épice très employée à l'époque des Grecs et des Romains. Si les Indiens du Nord l'avaient nommé *srngaveram* (« racine à corne »), les Romains l'appelaient *zingiber* et en faisaient le négoce dans tout le sud-est de l'Europe. Originaire d'Asie et d'Océanie, le rhizome noueux a immédiatement séduit les Méditerranéens, qui l'utilisaient – une fois lavé, bouilli, pelé et moulu – pour parfumer et épicer leurs plats. À cette époque, où le sucre n'existait pas ou peu, les jeunes rhizomes confits dans un sirop de miel délectaient les palais.

La chute de l'Empire romain a relégué le gingembre aux terres indiennes et entraîné la faillite de ses cultivateurs. L'islam allait changer la donne. Jusqu'au VIIe siècle, trois courants religieux dominaient l'Asie et le sud de l'Europe : l'hindouisme – le plus ancien –, le bouddhisme et le christianisme. Avec la mort de Mahomet, en 632, et l'essor de son beau-père, Abou Bakr, et d'Omar, le nouveau calife (terme qui signifie « successeur » ou « souverain »), la religion islamique commença son expansion. Au XVe siècle, l'islam avait conquis le Moyen-Orient, l'Espagne, les Balkans, l'Asie centrale, le subcontinent indien et l'Afrique du Nord.

L'établissement d'un nouvel empire n'est jamais une très bonne nouvelle pour les pays occupés. Il y a cependant un côté positif : des routes commerciales plus sûres. Avec Damas, puis Bagdad pour capitale, l'Empire islamique avait rouvert les voies terrestres traditionnelles entre l'Orient et l'Occident. Si l'on prenait une carte d'Afrique du XVIe siècle et que l'on coloriait les territoires islamiques, on devrait griser la majeure partie de la côte est, de l'Érythrée au Malawi, en passant par la Somalie, le Kenya et la Tanzanie. La côte comprenait des ports de commerce, comme Gède, Kilwa et Sofala, d'où l'on exportait ivoire, sel, cuivre et or zimbabwéen vers la Chine et l'Inde en échange de céramiques,

Nez, nez, joli nez rouge,
Qui t'a donc donné cette jolie couleur rouge ?
De la noix de muscade, du gingembre, de la cannelle
et des clous de girofle !

Francis Beaumont (1585-1616),
The Knight of the Burning Pestle, *1607*

> ### Remèdes classiques
> ✦
> Le gingembre faisait partie des ingrédients vitaux de ce que l'on appelait les « quatre capitaux officinaux ». Il s'agissait de remèdes de la médecine ancestrale, inventés avant la naissance du Christ. On y trouvait *Mithridatum*, une potion contenant une cinquantaine d'ingrédients et considérée comme remède « à tout faire » ; *Theriaca*, ou mélasse de Venise, une variante de *Mithridatum* composée de plus de cent ingrédients ; *Philonium*, à base de safran, de pyrèthre, de poivre blanc et de miel ; et *Dioscordium*, un remède au gingembre, à la cannelle, à la casse (« cannelle de Chine »), aux germandrées (plantes herbacées), à l'opium, aux graines d'oseille, à la gentiane et au miel.

de perles et autres cauris (coquillages de la famille des porcelaines). Environ un tiers de l'Afrique du Nord était également sous contrôle islamique. Les marchés de Djenné, Gao et Tombouctou – alors centre réputé pour les érudits musulmans et comptoir commercial florissant – proposaient des soies et des épices indiennes qui avaient transité par l'Iran, l'Irak, la Jordanie et l'Égypte.

Des pouvoirs aphrodisiaques

S'ils avaient pu parler, les dromadaires, acteurs majeurs des conquêtes des armées arabes, se seraient certainement plaints des énormes charges de gingembre, de noix de kola et d'ivoire qu'on les obligeait à transporter. Les caravanes, escortées d'une autre « marchandise » incontournable, les esclaves noirs africains, faisaient route vers les côtes nord-africaines, d'où les produits étaient ensuite exportés vers l'Europe. Plus il y avait d'intermédiaires, plus le prix du gingembre augmentait. Grâce aux négociants arabes, et malgré son coût, le gingembre est devenu un ingrédient culinaire et médicinal essentiel.

Les propriétés du gingembre ont indubitablement concouru à sa popularité en Occident. On murmurait qu'en Orient le gingembre était un puissant aphrodisiaque, efficace en usage externe comme interne. Au XIXe siècle encore, le séducteur qui se frottait les mains avec du gingembre moulu était assuré de prouesses dans la chambre à coucher… Le roi Henri VI s'était montré plus prosaïque : il avait demandé au maire de Londres d'inclure du gingembre dans toutes les potions préparées pour lutter contre la peste.

Terminons par une douceur britannique : le délicieux bonhomme de pain d'épice et de gingembre (très populaire auprès des enfants à Noël) aurait été inventé par Élisabeth Ire pour amuser ses courtisans.

La puissance du gingembre
Le gingembre a profité au commerce des épices. L'ale au gingembre (*ginger ale*) a connu un regain de popularité durant la Prohibition.

En savoir plus

Anginot, Philippe, *L'Huile d'olive : de l'arbre à la table*, Neva Magland, 2010

Barel, Michel, *Du cacao au chocolat*, Quae, 2009

Basset, Nicolas, *Guide du planteur de cannes*, Nabu Press, 2010

Bloch-Dano, Évelyne, *La Fabuleuse Histoire des légumes*, Grasset, 2008

Blouin, Jacques et Peynaud, Émile, *Connaissance et travail du vin*, Dunod, 2005

Boris, Jean-Pierre, *Le Roman noir des matières premières*, Hachette, 2008

Boris, Jean-Pierre, *Main basse sur le riz*, Fayard, 2010

Carpentier, Jean et Lebrun, François, *Histoire de la Méditerranée*, Seuil, 2001

Casamayou, Annie, *Le Safran, l'or rouge des épices*, Anagramme Éditions, 2011

Casanova, Philippe, *Le Bambou*, Eyrolles, 2010

Chaléard, Jean-Louis et Charvet, Jean-Paul, *Géographie agricole et rurale*, Belin, 2004

Chalmin, Philippe, *Des épices à l'or noir : L'extraordinaire épopée des matières premières*, Bourin Éditeur, 2008

Chalmin, Philippe, et Giraudo, Alessandro, *Au temps des comptoirs : Les marchands à la conquête du monde*, Bourin Éditeur, 2010

Clerc, Jean-Philippe, *Le Marché des matières premières*, Le Génie des Glaciers, 2009

Cointat, Michel, *Histoires de fleurs*, L'Harmattan, 2002

Collectif, *C'est à ce prix que vous mangez du sucre... : Les discours sur l'esclavage d'Aristote à Césaire*, Flammarion, 2006

Collectif, *Le Développement durable : approches plurielles*, Hatier, 2005

Collectif, *Le Grand Livre des plantes aromatiques et médicinales*, Sélection du Reader's Digest, 2010

Collectif, *Les Grands Explorateurs*, Éditions Ouest-France, 2010

Cottret, Bernard, *La Révolution américaine (1763-1783)*, Librairie académique Perrin, 2004

Dash, Mike, *La Tulipomania : L'histoire d'une fleur qui valait plus cher qu'un Rembrandt*, Jean-Claude Lattès, 2000

Debuigne, Gérard et Couplan, François, *Petit Larousse des plantes médicinales*, Larousse, 2009

Delort, Robert, *La Vie au Moyen Âge*, Seuil, 1982

Demarest, Arthur, *Les Mayas*, Tallandier, 2007

Diaz del Castillo, Bernal, *La Conquête du Mexique*, Actes Sud, 2009

Droz, Bernard, *Histoire de la décolonisation au XXe siècle*, Points Histoire, 2009

Duclos, Anne, *Le Soja*, Éditions du Dauphin, 2005

Dudouet, François-Xavier, *Le Grand Deal de l'opium*, Éditions Syllepse, 2009

Ferrières, Madeleine, *Histoire des peurs alimentaires du Moyen Âge à l'aube du XXe siècle*, Seuil, 2006

Ferro, Marc, *Histoire des colonisations*, Points Histoire, 1996

Fumey, Gilles, *Géopolitique de l'alimentation*, Éditions Sciences humaines, 2008

Gancel, Hippolyte et Treignier, Jean-Claude, *De la pomme au cidre*, Éditions Ouest-France, 2007

Godeau, Éric, *Le Tabac en France de 1940 à nos jours*, PU Paris Sorbonne, 2008

Hostettmann, Kurt, *Tout savoir sur les plantes qui deviennent des drogues*, Favre, 2002

Howe, Sonia E., *Sur la route des épices*, Terre de Brume, 1994

Joannon, Pierre, *Histoire de l'Irlande et des Irlandais*, Librairie académique Perrin, 2009

Laulanié, Henri de, *Le Riz à Madagascar*, Karthala, 2003

Lazérat, Véronique, *Secrets de safranière*, Lucien Souny, 2009

Lemonnier, Philippe, *Les Routes de la lavande*, Éditions Ouest-France, 2011

Lungan, Bernard, *Histoire de l'Afrique des origines à nos jours*, Ellipses Marketing, 2009

Marcandier, *Traité du chanvre*, Nabu Press, 2010

Mauro, Frédéric, *Histoire du café*, Desjonquères, 2002

Michel, Marc, *Décolonisation et émergence du Tiers-Monde*, Hachette, 2005

Michka, *Le Chanvre, renaissance du cannabis*, Georg, 1997

Millet, Nicolas, *Petite Encyclopédie du cannabis*, Le Castor astral, 2010

Moro Buronzo, Alessandra, *Les Céréales*, Jouvence, 2009

Mulot, Marie-Antoinette, *Secrets d'une herboriste*, Éditions du Dauphin, 2004

Nahas, Gabriel, *Freud, la cocaïne et le cerveau*, F.-X. de Guibert, 1993

Nebenzahl, Kenneth, *Exploration des routes de la soie et au-delà*, Phaidon, 2005

Orsenna, Erik, *Voyage au pays du coton*, Hachette, 2007

Roze, Ernest, *Histoire de la pomme de terre*, Nabu Press, 2010

Sabouret, Jean-François, *Japon, peuple et civilisation*, La Découverte, 2004

Sangmanee, Kitti Cah, *L'ABCdaire du thé*, Flammarion, 1998

Serier, Jean-Baptiste, *Les Barons du caoutchouc*, Karthala, 2003

Stella, Alain, *Le Livre du café*, Flammarion, 1998

Vignes, Pierre et Délia, *L'Herbier des plantes sauvages*, Larousse, 2007

Villain, Marion, *Lexiguide des bières*, Elcy, 2008

Vitalis, Jean-Baptiste, *Cours élémentaire de teinture*, Kessinger Publishing, 2010

Sites Internet

Association européenne du bambou
www.aebfrance.fr

Claude Monet
www.giverny.org/giverny.htm

Commerce équitable
www.commercequitable.org

Développement durable et écologie
www.economiesolidaire.com

Environnement
www.geo.fr/environnement

Festival canadien des tulipes
www.tulipfestival.ca/fr

Institut national de la recherche agronomique
www.inra.fr

Jardin botanique de Lyon
www.jardin-botanique-lyon.com

Jardin des plantes de Paris
www.jardindesplantes.net

Le Grenelle de l'environnement
www.legrenelle-environnement.fr

Ligue pour la protection des oiseaux
www.lpo.fr

Musée national de la Marine
www.musee-marine.fr

Musée national des Arts d'Afrique et d'Océanie
www.musee-afriqueoceanie.fr

Muséum national d'Histoire naturelle
www.mnhn.fr

Musée Van Gogh
www.vangoghmuseum.nl

Programme des Nations unies pour l'Environnement
www.unep.org/french

Répertoire des jardins botaniques
www.mytho-fleurs.com/Jardins_Botaniques.htm

Salon de l'Agriculture de Paris
www.salon-agriculture.com

Sciences écologiques et développement durable de l'UNESCO
www.unesco.org/new/fr/natural-sciences/environment/ecological-sciences

Site interministériel sur les OGM
www.ogm.gouv.fr

World Wildlife Fund
www.wwf.fr

Index

A

agave 8
Agave spp. 8
  A. americana 8
  A. bovicornuta 8
  A. pacifica 8
  A. sisalana 8
  A. tequilana 9
ail 11, 13
Aiton, William 99
alcaloïdes 137
ale 111-112
Allingham, Helen 164
Allium
  A. porrum 13
  A. sativum 11
  A. capa 10-13
Aloe vera 9
Amoss, Dr David 138
ananas 14-17
Ananas comosus 14-17
aneth 59
Anethum graveolens 59
Arkwright, Richard 90-91
Artedi, Peter 12
artichaut de Jérusalem 95
aspirine 174-175
Atalante 125
Avena sativa 107
avoine 107

B

Baekeland, Leo 17
bambou 18-21
Bambusoideae 18-21
Banks, Sir Joseph 43, 49, 76-78, 99, 135
Barbosa, Duarte 69
Bassett, James Birch 138
Bateson, William 121
béribéri 147

Beta vulgaris 171
betterave à sucre 171
bière 111-115
Birdseye, Clarence (Bob) 22, 24-25
Blake, William 90
Blancke, William 61
blé tendre 190-197
Bonsack, James 138
Bosisto, Joseph 78
Boston Tea Party 30-31, 57
Brassica oleracea 22-25
Buist, Robert 165
Bunyard, E. A. 177, 210
Burns, Robert 106
Burr, Aaron 57

C

cacao 184-189
Cadbury, George 187-188
Cadbury, John 103, 186
café 54-57
Cai Lun 62-63
caisse de Ward 15
Camellia sinensis 26-33
Candolle, Alphonse de 124-125
Cannabis sativa 34-37
canne à sucre 166-173
caoutchouc 98-103
Capsicum
  C. annuum 38-39
  C. frutescens 38-41
cardamome 68-69
Carlton, William James 189
caroube 85
Carthamus tinctorius 117
Carum carvi 58-59
Carvallo, Dr Joachim 164
carvi 58-59
Casanova, Giacomo 56, 185
Castro, Fidel 139, 171
Celsius, Anders 11
cérémonie du thé 19-20
Cesalpino, Andrea 120

chanvre 34-37
Chapman, John 128
charbon 81-82
chêne
  liège 160-161
  pédonculé 158-161
chocolat 184-189
chou 22-25
Churchill, Winston 109, 178
cidre 126-127
Cinchona spp. 42-47
citron vert 51
Citrus
  C. aurantifolia 51
  C. sinensis 48-51
Clieu, Gabriel Mathieu de 56
Clive, Robert 151, 155
clou de girofle 134, 157
Cobbett, William 28-29, 111, 180, 215
coca 70-75
Coca-Cola 74
cocaïne 70, 73-75
Cocos nucifera 52-53
Coffea arabica 54-57
Cole, Silas 119
Colomb, Christophe 38, 155, 167, 214-215
colza 143
Commelin, Dr Caspar 118
commerce équitable 187
Condamine, Charles Marie de la 99
Confucius 20
Cook, capitaine James 48-49, 76
coriandre 58-59
Coriandrum sativum 58-59
Correns, Carl 121
Cortés, Hernán 8, 90, 200, 213
coton 88-93
Crocus sativus 60-61
Crompton, Samuel 91

Culpeper, Nicholas 40-41, 59-61, 123, 137, 174
cumin 58-59
Cuminum cyminum 58-59
Cupani, père 118
Cyperus papyrus 62-63

D

Darwin, Charles 10, 121
De Quincey, Thomas 153
Déméter 193
développement durable 83
Dickens, Charles 83, 148
digitale 64-65
Digitalis purpurea 64-65
Dioclétien 22
Dionysos 205
Dioscorea spp. 66-67
Dioscoride 12, 123
Drake, Sir Francis 178, 180
Duke, James Buchanan 138-139
Duncan, Dr Eléazar 139
Dunlop, John 100

E

eau de Cologne 123
Eckford, Henry 119
Elettaria cardamomum 68-69
Élisabeth Ire 217
Erythroxylum coca 70-75
esclavage 92-93, 166-167, 169-171
eucalyptus 76-79
  gommier bleu 78
Eucalyptus spp. 76-79
  E. globulus 78
Evelyn, John 15, 159, 179

F

Farina, Giovanni Maria 123
fenouil 59
Ficus elastica 100
Filipendula ulmaria 110, 175
Foeniculum vulgare 59

Ford, Henry 103
fougère 80-83
Franklin, Benjamin 36
Fréderic le Grand 180
Freud, Sigmund 70, 73
Frey, William 10
Fry, Joseph 186
Fuggle, Richard 113
Fukuoka, Masanobu 87

G

Gaedcke, Friedrich 73
Gama, Vasco de 50, 135, 149-150
garance 117
Gauguin, Paul 96
génétique 119, 120
génétique, naissance de la 121
George III 30-31
Gerard, John 65, 134, 136-137, 163, 174
gingembre 216-217
Girardet, Herbert 83
Glycine max 84-87
Goering, Hermann 74
Gogh, Vincent Van 96-97
Goodyear, Charles 99
Göring, Hermann 70
Gossypium hirsutum 88-93
Gould, J. A. 78
Grieve, Maude 65

H

Hamilton, Alexander 57
Hammond, James Henry 93
Hancock, Thomas 99
Hargreaves, James 91
Hart, Jesse 128
Hawkins, Richard 50
Helianthus
  H. annuus 94-97
  H. tuberosus 95
henné 117
Henri VI 217

Henslow, révérend John Stevens 165
Hérodote 34-35, 141
héroïne 74, 148-149, 153
Herrara, Carlos 9
Herrick, Robert 163
Hershey, Milton Snavely 187
Hevea brasiliensis 98-103
Hibberd, James Shirley 17, 163, 165
Hildegarde de Bingen 113, 123
Hill, Thomas 65
Hobhouse, Henry 75
Hole, Samuel Reynolds 164-165
Homer, Winslow 89
Homère 148
Hooker, Sir Joseph 100-101
Hooker, Sir William 99
Hordeum vulgare 104-109
houblon 110-115
Houten, Casparus van 185-186, 188-189
huile d'éléis de Guinée 53
Humulus lupulus 110-115
Hyams, Edward 143
hydropisie 64

I

igname 66-67
impressionnisme 21, 35
Indiens Hopi 94
indigo 116-117
Indigofera tinctoria 116-117
Isatis tinctoria 117

J

Jacques Ier d'Angleterre 132, 139
jeans 36, 117
Jefferson, Thomas 36, 164, 201
Johnson, Dr Samuel 26, 40, 184
Johnson, Nancy 201

K

Keller, Saxon 63
Kew, jardins de 99

L

L'Écluse, Charles de 199
L'Héritier, Louis de Brutelle 76-77
Lathyrus odoratus 118-121
lavande 122-123
Lavandula spp. 122-123
  L. angustifolia 123
  L. latifolia 123
  L. x intermedia 123
Lawsonia inermis 117
LeClerq, père Crétien 108
Ledger, Charles 47
levures 109
lin 37, 89
Lincoln, Abraham 93, 171
Lindt, Rodolphe 186
Linné, Carl 8, 11-13, 55, 175, 184
Loudon, John 16, 25
Louis XIV 46, 49, 185
Louis XVI 181, 190
Luddites 91
Luelling, Henderson 128

M

Mackintosh, Charles 99
maïs 210-215
malaria 42-47, 78-79
Malus pumila 124-129
Mao Zedong 146-147
Marie-Antoinette 190-191
Markham, Clements 46, 100-101
Markham, Gervase 115
Maton, Dr William 69
McCrae, John 153
McLaren, Wayne 139
Meek, William 128
Mège-Mouriés, Hippolyte 97
Mendel, Gregor 120-121

Mendes, Chico 103
Meng Tian 20
Merlin 125
Mescaleros (tribu) 9
Michael, Moina Belle 153
Michelin, André et Édouard 100
miel 169
Millet, Jean-François 195
Monardes, Nicolas 136
Monet, Claude 18, 21
Montezuma 200, 213
morphine 148
Morris, Stan 126-127
Morus alba 130-133
Müller, baron Ferdinand von 78
mûrier blanc 130-133
Murton, James 101
Myrica gale 110, 175
Myristica fragrans 134-135
myrte 110, 175

N

Nägeli, Carl von 121
Napoléon Ier 171
Navarro de Andrade, Edmundo 79
Neander, Johann 139
Newton, Sir Isaac 127
Nicot, Jean 136
Nicotiana tabacum 136-139
Niemann, Albert 73
noix de coco 52-53
noix de kola 75
noix de muscade 134-135

O

Obama, Barack 24
OGM 86-87, 215
oignon 10-13
Olea europaea 140-143
olivier 140-143
oranger 48-51
orge 104-109

Oryza sativa 144-147
Oviedo, Gonzalo 139

P

panais 178
Papaver
  P. rhoeas 148, 153
  P. somniferum 148-153
papier 37, 62-63, 95
paprika 40
papyrus 62-63
Parmentier, Antoine-Augustin 181
pastel 117
pavot à opium 148-153
Paxton, Joseph 16-17
Pemberton, John 73
Pepys, Samuel 54
Percival, John 113
Pérignon, Dom Pierre 161
Perkin, William Henry 46, 117
petit pois 121
Phillip, Arthur 78, 206
Pierre le Grand 94
piment de Cayenne 38-41
Pimento officinalis 40
Piper nigrum 154-157
Pisistrate 141
Pisum sativum 121
Pizarro, Francisco 213
plantes polymorphes 23
Pline l'Ancien 132
poireau 13
pois de senteur 118-121
poivre de Cayenne 40
poivre noir 154-157
Poivre, Pierre 135
poivron 39
Polo, Marco 55, 116
pomme de terre 176-183
pomme sauvage 124-129
pommier 124-129
porcelaine 29
Post, Marjorie Merriweather 25
poteen 108

préservatif 98
Priestley, Dr Joseph 98
publicité 189
Puyi 152

Q

quatre-épices 40
Quercus robur 158-161
quinine 45-47, 73
quinquina 42-47

R

Réaumur, René de 63
réchauffement climatique 80-82, 147, 160, 165
reine-des-prés 110, 175
Renoir, Pierre-Auguste 140
Ridley, Henry Nicholas 101-102
riz 144-147
Rohde, Eleanour Sinclair 24
Rolfe, John 137
Roosevelt, Eleanor 24
Roosevelt, Franklin 109
Rosa spp. 162-165
  R. canina 162, 163
  R. damascena 162
  R. gallica var. *officinalis* 163
Rose, John 14
roses 162-165
  églantine 162, 163
  rose de Damas 162
  rose de Provins 163
Rubens, Pierre Paul 198-199
Rubia tinctorum 117
Rumford, comte 82

S

Saccharum officinarum 166-173
safran 60-61
Salix
  S. alba 174-175
  S. alba "Caerulea" 175
  S. caprea 175
saule blanc 174-175

Saunders, William 78
Schiefflin, Eugene 52
scorbut 49
Scoville, Wilbur 39
Secale cereale 107
seigle 107
serres 16-17, 49, 56
Shennong 132
Siegesbeck, Johann 13
sisal 8
Smith, Christopher 135
Smith, Thomas 127
soie 130-132
soja 84-87
Solander, Daniel Carlsson 76-77
Solander, Dr David 49
Solanum tuberosum 176-183
Staline, Joseph 95
Stephenson, George 81
Strauss, Levi 36

T

tabac 136-139
Talbot, Sir Robert 45
Tan Chay Yan 103
tequila 9
thé 26-33
Theobroma cacao 184-189
Théophraste 63
Thomson, James 168
Thwaites, Henry 102
tournesol 94-97
Triticum aestivum 190-197
Tschermak von Seysenegg, Erich 121
Tulipa spp. 198-199
tulipe 198-199

U

Uvedale, Dr Robert 118

V

Vanilla planifolia 200-201
vanille 200-201

vigne 202-209
Vineyard Churches 208
Vitis vinifera 202-209
Vries, Hugo Marie de 121
Vrij, Dr Johan de 46-47

W

Wang Zhen 132
Washington, George 36
Watt, James 82
Watt, Mellier 63
whisky 105-109
White, Gilbert 119-120, 180
Whitney, Ely 91
Wickham, Henry 101
Woodward, Henry H. 145
Worlidge, John 182

Z

Zan Ning 19
Zea mays 210-215
Zhang Qian 131
Zingiber officinale 216-217

CRÉDITS PHOTOGRAPHIQUES

Nous avons fait notre possible pour créditer la totalité des auteurs des illustrations utilisées dans cet ouvrage. Nous prions les ayants droit de nous pardonner toute omission ou erreur. Nous serons très heureux d'inclure les crédits appropriés dans les éditions futures.

Toutes les images appartiennent au domaine public, à l'exception de celles indiquées ci-dessous.

7 en haut	© Tomas Bercic | iStockphoto		111	© Stephen Sparkes | iStockphoto
16	© Getty Images		112 en haut	© Tamara Kulikova | iStockphoto
18	© Annsunnyday | Dreamstime.com		112 en bas	© Trevor Moore | iStockphoto
19	© Jonas Hamm | iStockphoto		115 en bas	© Bjorn Heller | iStockphoto
21	© Adrian Beesley | iStockphoto		117	© Science Photo Library
22	© Creative Commons | Sanja565658		120	© Tamara Kulikova | iStockphoto
27 en haut	© Jonphoto | Dreamstime.com		124	© Jeni Neale
29	© Markus Unger | iStockphoto		128 en bas	© Jan Will | iStockphoto
32	© Creative Commons | Georges Jansoone		142 en haut	© Susib | iStockphoto
33	© The Stapleton Collection		144	© Ikopylov | Dreamstime.com
35	© Jojojojo | Dreamstime.com		145	© The British Library Board. Add.Or.1740
40	© Floortje | iStockphoto		147	© Angelogila | Dreamstime.com
41	© Michal Galazka | iStockphoto		156	© Getty Images
43	© Tomasz Zachariasz | iStockphoto		157	© Gabor Izso | iStockphoto
46	© Libby Chapman | iStockphoto		159	© Julien Grondin | Dreamstime.com
50	© Creative Commons | John Wilbanks		160	© Mary Evans Picture Library
53	© Chris Hepburn | iStockphoto		161 en bas	© Lindsey Johns
59 en bas	© Antimartina | iStockphoto		163 à droite	© Gee807 | Dreamstime.com
62 en bas	© Arkadiy Yarmolenko | iStockphoto		167	© Phbcz | Dreamstime.com
66	© Kit Sen Chin | iStockphoto		173	© Mary Evans Picture Library
69 en haut	© Alina555 | iStockphoto		175	© Getty Images
73	© Sayarikuna | iStockphoto		187	© Floortje | iStockphoto
79	© Olaf Loose | iStockphoto		195	© Floortje | iStockphoto
81	© dgmata | iStockphoto		197	© Tjanze | iStockphoto
84	© Lizzie Harper | Science Photo Library		201	© Brent Melton | iStockphoto
89	© Juthathip Tybon | iStockphoto		204	© Museo della Civilta Romana, Rome, Italie | The Bridgeman ArtLibrary
94	© Nicolas Robert | Getty Images		206 en bas	© Luoman | iStockphoto
95	© Takk | Creative Commons		209	© Mary Evans Picture Library
96 en bas	© James McQuillan | iStockphoto		211	© Getty Images
101 en haut	© Luis Fernández García | Creative Commons		212	© Norman Chan | iStockphoto
109	© Vladimir Vladimirov | iStockphoto		216 en haut	© Mostafa Hefni | iStockphoto
110	© Sheila Terry | Science Photo Library			